谨以此书献给我的母亲和我的女儿

牡丹的绽放

服务型政府的知识扩散

杨妍 著

江苏大学出版社
JIANGSU UNIVERSITY PRESS
镇 江

图书在版编目(CIP)数据

牡丹的绽放：服务型政府的知识扩散／杨妍著. --
镇江：江苏大学出版社，2021.10
ISBN 978-7-5684-1576-7

Ⅰ.①牡… Ⅱ.①杨… Ⅲ.①国家行政机关－行政管理－研究－中国 Ⅳ.①D630.1

中国版本图书馆 CIP 数据核字(2021)第 216468 号

牡丹的绽放：服务型政府的知识扩散

Mudan de Zhanfang：Fuwuxing Zhengfu de Zhishi Kuosan

著　　者／杨　妍
责任编辑／张　平
出版发行／江苏大学出版社
地　　址／江苏省镇江市梦溪园巷 30 号(邮编：212003)
电　　话／0511-84446464(传真)
网　　址／http://press.ujs.edu.cn
排　　版／镇江文苑制版印刷有限责任公司
印　　刷／广东虎彩云印刷有限公司
开　　本／710 mm×1 000 mm　1/16
印　　张／13.75
字　　数／253 千字
版　　次／2021 年 10 月第 1 版
印　　次／2021 年 10 月第 1 次印刷
书　　号／ISBN 978-7-5684-1576-7
定　　价／58.00 元

作者的话

在当代中国政府改革中，最具决定性的知识创新之一就是将服务理念类化为政府，而中国服务型政府的知识扩散与中国的“国民之花”牡丹的栽培和绽放何其相似。牡丹是中国的传统名花，不仅以形色富丽、雍容高贵而自负盛名，更承载着中华民族丰富的历史文化和情感寄托。作为饮誉天下的“国花”，牡丹与中国政治、经济、文化结下了不解之缘，也是中华民族不可或缺的精神象征。牡丹来自山野，绽放在李唐，随着开元盛世的来临，其富贵、吉祥、圆满的寓意，渐从皇亲贵胄的花园走入寻常百姓家。这种亘古造化的自然，已超越历史视野，承载着一国之民对安定、富足、美好生活的期盼。

中国共产党早在抗日民主统一战线时期，就提出了“为人民服务”的政治理念，后期随着中国共产党成为执政党，以及中国国力的日渐强盛，“为人民服务”也从政治理念转变为现实中的服务型政府的思想建构。中国服务型政府的理论建构和实践建设过程实际上就是服务型政府知识扩散的过程，既包括了“为人民服务”“以人民为中心”等政治理念的提炼，亦即服务型政府哲学化过程，也涵盖了中国中央政府和地方政府在实践中通过一系列政治制度安排与改革创新推进服务型政府科学化的过程，更兼有服务型政府知识与技能传播的创新扩散的社会化过程。这些过程齐头并进、相辅相成，以期把服务型政府建构成知识、转化为知识，把服务型政府建构成“见而知之”“闻而知之”的行政机关，最终承载中国政府、中国学者及中国人民对于政府高效、廉洁、民主、法治、创新等的美好希冀，最重要的是真正建成一个“全心全意为人民服务”“让人民满意”的政府。

大致在20世纪80年代初，西方国家为应对经济停滞与通货膨胀，以及政府本身的低效与高财政赤字，纷纷进入以市场化和私有化为主要特征的政府改革季。与此同时，随着国内外形势发生变化，中国的改革开放逐步深入。在与各国的交往中，中国与国际惯例接轨，政府的功能、结构和行为也发生了相应的转变。改革开放后，中国政府经历了几次行政改革，关于建立什么样的政府的问题成为一个引人深思的话题。20世纪80年代以来，政府的改革和建设推动了中国社会的全面发展。中国发展的活力，特别是在促进经济和科技发展方面，让世界印象深刻，中国政府表现出令世人惊讶的适应性与灵活性。如果仅从“民主”或“专制”这种体制角度来研究中国政府，则无法解释中国所展现出来的与其他国家截然不同的国家行动力和成就。

理论上，有关当代中国政府改革的论述，众说纷纭，见仁见智。对当代中国政府改革的理论阐释，一方面多是从改革叙事方式发展出来的，关于当代中国政府改革的理论阐释的主流话语，多用“适应”一词，也多停留于转变政府职能、政府机构的适应性调整等主题；另一方面多是从现代性叙事中发展出来的，对于当代中国政府的改革多集中于功能性阐释。凡此种种，皆忽视了政府改革也可以有自身发展和构建目标的事实，降低了关于政府改革的知识求取层次。

现实中，中国政府在不断的改革实践中确立了建设服务型政府的改革目标。服务型政府作为一种理想的政府形态，以及中国现实发展中的行政管理模式，既不同于典型的西方管理型政府，也不同于中国之前的全能型政府或者管制型政府，它是政府自身的深刻革命的成果，具有创新性。从服务型政府是一种新的关于政府类型的知识角度看，服务型政府属于软创新。学习筑成了组织的变革之路，当代中国政府改革最关键的要素是关于政府的知识，即人们对政府的认知和经验，也就是对政府是什么、为什么和怎么做的认知和经验。知识的本义并不是注释或证明，而是阐释。因此，对当代中国政府改革的解释还可以从服务型政府知识扩散的角度进行。

本书建立了一个以话语和行动为主要分析元素，以学术界、中央政府和地方政府为主体的服务型政府知识合作创新与知识扩散的分析框架。学术界、中央政府和地方政府是服务型政府知识扩散系统的核心知识主体，学术界通过对服务型政府学术话语的不断言说影响政府改革实践，中国政府高层则通过政治话语对服务型政府学术话语和实践知识进行合法性确认，并为其知识扩散提供较高的知识势能。与此同时，由于任何一种知识均可以通过“干中学”实现扩散，服务型政府又在中央政府和地方政府的建设实践中积累经验知识，因此可以不断向理论界和实务界扩散。

知识在本质上存在于一个社会扩散网络之中。当代中国政府改革实质上是一个关于政府的重新认知过程，是政府的创新能力、知识更新程度、知识开放程度等的互动衍生。学术界、中央政府及地方政府三方的合作互动是推动服务型政府知识创新与应用的重要因素，在将服务型政府从理念上升为共识再转化为建设实践的过程中，各主体共同推动服务型政府知识创新螺旋上升，促进服务型政府知识创新与知识应用目标的实现。在知识创造层面，三方交互进行、功能互补、关系重叠，共同推进服务型政府的知识扩散。

服务型政府的知识扩散主要是对服务型政府知识体系的形成、服务型政府的创新扩散和服务型政府知识扩散路径进行再讨论。服务型政府的知识扩散是服务型政府这一新的政府类型的相关知识的创造、增长和传播的过程，而知识创造是一个自我超越的过程，即超越已有的知识。“服务型政府知识体系的形成”沿着从服务型政府概念的产生，到服务型政府研究版图的铺展，再到关于服务型政府的话语论争，以及基本学术共识的达成和价值内核的提炼的路线阐述。“服务型政府的创新扩散”沿着从建设服务型政府的实践与革新，到服务型政府作为一种关于政府类型的新知识的扩散特征的线索进行阐释。“服务型政府知识扩散路径再讨论”则从完善特殊知识（即服务型政府的知识更新和实践创新）及构建共享知识（即全球化维度中的服务型政府知识扩散）两个侧面进行论述。

序

《牡丹的绽放：服务型政府的知识扩散》是一部研究服务型政府知识扩散的学术著作，服务型政府建设是一项实践性较强的时代课题，不会因为学术界对此课题研究的冷热变化而有所改变。可喜的是，近一个时期在服务型政府的相关研究有所降温的时候，其实践上却取得了积极进展。杨妍的这部著作对服务型政府研究及实践进展做出了全景式的描述，也是这一领域研究中的一项新的成果，在此做出推荐。

中国政府是在不断的改革实践中确立了建设服务型政府的改革目标的。服务型政府作为一种理想的政府形态，以及中国现实发展中的行政管理模式，既不同于典型的西方管理型政府，也不同于中国之前的全能型政府或者管制型政府，它是政府自身的深刻革命的成果，具有创新性。从服务型政府是一种新的关于政府类型的知识角度看，服务型政府属于软创新。当代中国政府改革虽然在不同时期的侧重点不同，但通过考察服务型政府的知识扩散会发现，中国在探索新的政府知识的过程中，是一直围绕着服务型政府这条主线进行的，其中虽有曲折，但这条主线是清晰的。关于当代中国政府改革的思考、叙述，当代中国的行政体制改革和政治决策等一直都是围绕着建设服务型政府的目标展开的。虽然改革初期这个目标并未明晰，但政学两界一直都是有这个朦胧意识的。随着理论探讨和政治实践的不断深入，加上遇到合适的窗口期，这一目标日渐明晰，持续引领着当代中国政府的改革。

本书的主要特色在于研究视角新，首先是从传播学的视角考察服务型政府的创新认知属性对服务型政府知识扩散的影响，其次是对服务型政府几十年的知识扩散进行全景式回顾，并且在此过程中从一种新的即服务型政府知识扩散的视角对当代中国政府的改革进行解释。在研究起点上，本书集中关注服务型政府知识体系的形成。在研究过程中，本书采用回溯和动态分析的方法，分别考察服务型政府建设中知识扩散的学术路径与实践路径，以及二者的交汇融合。在研究结论上，本书强调服务型政府的知识更新，在新时代的思想建设中，服务型政府知识体系更加丰满，沿着服务型政府的道路，中国的社会治理会开创出新的局面。

张康之

2021 年 10 月

目　录

第一章
绪论

第四章

“干中学”：服务型政府建设实践与革新

第五章

服务型政府知识的传播：创新扩散的观点

第六章
服务型政府知识扩散路径再讨论

第一章

绪论

第一节　主题阐述

一、研究背景

自 20 世纪 70 年代以来，我们看到，传统行政管理已经不能够满足当前或者未来的形势需求。长久以来，科层制以其能带来秩序、效率并能协调各种不同专业的人共同工作而成为政府普遍采用的组织形式，但科层制也是一个刚性、保守的组织形态。在全球范围内，科层制无法时刻应对政治和行政的复杂性和碎片化。遇到组织外部的环境发生变化，或是组织运行无法完成目标任务，科层制组织很少调整优化原来的治理结构，而是倾向以设置新机构的方式解决问题。由此，政府运行时间越久，机构膨胀就越严重，职责分工的碎片化现象就越突出，政府开支也越来越大，纳税人的负担也越来越重，与政府财政危机相伴的还有民众对政府的信任危机。

为了应对政治和社会压力，以及地方政治和经济变化，20 世纪 70 年代初期以来，许多西方国家纷纷进行政府改革。典型者如英国政府由撒切尔夫人领导的“私有化改革”和美国政府在里根上台后发起的“里根革命”。美国经历了一个政策和行政管理活动的重构过程，公共财政发生了变化，公共项目减少了，国家债务增加了，与此同时，机构合并了，公共组织的企业精神提升了。几乎所有的国家都是按照新公共管理理论开出的药方进行改革的。但是“去管制化”运动也引发了一系列的问题，尤其是金融管制的放松，导致了 2008 年全球金融危机的爆发。之后的“占领华尔街”运动及欧洲债务危机，都在警示人们需要对政府改革的方向进行重新思考。

与西方国家不同，亚洲许多正在进行工业化的国家为了应对不断增长的社会需求，通过投资教育和基础设施建设大幅度扩张政府的项目和活动。目光转向中国，我们有过两千年不变的文化定型，但是这个“定型”在鸦片战争后维持不下去了，它要“转型”。转型从“变”开始，它从“千年不变”，忽地弄得“十年一变”，连变二十变。晚清以来，中国出现了严重的社会秩序问题，为了解决这一问题，我们建立起了现代意义上的民族国家。新中国的成立使得近代以来中国面临的社会秩序问题得到了基本解决。不过，由于破坏社会秩序的因素仍然存在，而且国际局势较为复杂，我们国家不得不对社会进行进一步的整合与国家化。

到了20世纪70年代末期，由于国内外形势的变化，中国开始实施改革开放。改革开放后，对于转型期的中国该何去何从，如何治理，曾有两股思潮激烈辩论，此起彼伏。一方希望复兴儒家思想治理国家；一方认为需仿效西方，在民主法治框架下重建。现实的情况是在开放过程中，与世界形成了紧密的联系，就不能不与世界的惯例接轨，政府的职能、结构和行为也必须有相应的转变。在改革过程中，1992年党的十四大正式把建立社会主义市场经济体制确立为经济体制改革的目标，改革开放加速推进，政府改革也进入一个新的阶段。政府改革是改革开放的核心内容，中国改革开放的基本逻辑是以政府改革撬动其他各领域的改革。

近30年来，科学技术迅猛发展，引发了生产和组织方式的变革、全球市场的融合与重构，带动起一场与工业革命深度相当的信息革命，它改变着整个社会的根基，把人类带入“后工业社会”“知识经济社会”或“信息社会”。中国现处于工业化中后期、信息化前期，一方面，传统产业仍然保持快增长势头；另一方面，信息产业、文化产业实现了持续、快速发展，在国民经济中的地位日益突出①。在工业化中后期和知识经济时期，为了适应科学技术成为第一生产力的需要，政府加快信息化步伐，把提高人的素质作为主要任务。政府提供公共服务的能力成为管理的主要资源。

政府在我们当前的国家里面仍然是主导着政治、经济、社会和文化领域的。从20世纪80年代以来，政府的改革和建设可以说是中国社会的主旋律，也正是政府的改革，推动了中国社会的全面发展②。当代中国政府改革的演进史，在一定意义上既是政府职能的转变史，又是当代中国政府实现政府治理现代化发展目标的自我革命史。中国发展的活力，特别是在促进经济和技术发展方面让世界印象深刻，中国政府表现出令世人惊讶的

---

① 高小平、王立平：《服务型政府导论》，北京：人民出版社，2009年，“绪论”第2页。参见顾平安：《走新型工业化道路需要整合工业行业管理体制和部门》，《人民日报》2008年3月10日。

② 吴玉宗：《服务型政府建设研究》，北京：经济日报出版社，2007年，第228页。

适应性与灵活性，如果仅从“民主”或“专制”这种体制角度来研究中国政府，则无法解释中国所展现出来的与其他社会主义国家截然不同的国家行动力和成就。

二、问题意识

解释的任务就是去理解那些待解释的事物，创造一个解释是为了获得对待解释对象的理解。学习筑成了组织的变革之路，在组织和社会环境中，政府被如何解释和界定关系到我们的行动进程。理解当代中国改革，政府是关键变量。改革的成功在很大程度上归功于政府改革为适应社会发展找对了方向，改革中出现的问题也在一定程度上源自政府改革的方向性错误。

对于中国学者而言，关于政府改革的研究，一直有一个基本的问题需要回答，即当代中国政府改革的逻辑是什么？如果政府改革作为结果变量和因变量，那么影响政府改革的条件变量和自变量是什么？现代西方政府理论以权利与权力之间的关系为核心，围绕相互关联的三个问题，即政府起源、权力配置、政府与社会的关系，对政府运作进行了深入的分析，形成了大量的流派。与之相关的是，约化的政府理论与现实之间存在着冲突，使得政府理论的适用性受到限制，也使得其在运用于非西方的中国背景时产生了不适应的问题。关于政府的知识，“既具有过剩的特征，又具有完全贫乏的特征”①。

知识在于语言与语言的关系；在于恢复词与物之间巨大的统一的画面；在于让一切东西讲话。这就是说，在一个所有标记的层面之上，使此等的评论话语产生。知识的本义并不是注释或证明，知识的本义是阐释②。当代中国政府改革，实质上是一个关于政府的重新认知过程，是中国政学两界关于政府知识的创新能力、更新程度、开放度等的互动衍生。“知识即权力”，对当代中国政府改革的解释还可以从关于政府的知识的角

---

① ［法］米歇尔·福柯：《词与物：人文科学考古学》，莫伟民译，上海：上海三联书店，2001年，第42页。

② ［法］米歇尔·福柯：《词与物：人文科学考古学》，莫伟民译，上海：上海三联书店，2001年，第42页。参见吴玉宗：《服务型政府建设研究》，北京：经济日报出版社，2007年，第55页。

度进行，即人们对当代中国政府的认知和经验，也就是对当代中国政府是什么、为什么和怎么做的认知和经验。

当代中国，随着政治实践的深入和中国国力的日渐强盛，对政府的知识求取发生转向，最终确立了建设服务型政府的目标，“为人民服务”也从抽象的政治理念转变为现实中的服务型政府的建构。服务型政府的提出不是偶然的，它是一个历史的过程，是行政管理体制改革长期实践的结果。服务型政府的实质，是政府在职能和工作方式上的一次根本性转型，是对传统行政管理范式的革命性突破①。服务型政府的建构及其存在，是一组具有高度排他性的知识谱系，有关服务型政府的建构，实质上已经转化为对这一知识谱系的陈述②。从知识学的角度看，服务型政府也是一种关于政府类型的新知识。

扩散指的是创新在特定的时间段内，通过特定的渠道，在特定的社群中传播的过程。传播指的是参与者为了相互理解而发布和分享信息的过程。这个定义意味着传播是一个趋同（或分歧）的过程，因为参与者交换信息是为了对某一特定事情的看法更加一致（或不一致）。我们将传播看成双向趋同的过程，而不是某个人为了达到某种效果进行单向、线性输出的过程。扩散是特殊类型的传播，所包含的信息与创新观点有关。信息里新奇的创新观点赋予扩散特定的气质，新奇意味着扩散带有不确定性③。扩散还是一种社会变革，指的是社会体系的结构和功能发生变化的过程。在新的观念出现后，人们扩散、采用和拒绝它，皆可带来不同的结果，社会也会随之发生变革。

正如罗伯特·D. 帕特南在《使民主运转起来：现代意大利的公民传统》中所言：“创立一个新的政治制度既不是快速的也不是容易的。最终，成果不应以年来衡量，而应该以年代来衡量。”④ 服务型政府是当代中国政府改革的目标模式，当代中国政府改革从某种程度上来说也是关于服务

① 高小平、王立平：《服务型政府导论》，北京：人民出版社，2009 年，“绪论” 第 6 页。

② 孔繁斌：《服务型政府在社会治理中的知识扩散》，《中国人民大学学报》2014 年第 2 期。

③ ［美］E. M. 罗杰斯：《创新的扩散》，唐兴通、郑常青、张延臣译，北京：电子工业出版社，2016 年，第 7 页。

④ ［美］罗伯特·D. 帕特南：《使民主运转起来：现代意大利的公民传统》，王列、赖海榕译，北京：中国人民大学出版社，2014 年，第 60 页。

型政府的知识创造和扩散的过程。本书拟用一种开放的、注重过程而不是结果的研究方法取代综览模式（synoptic models），考察“服务型政府”从概念提出之后是如何发展的，恰如一滴墨水滴入水中后是怎样一层层扩散开的；学术界全情投入的研究是怎样与地方政府率先实践相融合，之后又是怎样上升为国家话语而获得高知识势能的；为什么有些概念维度被学术界追捧，有些被官方认可和实践，而有些则停留在理念构想层面，未得到实践的响应；服务型政府知识合作创新的主体学术界、中央政府和地方政府，是怎样通过各自的话语及行动影响服务型政府的知识建构与扩散的。

福柯认为，知识不只是被界限在论证中，它还可以被界限在故事、思考、叙述、行政制度和政治决策中①。正如亚里士多德所争论的，个体和他们所处的制度是由修辞推动的，是由叙述的力量、故事、例子和人们所处的环境中占主流的观点来推动的。因此，服务型政府是当代中国政府改革的目标模式，对当代中国政府改革的解释还可以通过从知识扩散的角度对服务型政府进行历时性、全景式回顾而获得。

第二节　概念界定

一、服务型政府

服务型政府作为一种理想的政府形态，以及中国现实发展中的行政管理模式，既不同于典型的西方管理型政府，也不同于中国之前的全能型政府或者管制型政府，它是政府自身的深刻革命的成果，具有创新性，属于软创新②。

服务型政府是一个在当代中国政府改革实践中发展起来的概念。早在改革开放之初，响应大刀阔斧的经济体制改革，地方政府在实践中为了更高效、更好地服务于外商投资、企业和社会，纷纷建立初级版的“一站式”服务机构，如“外商投资服务中心”“政府办事大厅”等，被认为是

① ［法］米歇尔·福柯：《知识考古学》，谢强、马月译，北京：生活·读书·新知三联书店，1998年，第204页。

② 相对于技术创新等硬件层面的创新，软创新是指体制和模式上的创新。

早期服务型政府的雏形，可以说是服务型政府的 1.0 版本。之后，得益于中国行政管理学科的恢复与重建，学术界提出并论证了“服务行政”的概念，并由点到面进行了持续深入的理论性思考与创新性研究。1992 年，党的十四大正式确立我国经济体制改革的目标为建立社会主义市场经济体制，改革开放得以加速推进，政府改革也进入了一个新的阶段。1998 年，以“机构改革”为名义的行政改革开展起来，政学两界纷纷探寻应当建立一个什么样的政府来领导中国特色社会主义事业，服务型政府的概念应运而生。较早提出建设服务型政府目标的有上海、南京、成都、重庆等地的政府。2004 年，时任国务院总理温家宝在中央党校省部级主要领导干部“树立和落实科学发展观”的专题研究班上提出了“努力建设服务型政府”的历史任务，这是中央高层领导首次明确指出建设服务型政府。2005 年，“服务型政府”首次被写入政府工作报告。2007 年，党的十七大报告首次将建设服务型政府设定为行政管理体制改革的目标和价值取向。2012 年，党的十八大报告将“建设服务型政府”升级为“建设人民满意的服务型政府”。2017 年，党的十九大报告指出，增强政府公信力和执行力，建设人民满意的服务型政府。与此同时，我国又分别在 2008 年、2013 年和 2018 年进行了三次大规模的以建设服务型政府为总目标的国务院机构改革，大部门体制、协调小组等合作行动机制在机构改革中得到广泛应用。之后，通过服务价值社会化，将治国理念即政府改革目标具化为“放管服”改革的行动话语。由此，以“服务型政府”叙事为样本，超大国家治理话语与西方治理话语截然不同①。

服务型政府还是一个学者不断思考和建构的概念。“服务型政府”这一概念在世纪之交由与地方政府改革实践紧密联系的学者提出②，之后迅速在中国政治学与行政学界引起强烈反响，吸引大量学者参与“服务型政府”的研究，成为 21 世纪前十多年政学两界最为重要且充满争议的学术话语和核心概念之一。2012 年，黄爱宝教授将十余年来中国学术界与政界关于服务型政府的探讨归纳为三种服务型政府观③：第一种是以张康之

---

① 程倩：《从宗旨到行动：服务型政府叙事的话语分析》，《浙江学刊》2020 年第 4 期。

② 张康之从 2000 年开始使用“服务型政府”概念。参见张康之：《限制政府规模的理念》，《行政论坛》2000 年第 4 期。

③ 黄爱宝：《三种服务型政府观比较》，《江苏行政学院学报》2012 年第 2 期。

教授为代表的基于政府价值理念的内涵定位和适应后工业社会治理要求的服务型政府观；第二种是以刘熙瑞教授为代表的基于政府价值理念的内涵定位和主要借鉴工业社会治理经验的服务型政府观；第三种是基于政府职能结构的内涵定位和主要借鉴工业社会治理经验的服务型政府观，又可分为履行广义公共服务职能和履行狭义公共服务职能两种不同观点，分别以迟福林和朱光磊为代表。

大致在20世纪80年代初，西方国家为应对经济停滞与通货膨胀，以及政府本身的低效与高财政赤字，纷纷进入以市场化和私有化为主要特征的政府改革季，新公共管理理论为其主要理论指导，其中一项重要内容为“顾客服务导向”（customer service orientation）。顾客服务导向的实质是从市场交易角度理解政府，政府生产或提供公共服务产品，公民作为纳税人是这些公共服务产品的消费者。问题在于，政府能像麦当劳那样经营吗？将公民与政府的关系比拟为顾客对企业，导致公务员所应具有的面向全体公众的“公共责任”可能沦为一种面向少数富人的“职业道德”①，因而丧失公共性。之后，基于对新公共管理的价值反思，美国学者登哈特夫妇在2000年提出了“新公共服务”概念，认为政府应超越企业家身份，重视公民权和公共服务。政府应服务于公民而非顾客。虽然“新公共服务”也提出一系列操作性方案，如推崇公共服务精神，旨在提升公共服务的尊严与价值，重视公民社会与公民身份，重视政府与社区、公民之间的对话沟通与合作共治②。但与新公共管理一样，这些也都是对政府管理体制的修修补补，是停留在技术层面和操作层面的政府局部改革。

相较而言，服务型政府是中国政治学者与行政学者做出的开创性学术探索，是与中国共产党的立党宗旨和执政理念密切联系在一起的，既是一种中国特色的政府理论，也是立足于人类治理文明发展趋势做出的历史性判断。服务型政府的理念是直接从毛泽东的《论联合政府》中获得启发的。或者说，在中国革命取得胜利的时候，老一辈革命家在思考如何建立一个与西方国家不同的政府的时候，提出了服务型政府的设想。这种政府

---

① 丁煌、张雅勤：《公共性：西方行政学发展的重要价值趋向》，《学海》2007年第4期。

② 高小平、王立平：《服务型政府导论》，北京：人民出版社，2009年，第84页。

建构思路显然与西方“契约论”的政府建设思路有很大的不同①，它解构了西方政府理论中“政治—行政二分”的价值观，将政治价值融于行政价值之中。在服务型政府建构过程中，必须同时考虑形式公共性与实质公共性两个方面的问题。虽然建设服务型政府是在世纪交替之际明确提出的，然而服务型政府理应是中国共产党领导下政府的基本理念和施政原则。

综上所述，本书对服务型政府的界定是为人民服务的政府，立足于中国改革开放以来的行政改革与实践，虽然西方国家在行政改革中也曾突出过服务主题，但在中国，服务型政府的建设依托的核心政治理念是为人民服务，价值归宿是让人民满意。同时，服务型政府的理论建构突出了将建设“人民满意的服务型政府”作为新时代国家治理的目标，以期走向一种全新的服务型治理体系。中国服务型政府的理论建构和实践建设过程实际上就是服务型政府知识扩散的过程，既包括了“为人民服务”“人民满意”等政治理念的提炼（即服务型政府哲学化过程），也涵盖了中国中央政府和地方政府在实践中通过一系列政治制度安排与改革创新推进服务型政府科学化的过程，更兼有服务型政府知识与技能传播的创新扩散的社会化过程。这些过程齐头并进、相辅相成，以期把服务型政府建构成一种新的政府类型知识，把服务型政府建构成“见而知之”“闻而知之”的寻常现象，最终承载中国政府、中国学者和中国老百姓对于政府“廉洁、高效、民主、法治”，最重要的是真正实现“全心全意为人民服务”和“让人民满意”的希冀。

二、知识扩散

至今，尚没有一个对“知识”统一而明确的界定。《现代汉语词典》中对知识的界定为：“人们在改造世界的实践中所获得的认识和经验的总和。”② 知识是人类从各种途径中获得的经过提升总结凝练的系统的认识，包括事实、信息的描述或在教育和实践中获得的技能。知识的获取涉及感觉、推理、传播、交流、扩散等复杂过程。从类型学上看，知识可分为简

① 乔姗姗：《论践行群众路线与建设服务型政府的内在逻辑——基于中国的政治话语体系》，《理论月刊》2015 年第 2 期。

② 中国社会科学院语言研究所词典编辑室：《现代汉语词典》，北京：商务印书馆，1992 年，第 1481 页。

单知识和复杂知识、独有知识和共享知识、具体知识和抽象知识、显性知识和隐性知识。“一门科学就是任何一种知识，它是人们有意努力加以完善的对象”①，“它发展了寻找事实和解释或者推理（分析）的专门技巧”②。如果事情一成不变或至少按照人们预期那样去发展，那么也就不会产生任何需要进行决策的新问题了。但事实是，时代在变，人们身处其中的特定时空情势也在变。人类社会现在所经历的变化不是农业社会的简单变化，也不是工业社会的复杂变化，而是呈现出错综复杂性，有的学者称其为“后工业社会”的特性。摆在我们面前的问题是我们何以能改变我们的社会政治制度，以便更好地将秩序与正义结合在一起。政府作为一套排他性知识陈述责无旁贷地需要回答上述问题。综合世界时事发展的大趋势，以及中国特定时空情势，中国提出建设服务型政府。服务型政府的建构过程即是服务型政府知识化的过程。在中国，服务型政府知识的增长是呈螺旋形上升的。服务型政府的知识扩散不是完成时，而是现在进行时，是边建构、边修正、边扩散的。

传播指的是参与者为了相互理解而发布和分享信息的过程。传播是双向趋同的过程，不是某个人为了达到某种效果进行单向、线性输出的过程。扩散是特殊类型的传播，指的是创新在特定的时间段内，通过特定的渠道，在特定的群体中传播的过程，扩散的信息与新观点有关③。人们对新观念的扩散、拒绝抑或采用，会导致社会体系和结构功能的变化，扩散会导致社会变革。很多时候，人们谈论的创新多指技术创新和硬件层面的创新，因为其易被观察和追踪。但创新也可以只由信息构成，例如马克思主义政治哲学、宗教思想、地方性限塑令或新闻报道等，这些软创新大家也在研究。随着生产的非物质化（即创造的每价值单位的能量含量逐渐减少，其信息含量逐渐增加），人们再也不能把信息仅仅看成是对经济活动及国家发展的一种外部支持，恰恰相反，信息正成为主要推动力量。现代

---

① ［美］约瑟夫·熊彼特：《经济分析史》，朱泱、易梦虹、李宏，等译，北京：商务印书馆，1996 年，第 21 页。

② ［美］约瑟夫·熊彼特：《经济分析史》，朱泱、易梦虹、李宏，等译，北京：商务印书馆，1996 年，第 22 页。

③ ［美］E. M. 罗杰斯：《创新的扩散》，唐兴通、郑常青、张延臣译，北京：电子工业出版社，2016 年，第 7 页。

国家核心竞争优势聚焦于谁能更好地创造和分享新信息。

经济学对知识扩散的研究比较多，经济学把知识作为一种生产要素予以强调，相应地把知识扩散界定为知识通过市场或非市场渠道发生的流动、传播与转移，经济学领域对知识扩散的界定接近于知识传播。近些年，公共管理领域也开始研究知识扩散，与经济学领域对知识扩散的界定不同的是，公共管理领域对知识扩散的界定更接近于知识治理。孔繁斌教授赋予了知识扩散更丰富的内容，将知识扩散理解和解释为“服务型政府影响社会治理的范式，这是不同于管理理性政府的权力影响范式的一种选择”①，将知识扩散看成是与“合作秩序、服务型政府相辅相成的同一谱系中的概念”②，“是以整体理性为基础、以公共性规范为规则、以合作秩序和治理中共识达成的促进为目的、以消除不确定性从而降低风险为功效价值的治理方式”③。孔繁斌对知识扩散的定义与荷兰学者 Arwin Van Buuren 和 Jasper Eshuis 在 2010 年合作撰写的文章《知识治理：科层、网络与市场治理的补充》中“知识治理”的概念很相似，在该文中，作者将“知识治理”看作科层治理、市场治理、网络治理之外的“第四种”治理形式，即“有意识地组织知识的发展来解决社会问题”④ 的治理形式，正是“新知识的发展成为协调集体行动达成的另一种有效途径”⑤。基于此点，张海柱认为，知识治理的本质在于“致力于通过公共投资与交互性学习发展出新的知识、新的观念和新的能力来促进公共事务治理集体行动的达成”⑥。

不同于之前的研究者对知识扩散所做的近似于“知识传播”或“知识治理”的定义，本研究对知识扩散的界定更接近于“知识化”与“创新的扩散”的合成词，即“服务型政府的知识扩散”要探究的是服务型

---

① 孔繁斌：《服务型政府在社会治理中的知识扩散》，《中国人民大学学报》2014 年第 2 期。

② 孔繁斌：《服务型政府在社会治理中的知识扩散》，《中国人民大学学报》2014 年第 2 期。

③ 孔繁斌：《服务型政府在社会治理中的知识扩散》，《中国人民大学学报》2014 年第 2 期。

④ Arwin Van Buuren and Jasper Eshuis, “Knowledge Governance: Complementing Hierarchies, Networks and Market?” In *Knowledge Democracy: Consequences for Science, Politics and Media.* Edited by Roeland J.in't Veld. Heideberg: Springger-Verlag, 2010.

⑤ Arwin Van Buuren and Jasper Eshuis, “Knowledge Governance: Complementing Hierarchies, Networks and Market?” In *Knowledge Democracy: Consequences for Science, Politics and Media.* Edited by Roeland J.in't Veld. Heideberg: Springger-Verlag, 2010.

⑥ 张海柱：《知识治理：公共事务治理的第四种叙事》，《上海行政学院学报》2015 年第 4 期。

政府的知识化，以及服务型政府作为一种新的政府模式、一种软创新是如何扩散的。“成功的政治知识化需要有漫长的积累，一般包括政治理念提炼（哲学化）、政治制度与方法验证（科学化）和政治知识与技能传播（社会化）三个基本环节。”① 本研究所要考察的服务型政府的知识扩散，首先要考察服务型政府的知识化，即服务型政府核心理念的提炼（即哲学化过程），也会考察服务型政府建设在实践中的推进（即科学化过程）。之所以要考察服务型政府的知识化，是本着服务型政府不是事先计划出来的，而是经历了一个动态演进的过程的认识，因此，也应以开放、动态的视角考察它。其次，对于服务型政府的社会化过程，本研究不仅要研究服务型政府知识与技能的传播，更重要的是，因为服务型政府的创新气质，会从创新的扩散的视角探寻中国服务型政府的知识扩散之路。

第三节　文献综述

一、国内服务型政府研究的主题分类及评述

（一）对服务型政府概念和内涵的阐释

自 1998 年服务型政府概念被提出后，中国行政学界及政治学界在这方面做出了许多积极探索，取得了一大批理论成果，并对中国行政改革的实践产生了直接的影响。服务型政府概念的提出是中国学者的贡献。围绕服务型政府的概念，学者们提出了自己的见解，代表性的观点主要有以下几种：

第一种观点认为，在改革攻坚阶段，准确把握“公共服务型政府”的本质内容很重要。以公共服务体制为重点，建设公共服务型政府是一场深刻的“政府革命”。以迟福林教授为代表的学者们所提出的“公共服务型政府”就是指履行广义的公共服务职能的政府。迟福林教授认为，公共服务型政府的基本内涵就是为全社会提供基本而有保障的公共产品和有效的公共服务，以不断满足广大社会成员日益增长的公共需求和公共利益诉

① 曹沛霖：《制度纵横谈》，北京：人民出版社，2005 年，第 254 页。

求，从而在此基础上形成的政府治理的制度安排①。他还认为，改革开放以来，中国完成了从“政治斗争型”政府向“经济建设型”政府的转型，正在把注意力转向建设“公共服务型”政府。扶松茂和竺乾威从政府功能角度来理解“公共服务型政府”，认为：“公共性”是公共服务型政府理论研究的起点；“服务性”是公共服务型政府的本质；“渐进性”是公共服务型政府建设的实践预期；“整体性”是公共服务型政府建设的顶层设计；“合作性”是公共服务型政府建设的实践路径②。

第二种观点认为，“服务型政府”明确了公民本位和社会本位的限定，也强调了公民意志的基础性地位③。刘熙瑞教授认为，服务型政府是在公民本位、社会本位理念指导下，在整个社会民主秩序的框架下，通过法定程序，按照公民意志组建起来的以为公民服务为宗旨并承担着服务责任的政府。纵观人类的政治文明史，其基本线索就是从管制型政府到服务型政府的发展历史。而管制型政府与服务型政府是两种根本不同的政府体系，其核心差别在于：究竟是官本位还是民本位；是政府本位还是社会本位；是权力本位还是权利本位。它们表现为两种管理理念、两种管理哲学的对立，表现为两种根本不同的管理体制④。

第三种观点认为，服务型政府概念具有中国本土特色，一是该概念由中国学者首先提出，二是它适应中国面对工业化和后工业化两个过程一起走的现实，是一种更好、更高形态的政府模式。“公共服务型政府”概念可能关涉到服务型政府的理论方向问题，作为理论，可能会对实践造成误导（张康之，2006）⑤。张康之教授从八个方面界定服务型政府的内涵，他认为：在政府与社会的关系方面，服务型政府职能模式既不是近代早期的自由放任型政府职能模式，也不是二十世纪的干预型政府职能模式，而是一种引导型的政府职能模式⑥。韩兆柱和翟文康在对服务型政府、公共

---

① 迟福林：《全面理解“公共服务型政府”的基本涵义》，《人民论坛》2006 年第 3 期。

② 扶松茂、竺乾威：《公共服务型政府建设若干问题的思考》，《苏州大学学报（哲学社会科学版）》2011 年第 5 期。

③ 张康之：《把握服务型政府研究的理论方向》，《人民论坛》2006 年第 5 期。

④ 刘熙瑞：《服务型政府——经济全球化背景下中国政府改革的目标选择》，《中国行政管理》2002 年第 7 期。

⑤ 张康之：《把握服务型政府研究的理论方向》，《人民论坛》2006 年第 5 期。

⑥ 张康之：《把握服务型政府研究的理论方向》，《人民论坛》2006 年第 5 期。

服务型政府及新公共服务的概念辨析和相关特征比较的基础上指出，服务型政府是在中国本土诞生的一种政府治理模式和理论，并有十余年之久的实践应用；正确理解服务型政府要从三个维度把握——作为一种社会治理模式、作为一种理论、作为正在实践建设中的服务型政府①。夏志强、李天兵在综述服务型政府的内涵分歧的基础上指出，服务型政府的内涵只有在国家治理现代化的语境中才能得到理解和落实：既不能局限于政府职能范畴而失去外部动力，也不宜限定于后工业社会而脱离中国的社会条件②。赵勇和冷向明认为，学术界就服务型政府研究在价值取向上达成以下共识：以公民本位为行为理念、以社会公平正义为价值取向、以公共利益为行为立场、以公共事务为职能定位、以依法行政为行为准则、以有限权力为行为基础③。

（二）服务型政府的理论基础

在服务型政府的理论基础方面，存在较大争议。总结起来有以下类型：

（1）由于服务型政府观是基于工业社会的治理经验，因此从西方的政治理论或行政理论中探寻服务型政府的理论基础。一种观点认为，服务型政府的概念是在新公共服务理论广为盛行的背景下提出来的，因此大部分学者将新公共服务理论作为服务型政府的理论来源之一。侯玉兰在分析登哈特新公共服务理论的七大原则的基础上提出，要以新公共服务理论为基础，构建现代服务型政府。除此之外，有学者还从更为广阔的视角为服务型政府寻找理论基础。南京大学的束锦和苏州大学的肖靓从公共行政理念的转向和政府失灵及其矫正两个角度为推进服务型政府建设寻求了理论依据④。郑州大学公共管理学院的何水也从几乎相同的角度探讨了服务型政府的理论依据。他提出：人民主权理论、新公共管理理论、行政法治理论、为人民服务理论分别为服务型政府建设提供了政治学、行政学、行政

① 韩兆柱、翟文康：《服务型政府、公共服务型政府、新公共服务的比较研究》，《天津行政学院学报》2016 年第 6 期。

② 夏志强、李天兵：《服务型政府研究的理论论争》，《行政论坛》2021 年第 3 期。

③ 赵勇、冷向明：《服务型政府的理论基础：争议中的透视》，《社会主义研究》2011 年第 2 期。

④ 束锦、肖靓：《全面推进服务型政府建设——基于矫正政府失灵角度的探讨》，《甘肃社会科学》2005 年第 3 期。

法学理论依据及最根本的理论落脚点①。

（2）一些学者指出，在中国的服务型政府建设过程中，要深入挖掘本土化、中国化的理论基础，而不能一味地倾向西方思维逻辑。如施雪华所指出的，西方发达国家的服务型政府理论基础是“后工业社会理论”，我国的则更偏向于借鉴“政府职能结构重心位移理论”和以人为本的科学发展观理论②。夏志强、李天兵指出，创建服务型政府研究的理论话语体系，需要聚焦于中国的处境（时间和空间），弄清当下的现实条件和具体问题，并借鉴外部世界的共性话语，将服务型政府理论研究纳入国家治理现代化的理论场域中，才能为服务型政府的理论建构提供有效思路③。孔繁斌、郑家昊认为，立足于中国行政体制的价值问题、科学问题和实践问题，在长期治国理政的实践中，秉持全心全意为人民服务的根本宗旨，中国共产党创造性地推进了行政体制改革，探索了服务型政府建设的路径，创新了中国特色社会主义国家治理的理论和实践④。赵勇和冷向明在梳理了服务型政府研究在理论基础上的分歧后指出，发达国家的政府改革理论可以作为我国服务型政府建设的间接理论依据。我国服务型政府理论基础是马克思主义理论，尤其是马克思主义政府学说，具体来说包括马克思主义的民主理论、代表制理论、人本政府思想及中国共产党的为人民服务思想、科学发展观等⑤。四川大学姜晓萍等认为，事实上，我国服务型政府建设是市场经济发展和社会持续建设的必然要求，随着国家大政方针的出台而演变拓展，更深刻地融入了“为人民服务”“领导就是服务”“三个代表”“科学发展观”等中国特色社会主义理论，其重要的历史任务就是要实现政府职能转型。

（3）由于服务型政府观是面向后工业社会的，张康之教授等认为，摆在中国学者面前的是一条探索的道路，也就是说，中国学者需要从人类历史发展的总体进程中去寻找中国未来的道路走向。在走向后工业社会的过

---

① 何水：《服务型政府建设的理论依据与现实背景》，《云南社会科学》2005 年第 4 期。

② 施雪华：《“服务型政府”的基本涵义、理论基础和建构条件》，《社会科学》2010 年第 2 期。

③ 夏志强、李天兵：《服务型政府研究的理论论争》，《行政论坛》2021 年第 3 期。

④ 孔繁斌、郑家昊：《建设人民满意的服务型政府——中国共产党对行政体制理论的创新探索》，《中国行政管理》2021 年第 7 期。

⑤ 赵勇、冷向明：《服务型政府的理论基础：争议中的透视》，《社会主义研究》2011 年第 2 期。

程中，人类将会面对更为深刻的变革过程。从这样的历史视角来看，管理主义的终结和服务型政府的兴起将是人类历史上的一场更为深刻的社会变革。为了迎接这场变革，我们需要总结历史，特别是需要在管理主义生成和演进的历史进程中去发现走向服务型政府建设的必然性①。孔繁斌从知识论的角度出发，对中国行政学理论及构建服务型政府研究成果进行了回顾和反思，他认为，服务型政府的提出，整合了规范性、本土化、全球化等多个理论面向，服务型政府的研究，依靠中国本土的理论资源和中国学者的学术自觉，直面中国现实问题和人类社会发展趋向，在某种意义上是中国行政学者的一项理论创新，是对公共管理学科前沿问题真正本土化的理论思考②。

（三）服务型政府的构建路径

由于学者对服务型政府的概念和内涵，以及产生社会背景及历史阶段的判断不同，因此在服务型政府的构建路径方面存在着不同的设计。

1. 强调要使政府职能向提供公共服务职能方向转变

迟福林、方栓喜强调：首先，建设公共服务型政府要以人为本，为社会提供最基本的公共产品和公共服务，着眼于解决当前最突出的经济社会矛盾；其次，建设公共服务型政府要统筹规划，加快解决政府转型中事关全局的重大体制问题；最后，建设公共服务型政府，需要进行现代政府理念的宣传和教育，首要的前提是树立以人为本的新发展观，需要深刻理解政府管理的本质，需要构建新的政府文化③。沈荣华教授则提出以下路径：(1) 以公众为服务导向，主要途径之一是扩大政府决策的公众参与；(2) 引入市场竞争机制；(3) 营造政府与社会的协作机制；(4) 推行绩效管理评估；(5) 发展政府间协作；(6) 强化政府责任④。李军鹏指出，建设公共服务型政府必须处理好五个重大战略关系，分别是经济发展与公共服务的关系、市场服务与公共服务的关系、经济性公共服务与社会性公共服务的关系、科教型公共服务与转移支付型公共服务的关系、公共服务

① 李传军：《管理主义的终结：服务型政府兴起的历史与逻辑》，北京：中国人民大学出版社，2007年，“序”第1页。

② 孔繁斌：《中国行政哲学研究：主要议题析论》，《理论与改革》2012年第2期。

③ 迟福林、方栓喜：《加快建设公共服务型政府的若干建议》，《发展》2004年第3期。

④ 沈荣华：《提高政府公共服务能力的思路选择》，《中国行政管理》2004年第1期。

水平与公共服务覆盖面的关系①。燕继荣教授认为，应当从政府理念、政府制度和政府行为三个层面进行检讨和反思，并以公民本位的精神实现政府再造；良好的治理要求政府与社会的互助合作、双向互动、共管共治，因此，服务型政府构建应该从建立公民参与的制度平台，鼓励作为“第三部门”的民间组织的发展入手②。李延莉则在梳理西方发达国家社会公共服务发展的历程的基础上指出，要满足民众享有与经济社会发展水平和阶段相适应的公共服务需求，使改革发展成果更多更公平地惠及全体人民，必须做到以下五点：通过加强立法，建立健全社会公共服务法律体系；强化政府公共服务职能，推进服务型政府建设；强化国家权力机关监督，督促政府履职尽责；完善公众参与机制，畅通民众表达公共服务意愿的通道；建立合宪性审查制度，保障公民社会公共服务权利的实现③。尹栾玉以深圳“织网工程”为例，阐述深圳“织网工程”以信息化为手段，通过创新政府公共服务组织模式，提高了公共服务供给能力和绩效水平，进而指出必须在“协同治理”框架下对政府公共服务职能进行重构，提高公共服务供给效率，促进公共服务均等化④。

2. 把培养现代公民和为公民服务放在核心的位置上

井敏认为，服务型政府首先以服务为宗旨，服务型政府是以公民为本位的政府，政府首先考虑公民利益的实现，保证公民需求在公共管理中的支配性地位⑤。吉林大学傅耕石博士在其学位论文《服务型政府的构建：中国语境下的审视》中指出，现代公民的培养是中国服务型政府构建的基础，为此要加强基层民主建设，建构市民社会；健全民主制度、丰富民主形式与扩大公民有序的政治参与；执政党执政能力的提升是中国服务型政府构建的关键环节；政府转型与政府自身的建设是中国服务型政府构建的主题⑥。马

① 李军鹏：《关于建设公共服务型政府的思考》，《中共天津市委党校学报》2004 年第 2 期。

② 燕继荣：《对服务型政府改革的思考》，《国家行政学院学报》2006 年第 2 期。

③ 李延莉：《发达国家公众社会公共服务需求满足的经验与启示》，《山东行政学院学报》2018 年第 1 期。

④ 尹栾玉：《协同治理视域下政府公共服务职能重构——以深圳“织网工程”为例》，《北京师范大学学报（社会科学版）》2016 年第 2 期。

⑤ 井敏：《试析服务型政府的内涵》，《兰州学刊》2006 年第 7 期。

⑥ 傅耕石：《服务型政府的构建：中国语境下的审视》，博士学位论文，吉林大学，2007 年，第 121-156 页。

丽娟从基层协商民主的地位和价值的角度论及了其与服务型政府创建的关系：构建符合时代发展的服务型政府对基层协商民主不仅是一种推动和促进，同时也有助于政府运用更完善的机制通过基层协商加强与公民的沟通，实现政府与社会的良性运行，以促进社会治理体系和治理能力的现代化①。

以上表述虽然各不相同，但表达的内容基本一致。之所以出现以上种种服务型政府构建路径的设计，是因为研究中在定义服务型政府时采用了“列举法”，即“学术界在理解这一概念时存在着泛化的倾向，使其成为一个没有边界、没有特定含义的范畴，把所有好政府或理想政府的特质、要素都加在里面，使其成为所谓‘好政府’的代名词”②。而这一列举法的特点是随着社会实践与理论的发展，常常把一些新的理想政府的内容加进“服务型政府”的内涵中，使得服务型政府像一个筐一样，把所有政府的边际改进都当作在建设服务型政府。

3. 将服务型政府分解为若干个具体的理论问题去加以分别研究

（1）关于政府职能的探讨。

中国改革开放以来走出了一条独特的道路，中国政府在改革开放的过程中创造性地探索出了一种在西方从未有过的全新的政府职能模式。由于它是一种全新的政府职能模式，任何一种满足于运用西方理论来对它进行解释的做法，都无法给出令人信服的答案。这种政府职能模式实际上就是“引导型政府职能模式”③。人们可能会产生一个疑问：既然引导型政府职能模式是属于服务型政府的，既然服务型政府应当是后工业社会的政府形态，那么中国为什么会在改革开放的过程中建构起这种政府职能模式呢？其实，在人类社会的发展中，在某个历史阶段的实践中创造了属于下一个历史阶段的经验是一种经常出现的现象④。如果从“主体—功能”角度对引导型政府职能模式和服务型政府建设进行考察，可以发现，引导型政府

① 马丽娟：《在服务型政府建设中推进基层协商民主发展》，《湖南省社会主义学院学报》2019年第6期。

② 余世喜：《公共服务型政府的内涵及其基础分析》，《暨南学报（哲学社会科学版）》2007年第3期。

③ 郑家昊：《引导型政府职能模式的兴起》，北京：中国社会科学出版社，2013年，“序”第2页。

④ 郑家昊：《引导型政府职能模式的兴起》，北京：中国社会科学出版社，2013年，“序”第10页。

职能模式在主体上应归属于服务型政府，是服务型政府的功能体现①。竺乾威从政府职能转变的角度指出，以人民为中心的新发展观要求政府从“五位一体”的总体布局出发整体性地履行其职能，这就需要改变以往政府注重单一职能行使的做法，使政府回归其本源，也就是一个权力受到制约的法治、负责、透明和高效的现代政府②。

（2）重塑政府的伦理路径。

政府要在何种程度上拥有公共性，也就需要在同等程度上提高公共服务的水平和改善公共服务的质量。大致来说，政府已经尝试过三种提供公共服务的路径，它们分别是“政治的路径”“科学的路径”和“市场的路径”。在今天，由于新的历史转型的需要，政府需要开辟“伦理的路径”③。在伦理路径中，伦理精神将会成为政府乃至整个社会治理体系的灵魂，服务型政府的设计、道德制度的确立、道德化治理方式的建构、政府合作整合机制的完善等，都只有在伦理精神的意义上，才能够得到理解。在伦理路径中，政府不会满足于它对社会的“良好的治理”，而是要把整个社会的健全与和谐作为不懈追求的目标④。田小龙指出，我国的服务型政府建设既学习和借鉴西方国家政府改革的有益成果，也坚持具有中国特色的改革内容，走的是超越西方新公共管理的中国道路。当前的社会转型对服务型政府建设提出的切题性要求是进行伦理重建，沿着伦理路径建设服务型政府符合伦理重建的切题性要求，即建构为了人的共生共在的合作伦理⑤。

（3）在“去中心化”中谋求合作。

在人类历史上，全球化是一场全新的运动，它与近代早期的资本主义世界化是不同的，在资本主义世界化进程中所造就的是一个有着中心—边缘结构的世界，而全球化则意味着对这种中心—边缘结构的解构⑥。若要应对后工业社会的高度复杂性和高度不确定性，包括服务型政府在内的社

---

① 郑家昊：《引导型政府职能模式的兴起》，北京：中国社会科学出版社，2013 年，第 248 页。
② 竺乾威：《服务型政府：从职能回归本质》，《行政论坛》2019 年第 5 期。
③ 张康之：《论伦理精神》，南京：江苏人民出版社，2010 年，第 108 页。
④ 张康之：《论伦理精神》，南京：江苏人民出版社，2010 年，第 114 页。
⑤ 田小龙：《服务型政府建设路径的研究述评》，《公共管理与政策评论》2020 年第 5 期。
⑥ 张康之：《合作的社会及其治理》，上海：上海人民出版社，2014 年，第 75 页。

会网络组织的构建、信任关系的建立与合作方式的形成至关重要。多中心治理结构包含了政府组织、非政府组织及其他公民社群与个人，尽管这些治理主体各自具有独立进行治理运作的权能，但这些独立的主体之间的合作治理，才是多中心治理运作真正的“轴心”。甚至在大多数语境中，多中心治理指称的主要是合作治理。在一定意义上，合作治理是多中心治理最浓缩的表达①。

（4）话语的重建。

关于服务型政府的构想是中国学者在对中国行政改革的思考中提出的，而中国的行政改革是发生在全球化、后工业化进程中的。服务型政府研究必须秉持从全球化、后工业化的现实出发的态度，只有这样，才能够建立起中国话语，而且是有着全球视野和后工业社会指向的中国话语②。朱正威和吴佳从知识生产的视角，以比较视野下的中国场景——关于政府改革语汇的案例讨论为例，指出中国公共管理的话语生产要将真问题作为大问题讨论的前提和归宿，用中国公共管理真问题确立研究对象和理论；要改造我们的语言，形塑基于中国经验的公共管理概念；要抽离现象世界的理论要素，在对话中形成学科的自主性③。程倩在超大国家治理话语与西方治理话语对比研究的基础上指出，“全心全意为人民服务”的宗旨是国家治理核心话语的本源，这一治国理念被设定为“建设服务型政府”的政府改革目标，通过服务价值社会化，将治国理念及政府改革目标具化为“放管服”改革的行动话语。由此，从初心到行动的话语转换是中国特色社会科学话语体系全方位构建的过程④。

（四）对服务型政府研究的回溯式考察

对服务型政府研究的回溯式考察，依据服务型政府研究的发展大致有三个阶段（三个阶段并不是泾渭分明的，而是时有交集）：

第一个阶段大致为2004年至2010年，这期间由于对服务型政府的研

---

① 孔繁斌：《公共性的再生产：多中心治理的合作机制建构》，南京：江苏人民出版社，2012年，第57页。

② 张康之：《为了人的共生共在》，北京：人民出版社，2016年，第384页。

③ 朱正威、吴佳：《从实践语汇到学术概念：中国公共管理研究的问题意识与自主性》，《中国行政管理》2020年第1期。

④ 程倩：《从宗旨到行动：服务型政府叙事的话语分析》，《浙江学刊》2020年第4期。

究刚刚兴起，关于服务型政府的概念、理论基础的论述呈现“百花齐放，百家争鸣”之势，因此对服务型政府研究的回溯式考察主要集中在概念研究综述和理论研究述评上，研究方法也多为描述性分析。如《我国建立服务型政府理论研究述评》（孙秀艳，2004），《服务型政府理论研究综述》（杨磊、马岩巍，2006），《服务型政府理论溯源》（黄克瀛，2008），《服务型政府概念研究综述》（周望，2008），《服务型政府理论研究综述》（王东强，2009），《服务型政府：争议中的透视》（何水，2010）等。

第二个阶段大致为2009年至2012年，由于服务型政府研究至2009年已经走过近十年历程，因此这一阶段的对服务型政府研究的回溯式考察多集中在对近十年来国内服务型政府研究的综述与分析上，研究方法也多是应然类研究和描述性分析。如《服务型政府的研究路向——近十年来国内服务型政府研究综述》（燕继荣，2009），《我国服务型政府研究览析》（沈荣华、王扩建，2010），《中国“服务型政府”研究：回眸与反思》（刘祖云，2011），《三种服务型政府观比较》（黄爱宝，2012），《服务型政府研究：十年历程及分析》（程倩，2012）等。

第三个阶段为2012年至今，从1998年服务型政府的概念正式提出至2012年，服务型政府的研究已经走过23年的历程。这23年中，服务型政府研究从热点议题发展成为中国行政学界最热门的主题，其理论成果向实践的投射，又使其成为中国行政学者重要的学术贡献和主流的学术话语。在理论研究的带动下，构建服务型政府也成为从地方到中央行政体制改革的实践目标。

在对中国服务型政府相关研究进行阶段性总结和反思方面，学者们的代表性成果有：《服务型政府建设取得进展了吗？——中国城市的纵贯比较（2010—2014年）》（吴伟、于文轩、马亮，2015），《服务型政府建设路径的研究述评》（田小龙，2020），《从服务型政府到人民满意的服务型政府——服务型政府20年发展研究述评》（耿亚东，2021）。在运用CiteSpace构建服务型政府研究总体状况的知识图谱方面，学者们的代表性成果有：《中国服务型政府研究评估——以2002—2011年CNKI核心期刊论文为分析对象》（朱稳根、李文军，2012），《2012年CNKI服务型政府研究综述》（王伟、张靖，2013），《国内服务型政府研究的知识图谱》（姜晓萍、苏楠，2014），《服务型政府的研究理路——基于〈中国行政管理〉杂志2002—

2013 年的分析》（唐德龙、高翔、王梦娇，2014），《我国服务型政府研究进展——基于 CiteSpace 的文献计量分析》（卢东宁、邱硕、2021）等。

总的来看，过去十几年对服务型政府研究的回溯式考察多为对各种文献评述的应然类研究和基于现状分析的描述性分析，而鲜有运用翔实的理论框架对某些具体研究假设进行验证的理论检验研究，也缺少从调研资料和数据中派生出概念和分析框架的理论建构研究。而对服务型政府的研究则缺乏跨学科之间的合作与交流，基本还是“各自为政”“各说各话”，未建立跨学科、跨领域的学术共同体。服务型政府的研究视角还不够多维，如缺乏知识扩散的视角。创新采用率的差异可以用创新的五大认知属性来解释，包括相对优势、兼容性、复杂性、可试性和可观察性（Rogers，1995）。除了创新认知属性之外，还有其他四种，即创新决策类型、沟通渠道的特性、社会体系的特性和推广人员付出努力的程度，这些都会影响人们对创新的采用率。服务型政府作为一项创新，具备了哪些认知属性，以及创新决策类型、沟通渠道的特性、社会体系的特性和推广人员付出努力的程度是如何影响服务型政府的知识扩散的，都是有意义和需要探讨的重要问题，这也是本研究拟突破的地方。

尽管服务型政府的用语是中国学者提出来的，全世界也只有中国政府最为明确地提出了要进行服务型政府的建设，但是从服务型政府的精神即服务行政理念来看，可以说近年来国际公共行政改革的趋向和潮流，就是进行服务型政府建设。联合国秘书处经济和社会事务部（the Department of Economic and Social Affairs of the United Nations Secretariat）、公共行政与发展管理司（Division for Public Administration and Development Management）根据提交给 2005 年 5 月 24—27 日在韩国首都首尔举行的第六届“再造政府（Reinventing Government）全球论坛”的论文，编撰了《公共行政与民主治理：政府服务于人民》一书，其中探讨了提升治理与公共行政水平的一系列主题：21 世纪全球化过程中政府面临的挑战，如何通过电子政府培育民主和发展民主，公民、商界和政府在发展与民主事务方面的伙伴关系，政府与参与型和透明型治理中的革新与质量，构建政府信任。从中我们可以看到，国际学术界普遍认识到“公共行政与民主治理的作用正在转变为使政府对公民的需求更加负责并且更为有效地提供公共服务”，“政府的角色正在迅速地从控制、指导和干预经济，转变为支持和方便生产性经济活动、提供足够的基础设施和社会管理资本（social overhead capital）、创造和维护一个竞争性的商业氛围、确保市场准入的公平性、保护劳工和消费者的利益以及为公民提供卫生保健、安全和保险”①。

对于如何改革官僚行政体制的问题，西方公共行政学界存在分歧，大致形成了两大派别。以新公共管理理论为代表的市场行政学派，基本上可以说是走技术主义路线的，继续奉行效率行政理念，着眼于造成官僚行政低效率甚至无效率的原因，提出市场行政主张，试图通过引进市场力量来消除官僚行政的弊病。市场行政学派的主张曾一度受到热捧，成为西方国家政府行政改革的指导性理论，却受到走体制主义路线的民主行政学派的严厉批评。实际上，早在20世纪60—70年代，民主行政学派就已经产生了。当时的新市场行政学派已经意识到官僚行政各种弊病产生的根源在于理念和体制，因而主张转变行政理念，强调公共政策制定和实施的社会公平性和责任性，实现行政民主化，重塑公共行政体制。到了20世纪90年代，在新市场行政学派理论的基础上，美国公共行政学家奥斯特罗姆明确提出了强调多中心分散自治和宪政约束的民主行政理论②。最后，在21世纪初产生的新公共服务理论，继承行政民主化的一贯主张，明确提出服务行政理念，强调以公民为中心，强调公共利益的实现，强调政府服务于公民并对其承担责任，从而唱出了民主行政学派的最强音③。

也就是说，西方最先建立起来的、与小政府时代相适应的“宪政民主制度约束公共行政体制”的体制模式，到了19世纪末的大政府时代已经行不通了，所以被改为“宪政民主制度搭配官僚行政体制”的体制模式。但是新的体制模式存在内在的紧张和冲突关系，即在立法事务之外存在一个由官僚行政力量掌控的广阔的政策事务领域，官僚行政力量因此膨胀、壮大和独立起来，从而导致宪政民主制度愈加难以约束和控制官僚行政力

① 吴玉宗、古洪能、张鹏：《沿海经济发达地区县级服务型政府建设研究》，长春：吉林大学出版社，2014年，第31页。

② 吴玉宗、古洪能、张鹏：《沿海经济发达地区县级服务型政府建设研究》，长春：吉林大学出版社，2014年，第34页。参见岳世平：《我国服务型政府建设的制度障碍分析》，《党政干部学刊》2008年第9期。

③ 吴玉宗、古洪能、张鹏：《沿海经济发达地区县级服务型政府建设研究》，长春：吉林大学出版社，2014年，第34-35页。参见［英］洛克：《政府论·下篇》，叶启芳、瞿菊农译，北京：商务印书馆，1964年，第90页。

量，而且官僚行政体制的能力也并不是无可挑剔的。这样，在政府职能不可能回缩的大政府时代，如何恢复宪政民主制度对于公共行政力量的约束和控制，使之服从于西方的基本政治价值规范，并且加强政府行政的能力，就成了当代西方公共行政学界所要解决的首要课题。由于西方的基本政治制度（宪政民主制度）正是其基本政治价值的体现和保障，不可能改变，因此就只能改变官僚行政体制了。而要改变官僚行政体制，首先就要改变效率行政理念，重塑政府行政理念。市场行政学派不触动旧的效率行政理念，是不可能从根本上改变官僚行政体制的——尽管这个学派也以官僚行政体制为批评的靶子。只有民主行政学派意识到了问题的根源所在，下决心要转变政府行政理念，抛弃旧的效率行政理念而树立起新的服务行政理念，从而试图在宪政民主制度的基础上和框架内，通过直接引入公民参与公共行政的力量，将官僚行政体制转变为民主行政体制，也就是建设服务型政府，最终形成西方国家 21 世纪的“宪政民主制度搭配民主行政体制（即服务型政府）”的体制模式①。

二、对当代中国政府改革的理论解释

40 多年来，政府改革一直是世界性的浪潮，无论是在发达国家还是在发展中国家，政府都试图通过自身的变革来适应环境和回应公众需求，以解决财政危机、公共危机或者信任危机。在不同国家和不同时代，政府改革通常有不同的称谓，例如行政改革、行政体制改革、行政管理体制改革、公共部门改革、机构改革、再造政府等。虽称谓不同，改革的内容却大同小异。中国学者关于中国政府改革的研究和解释主要有三个层次：第一个层次是从整个社会大系统的角度来研究中国政府改革，将中国政府改革看作回应环境需求的产物，系统理论和生态理论是最常用的两个理论；第二个层次是从政府改革的各个方面来研究各者之间的关系，政府改革逐渐从机构改革转向职能转变，而价值和观念、机构改革、界定关系和职能转变等四者之间关系成为研究重点；第三个层次是从政策和策略的角度来研究政府改革，强调中国政府改革的主要目标、面临的主要任务，以及可能的改革方式。笔者搜索文

① 吴玉宗、古洪能、张鹏：《沿海经济发达地区县级服务型政府建设研究》，长春：吉林大学出版社，2014 年，第 35 页。

献发现，对当代中国政府改革进行总体性理论解释的比较少，多为就政府改革的某一议题进行研究，如很多学者对我国政府职能的转变进行梳理、研究和解释，或者从某个角度切入，“管中窥豹”，兼论当代中国政府改革，如从我国机构改革的角度切入，但这种研究的主要精力在切入点上，对于当代中国政府的改革，往往只是捎带论述一下，或是一笔带过。

（一）对当代中国政府改革进行宏观描述与阐释

在目前的研究中，对当代中国政府改革直接进行理论阐释的比较少，对当代中国政府改革进行宏观描述与阐释的比较多，这一块以 2018 年《国家行政学院学报》为了庆祝改革开放 40 周年刊发的张成福教授的《政府治理创新与政府治理的新典范：中国政府改革 40 年》为代表。在这篇文章中，张成福把当代中国政府改革定性为政府治理创新和政府治理的新典范，他认为：“从 20 世纪 80 年代起，中国政府适应社会的变化，持续不断地推进政府治理体系的改革与创新，经过四十年的改革，中国政府治理体系发生了根本性的变化，形成了具有中国特色的、不同于传统治理的新的治理典范，同时，在政府治理改革与创新方面，也积累了丰富的经验，为世界贡献了政府改革的中国智慧。”①

张成福（2018）认为，40 年来中国政府改革与创新的主要动因和契机是政府治理体系外在环境的变化和发展，包括意识形态和治国理政指导思想的变化、社会主要矛盾的变化与公民对美好生活的期待、社会主义市场经济与传统治理的困境、全球化与国际竞争的加剧、社会网络和知识经济等。他基于事物的内外部矛盾斗争推动事物的变化的基本哲学原理，推导出外部治理环境及自身的矛盾促进了中国政府 40 年的不断改革创新。“40 年政府改革创新的结果便是产生和发展了具有中国特色的、不同于传统模式的新的政府治理典范。中国政府治理变革乃是一种基本典范的转移。”②

潘小娟也撰文对新中国成立后中国政府改革的历程进行了回顾与思考，与张成福教授的观点基本相同，潘小娟也认为，中国政府改革的历程及其发展路径表明，经济社会发展需要和行政管理现代化要求是政府改革

① 张成福：《政府治理创新与政府治理的新典范：中国政府改革 40 年》，《国家行政学院学报》2018 年第 2 期。

② 张成福：《政府治理创新与政府治理的新典范：中国政府改革 40 年》，《国家行政学院学报》2018 年第 2 期。

的动力和基础，政府改革正是在这两个因素共同作用下逐步深化的，形成了自身特有的运行逻辑和推进方式。中国政府改革的总体目标就是“瘦身健体”，具体化为优化政府职能和组织结构，精简政府机构，提升政府管理能力，提高行政效率和效能①。

李文钊和毛寿龙在《中国政府改革：基本逻辑与发展趋势》一文中，试图从社会秩序转型与中国政府改革的相互关系出发，通过回顾历次机构改革的历程，找出中国政府改革的基本逻辑。他们提出了一个研究中国政府改革的治道变革框架，认为中国政府改革过程，就是从以单中心、封闭、等级、控制等基础性秩序为基础的传统治道，向以多中心、开放、平等、协调等基础性秩序为基础的现代治道的转变过程②。郁建兴、石德金认为，改革开放后，中国通过确立发展主义、经济国家主义、灵活多样的地方政商关系、国家合作主义等，突破并超越了传统的社会主义发展型国家，取得了举世瞩目的成就，“新的社会主义发展型国家”成为解释中国经济社会发展的重要概念框架③。

还有一些学者从不同的理论角度对当代中国政府改革进行了解释。有学者（李亚、李习彬，2006）从控制论的角度提出了利用阿什比定律来解释行政体制改革，并说明了行政体制改革和阿什比定律两者之间的关系。有学者（唐铁汉，2006；王一程、貟杰，2006）从目标和任务的角度论述政府改革，认为继续深化行政管理体制改革的目标，是建立适应市场经济体制要求的，以服务型政府建设为切入点，努力实现政府管理体制、机制和方式上的创新。有学者（陈振明，2020）认为，改革开放以来，为了适应经济与社会发展以及经济体制和社会结构转型的需要，我国持续不断进行党和国家机构改革、政府机构改革、行政体制改革和政府职能转变。党的十八大以来，作为全面深化改革的“先手棋”和转变政府职能的“当头炮”，“放管服”改革与营商环境优化的改革不断深化④。邵岩从整体性治理角度分析了当前服务型政府建设存在的突出问题：职能分散、资源浪费，利益分割、难以协同，法治化、规范化亟待加强。其提出要以整体性

① 潘小娟：《中国政府改革七十年回顾与思考》，《中国行政管理》2019 年第 10 期。

② 李文钊、毛寿龙：《中国政府改革：基本逻辑与发展趋势》，《管理世界》2010 年第 8 期。

③ 郁建兴、石德金：《超越发展型国家与中国的国家转型》，《学术月刊》2008 年第 4 期。

④ 陈振明：《中国政府改革与治理的目标指向和实践进展》，《东南学术》2020 年第 2 期。

治理理念指导服务型政府建设：转变治理理念，关注多元主体。具体路径上，要整合党政机关事务职能、深化党政机关事务协同、推进党政机关事务法治化建设①。谢新水从行动主义理论视野分析指出，人民满意的服务型政府体现出三个方面的行动特征，即坚持以人民为中心、积极回应人民关切的问题、不断增强人民的获得感，并形成三个方面的治理价值：促使人民满意的服务型政府具备严密的行动结构、为建设人民满意的服务型政府提供行动指南、为建设人民满意的服务型政府提供判断标准②。

（二）从政府改革的主要议题切入阐释当代中国政府改革

考察当代中国政府改革研究的关键词的演进趋势会发现，职能转变、机构改革、地方政府、服务型政府、行政体制改革、审批制度改革、国家治理现代化、社会治理、社会组织及“放管服”改革都是当代中国政府改革研究中的高频词。孔繁斌在《中国公共行政学：叙事转换中的发展》一文中指出，很长时期以来中国公共行政学的发展是以改革时代叙事或改革话语为自己的叙事方式③。孔繁斌论述的中国行政学研究的主要题域未能超越转变职能和机构改革的问题，也同样存在于对当代中国政府改革进行理论阐释的研究中。考察研究当代中国政府改革的文献可以发现，目前的研究多为对我国政府职能转变的研究和对我国政府机构改革的研究，且研究呈现碎片化，缺乏整体性。

1. 从我国政府职能转变的相关研究切入

政府职能转变不是一个新问题。近代以来的政府理论（如契约政府论、理性主义政府论、功利主义政府论）有时被称为“权利主义政府理论”，“人权”或“个人的权利”是这一时期思想家们研究政府职能的出发点。国家或者政府的目的是保护财产，政府职能也着重于实现这一目的④。中国道路研究的历史学传统可以追溯到美国历史学家费正清。他通过改造原先以中国古代史和文化典籍为研究对象的汉学基础，在美国几乎是单枪匹马地创造了当代中国研究的领域。这种历史学的分析路径先后采

---

① 邵岩：《运用整体性治理理念推进服务型政府建设》，《中国党政干部论坛》2019 年第 9 期。
② 谢新水：《对“人民满意的服务型政府”行动特征的考察——以行动主义为视角》，《学习论坛》2018 年第 10 期。
③ 孔繁斌：《中国公共行政学：叙事转换中的发展》，《公共行政评论》2013 年第 3 期。
④ 郑家昊：《引导型政府职能模式的兴起》，北京：中国社会科学出版社，2013 年，第 32 页。

用了“冲击—回应模式”和“国家—社会关系视角”①。坚持政治与行政的两分视角，强调在公共领域中引入市场机制。这些问题的积累，使政府面临巨大的困境。冲突的加剧与自身问题的存在，表明管理主义的政府发展方向必须进一步转换，高扬服务主义的新公共服务成为新的选择②。

在我国，从实践上说，自改革开放以来，政府职能转变一直是我国政府改革的着力点。毛寿龙、景朝亮通过回顾近 30 年（1984—2014）我国学术界关于政府职能模式的认知脉络，总结出了传统的马克思主义政府职能模式、市场导向政府职能模式、引导型政府职能模式及服务型政府模式等。他们认为，政府职能范式的更新反映出人们看待政府职能的视角在变化，而在视角变迁中，行政生态环境、路径依赖及我国文化的中庸倾向与实用主义偏好等因素都起了重要作用③。李军鹏结合社会主义现代化新发展阶段的时代背景指出，新时代的政府职能转变，要适应发展阶段的新变化、人民美好生活需求的新变化、城市文明占主导地位的新变化、社会主义民主法治不断发展的新变化、高水平对外开放的新变化④。

学者们将政府改革作为政府职能转变的中枢，从多个层面出发进行不断突破。王浦劬根据行政体制改革的特点，探索政府职能结构性优化、政府与公民权利空间优化、政府治理制度与能力优化以及公共政策创新优化的路径⑤。王栋通过多案例分析，揭示社会组织与政府职能之间的合作困境，从整体性视角切入，探寻“供需管”三侧联动的机制突破⑥。陈振明通过梳理政府改革与治理的基本内容、历史演进和相互关系，总结政府改革目前呈现出机构改革全面推进、政府职能深刻改变和政府服务能力显著提高三方面的阶段性成果⑦。在社会管理职能转变路径的相关研究中，学

---

① 郑家昊：《引导型政府职能模式的兴起》，北京：中国社会科学出版社，2013 年，第 3 页。

② 丰存斌、刘素仙：《现代西方政府发展基本理路探析》，《河北师范大学学报（哲学社会科学版）》2009 年第 5 期。

③ 毛寿龙、景朝亮：《近三十年来我国政府职能转变的研究综述》，《天津行政学院学报》2014 年第 4 期。

④ 李军鹏：《面向社会主义现代化新发展阶段的政府职能转变》，《中共中央党校（国家行政学院）学报》2021 年第 4 期。

⑤ 王浦劬：《论新时期深化行政体制改革的基本特点》，《中国行政管理》2014 年第 2 期。

⑥ 王栋：《社会组织承接政府购买服务中参与式预算的实践困境与机制突破》，《现代经济探讨》2019 年第 9 期。

⑦ 陈振明：《中国政府改革与治理的目标指向和实践进展》，《东南学术》2020 年第 2 期。

者们不局限于管理职能，而是在巩固服务职能的同时，将各个职能进行整合，从多个维度出发构建综合型政府工作服务体系。

学者们的研究大多立足于职能转变的宏观方向，以国家宏观调控为指向，对于微观层面的基层政府的关注度不够高。研究紧跟国家政策方向，相对缺乏地区政府职能转变的差异化的改进策略、实证分析等方向的研究。事实上，我国农村地区地域辽阔，利益关系复杂，基层政府对于农村地区的建设治理具有至关重要的作用，而研究层面分布不均衡，往往会导致理论和方法的利用率，以及其与基层政府的贴合度不够高，无法为微观层面的政府职能转变提供强有力的协助。因此，如何从下至上激发市场、社会的活力，如何促进基层政府实现有效的职能转变与优化，这些仍需学者们在后续的研究中进一步探索①。

2. 从我国政府机构改革的相关研究切入

政府改革一直是中国政府面临的主要问题之一，在探讨中国的行政改革该何去何从的过程中，还有一种思路是将研究重点置于公共行政组织改革方面，将改革视为改善和提高公共服务质量的最佳途径，以克服、解决政府在履职过程中经常出现的形式主义、官僚主义、行政审批烦琐、推诿扯皮、效率低下、不作为、乱作为、办事缺乏透明度等问题②。改革开放以来，中国政府进行了八次较大规模的机构改革。中国政府改革的实践，推动了中国学者对政府改革和机构改革的研究，这些研究主要集中在两个层面，一是解释中国政府进行周期性机构改革的原因，二是为中国政府机构改革提出政策建议。李文钊等通过回顾历史上数次机构改革，阐述社会转型与政府改革的辩证关系，探索政府改革的理论逻辑与实际动力③。朱光磊、李利平在 2009 年发文对中国政府机构改革 30 年进行了回顾，他们认为，从政府机构改革的历程来看，虽然改革在具体操作和细节上有反复，但改革的大方向是正确的，即转变政府职能是机构改革的关键④。孙

① 陈笑飞：《近十年我国政府职能转变研究的回顾与展望》，《党政论坛》2021 年第 1 期。

② 谢新水：《从服务型政府到人民满意的服务型政府—— 一个话语路径的分析》，《探索》2008 年第 2 期。

③ 李文钊、毛寿龙：《中国政府改革：基本逻辑与发展趋势》，《管理世界》2010 年第 8 期。

④ 朱光磊、李利平：《回顾与建议：政府机构改革三十年》，《北京行政学院学报》2009 年第 1 期。

涛、张怡梦（2018）通过梳理改革开放40年来国家集中进行的历次机构改革的政策文本和关键要素，即改革背景与动力、改革原则与目标、改革方案与内容、改革效果，总结出了历次政府机构改革围绕“精兵简政、转变职能、优化结构、提高效率”的逻辑主线，以深化职能转变为核心，机构改革和职能转变的关系经历了由“被动配合”到“主动作为”的转型，机构改革的演进趋势为绩效导向的服务型政府①。

有学者从政府机构改革角度切入，阐释政府改革与国家治理的关系。赵宇峰（2020）在考察分析改革开放40多年来中国持续推进的八次政府机构改革方案的基础上，认为改革开放以来的政府机构改革，不是为改革政府而改革政府，而是从大国发展和大国治理的要求出发建设有效政府，使中国政府建设始终在三个逻辑上展开：一是建设高效的现代政府的逻辑；二是大国治理需要有效政府的逻辑；三是政府组织和运行必须与国家制度体系保持内在契合的逻辑。政府机构改革立足现实发展需要，而不是立足抽象理念；同经济体制改革相适应，越出政治体制改革范畴；坚持分权取向，从能力方面而不是从权力方面来提升政府治理水平。比较这40多年间头尾两个时期的中国政府形态，可以看到其中的变化是革命性、全面性的，可谓面貌焕然一新②。

总体来看，对当代中国政府改革的理论阐释，一方面多是从改革叙事方式发展出来的。检视关于当代中国政府改革的理论阐释的主流话语多用“适应”一词，例如，“适应建立社会主义市场经济体制”“适应中国加入WTO”“适应全球化”等。因此，对当代中国政府的改革的理论阐释也就多停留于转变政府职能、当代中国政府机构改革的适应性调整等主题的解释上。适应性的模式忽视了政府改革也可以有自身发展和构建目标的事实，降低了关于政府改革的知识求取层次。另一方面多是从现代性叙事中发展出来的。对当代中国政府改革的阐释多集中于功能性阐释，缺乏规范性阐释。

孔繁斌认为，中国公共行政学关注了30余年的转变职能、机构改革未能反哺于规范性问题的构建和提出，而缺乏规范性问题的构建，公共行政学

① 孙涛、张怡梦：《从转变政府职能到绩效导向的服务型政府——基于改革开放以来机构改革文本的分析》，《南开学报（哲学社会科学版）》2018年第6期。

② 赵宇峰：《政府改革与国家治理：周期性政府机构改革的中国逻辑——基于对八次国务院机构改革方案的考察分析》，《复旦学报（社会科学版）》2020年第2期。

的发展就难以获得实质性推进。理解政府管理不能局限于功能性阐释，有效解决公共问题固然是政府的责任，但政府管理在规范性问题上的使命，则是进行价值管理和维护，是通过解决具体的公共问题去实现、维护某些公共价值。因此，构建中国公共行政学就不能不触及对规范性问题的回应①。中国对于建设服务型政府的探索与实践，既有适应性的一面，如适应市场经济的需要、适应公共需求多样化的需要等，同时也表现出对于"服务"等价值的核心关注，有着面向未来进行前瞻性设计和建构的一面，主动求取和探索关于政府类型的新知识，希望能够承担一些事关国家、民族乃至人类的责任。因此本研究拟从服务型政府知识扩散的角度对当代中国政府改革进行解释，在既有的适应性阐释和功能性阐释之外，发展出价值性阐释和规范性阐释。

第四节　研究方案

一、基本内容

对当代中国政府改革的解释视角很多，有从当代中国政府面对的内外部环境的变化视角解释当代中国政府改革的，也有从当代中国政府改革的主要议题如政府职能转变、机构改革、履职方式等视角切入解释的。"服务型政府"是中国学者提出的一个具有中国特色的概念，而服务型政府建设的实践最早可以追溯到改革开放之初一些地方政府为了更好地招商引资，在实践中更高效、更好地服务于企业和社会而纷纷建立的"一站式"服务机构，如"外商投资服务中心""政府办事大厅"等（那时服务型政府的概念还未出现，实践走在了理论之前）。虽然历经高潮与低谷，但对服务型政府的研究和建设一直在继续。可以说，服务型政府的知识扩散对于中国政界和学术界来说都是一个"大事件"。本研究的主要目标是通过对服务型政府的知识扩散的过程进行历时性考察，以期从服务型政府知识扩散的角度为当代中国政府的改革提供一种新的解释。因此，本研究的基本内容沿着服务型政府的知识化和服务型政府的创新扩散两大块内容展开，具体来说有以下四方面的内容：

---

① 孔繁斌：《中国公共行政学：叙事转换中的发展》，《公共行政评论》2013 年第 3 期。

第一，服务型政府的知识化。在服务型政府作为一个研究领域兴起到学术界出现服务型政府研究热潮、话语论争的过程中，一些基本学术共识渐渐达成。这些共识部分为政界吸纳，指引着服务型政府的建设实践与革新，完成了从理论知识向实践知识的扩散。

第二，服务型政府的创新扩散。服务型政府作为一种新的政府模式，属于政府模式的创新，是一种软创新，因此，可以从服务型政府的创新认知属性等维度考察服务型政府的创新扩散，并辨别服务型政府实践知识与创新扩散的张力何在。

第三，探索服务型政府持续扩散的可能性和路径。研究人类正迈向后工业社会，如果服务型政府能够成为带领人类应对高度不确定性和高风险性的一种理想政府形态，它还需进行哪些知识更新和实践创新，以及为了能够在国际上得到更广泛的认同和扩散，服务型政府在构建共享知识方面还有哪些可能的努力方向。

第四，对服务型政府的知识扩散何以能解释当代中国政府改革进行阐释。当代中国政府改革虽然不同时期侧重点不同，但通过考察服务型政府的知识扩散会发现，改革一直是围绕着建设服务型政府的目标而展开的。虽然改革初期这个目标并未明晰，但政学两界一直都有这个朦胧意识，随着理论探讨和政治实践的不断深入，加上遇到合适的窗口期，这一目标日渐明晰，持续引领着当代中国政府的改革。

二、研究思路

如上所述，本研究的内容可分解为“服务型政府知识体系的形成”“服务型政府的创新扩散”和“服务型政府知识扩散的持续创新”三部分。“服务型政府知识体系的形成”沿着从服务型政府概念的产生到服务型政府研究版图的铺展再到关于服务型政府的话语论争，以及基本学术共识的达成和价值内核的提炼的路线阐述。“服务型政府的创新扩散”则沿着从服务型政府的实践与革新到服务型政府作为一种关于政府类型的新知识的扩散特征的线索进行阐释。“服务型政府知识扩散的持续创新”则从完善特殊知识即服务型政府的知识更新和实践创新以及构建共享知识即国际视野中服务型政府话语的更广泛传播两个侧面进行论述。基本研究思路及逻辑结构如图 1-1 所示。

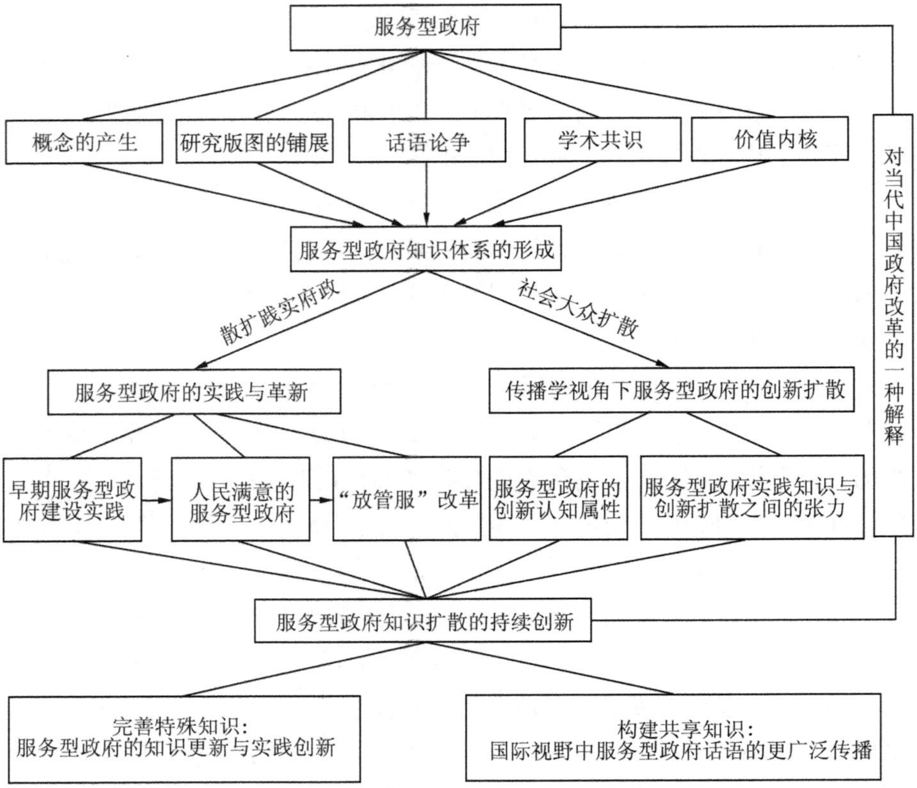

图 1-1　基本研究思路及逻辑结构

三、分析框架

服务型政府的知识扩散是关于服务型政府这一新的政府类型知识的创造、增长和传播的过程，而知识创造是一个自我超越的过程，即超越已有的知识。如前所述，改革开放以来，已有的政府知识无法满足社会的转型与政府治理需要，于是在既有的关于政府的知识平台（knowledge platform）基础上，中国开启了探索新的政府知识的进程。阿伦特认为，“存在于人类命运共同体中并为人类命运共同体所必需的活动中，只有两种被看作是政治的并构成亚里士多德所谓的政治生活，即行动（praxis）和言说（lexis）”①，“我们以言说和行动让自己切入人类世界”②，并且

① ［美］汉娜·阿伦特：《人的境况》，王寅丽译，上海：上海人民出版社，2017 年，第 16 页。
② ［美］汉娜·阿伦特：《人的境况》，王寅丽译，上海：上海人民出版社，2017 年，第 139 页。

“言谈使人成为一种政治存在”①。

知识在本质上存在于一个社会扩散网络之中，任何一种知识均可以通过“干中学”来实现扩散。本研究认为，学术界、中央政府和地方政府是服务型政府知识扩散系统的核心知识主体，三方合作互动是推动服务型政府知识创新与应用的重要因素，在将服务型政府从理念上升为共识再转化为建设实践的过程中，各主体共同推动服务型政府知识创新螺旋上升，促进服务型政府知识创新与知识应用目标的实现。在知识创造层面交互进行、功能互补与关系重叠，三方相互作用，共同推进服务型政府的知识扩散。

基于本研究采用“知识是人们在改造世界中所获得的认识和经验的总和”的界定，以及“服务型政府知识扩散表现为学术界、地方政府和中央政府等知识螺旋主体的多元主体互动”的认知，本研究拟建立一个以话语和行动为主要分析元素，以学术界、中央政府和地方政府为主体的服务型政府知识合作创新与知识扩散的分析框架如图 1-2 所示。

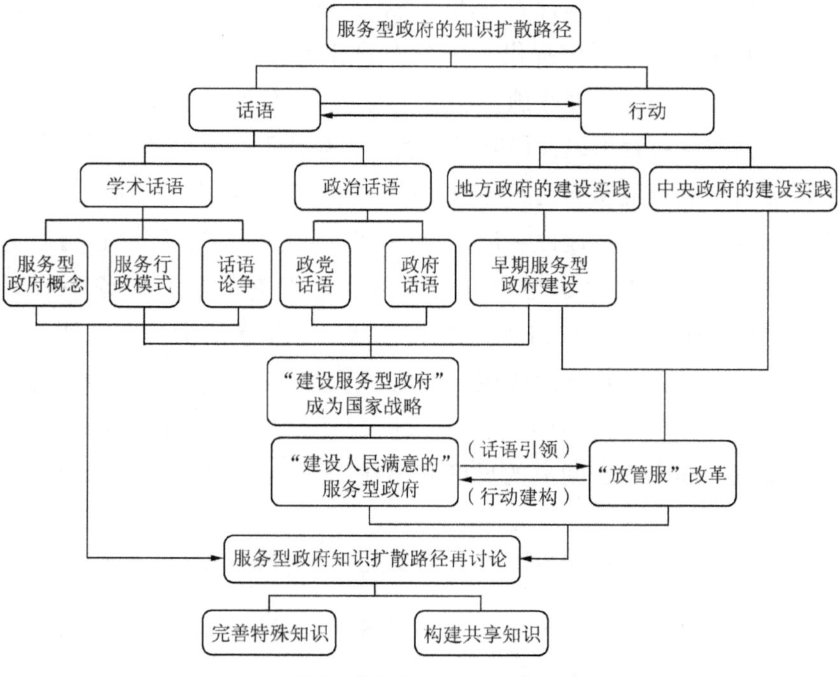

图 1-2　服务型政府的知识扩散分析框架

① ［美］汉娜·阿伦特：《人的境况》，王寅丽译，上海：上海人民出版社，2017 年，“前言”第 3 页。

四、研究方法

知识可以用不同的而在逻辑上和实践上可证明的方式获得和发展①。"适时的评估与反思是增加知识积累、完善和改进研究的有效方法。"② 刘小枫在《现代性社会理论绪论》一书中提出把握现代现象的形态结构成为现代学赖以成形的基本课题，但是面对这一题域存在不同的叙事，即或是主义性的叙事或是知识性的叙事：主义性的叙事华美而不乏深度，但缺乏知识学的限制和确定性；知识性的叙事则注重实证性的说明、描述和分析。用一种开放的、注重过程而不是结果的研究方法取代综览模式（synoptic models）。过去几十年里，中国在制定经济政策方面之所以显示出强大的适应能力，关键在于把广泛的政策试验和制定长期政策规划这两个方面加以结合，在层级分明的行政管理体制下进行"有远见的反复试验"③。王绍光为我们展示了历时性政策研究的一个极大优点，即研究方法的开放性和灵活性。如果有新的行为主体、利害关系、意识形态或反馈信息加入研究中，政策过程分析就提供了一个发现和整合这些变化的相应研究框架，这种分析方法优于那些预先设定、过于精心构建的制度主义政治经济模型。分析政策过程可以使研究者灵敏地感知到正在发生的细微变化、超常规的运行机制、意想不到的各种互动，以及随机出现的不同结果，而不用设定"某项政策或制度改革后的最终状况是怎样的"，同时也可以避免目的论的偏见。传统"思想史"总是致力于在它的研究对象中去寻求"内聚力的原则"、共同点和"一致性"，最终总把矛盾消解在某种"同一性"之中，而话语分析则以描述、再现"矛盾"和"差异"本身为使命，它"描述各种有争议的空间"，"不试图在矛盾中发现共同的形式或者主题，而是试图确定它们间离的尺度和形式"④。自从服务型政府的概念被

---

① ［美］杰·D. 怀特：《公共行政研究的叙事基础》，胡辉华译，北京：中央编译出版社，2011年，"前言"第2页。

② ［美］约瑟夫·熊彼特：《经济分析史》，朱泱、易梦虹、李宏，等译，北京：商务印书馆，1996年，第21页。

③ ［德］韩博天：《红天鹅——中国独特的治理和制度创新》，石磊译，北京：中信出版社，2018年，第100页。

④ ［法］米歇尔·福柯：《知识考古学》，谢强、马月译，北京：生活·读书·新知三联书店，1998年，第196页。

提出，在中国政治学与公共管理学领域，服务型政府可以说是最为重要的政治议题和行政目标，也是颇具争议的学术话语和核心概念①。学者们多方面地理解它，赋予它多重含混的意义，在重重叠叠的言说实践中，它体现了复杂的社会权力关系，也带来了意想不到的历史内涵和政治结果。就具体的研究方法而言，本次对服务型政府的知识扩散的研究采用以下方法：

第一，文献研究，即广泛收集目前学术界和实践领域关于服务型政府研究与建设的文献，并予以整理和分析。此外，还广泛收集关于服务型政府建设的法律法规、政府政策报告和工作报告、统计资料、媒体报道等，并对这些资料进行分类计量研究。

第二，网络分析，即通过引文共引分析、关键词共现分析，揭示服务型政府研究领域的研究前沿和研究热点。通过作者共现网络分析，揭示服务型政府知识扩散中学者及机构的合作情况及合作涉及的主题，揭示在服务型政府的知识扩散中是否有中心点，如果有，是哪些机构或个人。揭示服务型政府研究的主要议题有哪些，是否达成某些学术共识。

第三，案例研究，即对有代表性的服务型政府创新试点地区进行相应的重点个案分析研究，以及多案例的比较研究。

五、创新与不足

本研究的主要创新之处在于研究视角新，首先是从传播学的视角考察服务型政府的创新认知属性对服务型政府知识扩散的影响，而不是对服务型政府研究进行简单的历时性描述与梳理；其次是对服务型政府几十年的知识扩散进行全景式回顾而不只是截取某个片段，并且在此过程中从一种新的即服务型政府知识扩散的视角对当代中国政府的改革进行解释。在研究起点上，集中关注服务型政府知识体系的形成；在研究过程中，采用回溯和动态分析的方法，分别考察服务型政府建设中知识扩散的学术路径与实践路径，进而分析学术路径与实践路径的交汇融合；在研究结论上，强调服务型政府的知识更新。面对全球治理的政治生态：政治流政治发展的挑战、问题流开放社会的挑战、政策流社会管理运行的挑战，服务型政府

① 黄爱宝：《三种服务型政府观比较》，《江苏行政学院学报》2012 年第 2 期。

研究需秉持从全球化、后工业化的现实出发的态度，只有这样，才能够建立起有着全球视野和后工业社会指向的服务型政府治理话语。

首先，因为服务型政府是个本土化的概念，对服务型政府的研究与建设，主要试验场在中国，因此本书主要研究的是国内的服务型政府知识扩散，并未涉及服务型政府国外知识扩散的情况，也未涉及国外学者对中国服务型政府建设的评价，以及国外服务型政府建设的成果与不足等。加之立足本土研究并针对中国现实情况的“自我论证”与“自我裁判”式的综述研究势必带有一定的感情色彩，因而本研究会存在不足之处。其次，服务型政府是一项政府类型的创新，影响服务型政府知识扩散的要素，除了服务型政府的相对优势、兼容性、复杂性、可试性和可观察性这五个创新认知属性外，还有服务型政府的创新决策类型、沟通渠道的特性、社会体系的特性，以及推广人员的努力程度等。此外，服务型政府的知识扩散还会受到服务型政府知识的编码、抽象状况及共享语境等的影响，这些都是值得继续探讨的有意义的问题。

第二章

跨越知识裂缝：服务型政府研究的兴起

当人们意识到因缺乏某项知识而竞争力减弱或者已有知识不能满足新的境况时，便产生知识裂缝（knowledge gap）和知识需求，因此需要通过学习或者新的知识创造来弥补知识裂缝。知识创造实质上是一个认知过程，是一组相关的心理活动，包括感觉、知觉、记忆、思维、推理、学习和问题解决等。20 世纪 80 年代初尤其是到 90 年代，中国由计划经济向市场经济转型，以及由此带来的一系列社会转型，使得原来的管制型或全能型政府模式不能适应新的经济模式和社会境况，于是中国开启了对新的政府知识的求取与创造。这种知识求取最明显的表现是学术界通过知识批判和知识猜想对政府知识进行的破“旧”立“新”。这种“新”首先表现为概念新。

第一节　服务型政府概念的产生

“凡解释一字即是作一部文化史。”① 历史沉淀于概念之中，概念是历史进程的重要指标和要素，在特定场合中为言语者所使用，其含义不限于单个词条，可以是一个语义场域。概念是通过词语表现出来的，但比词语拥有更为广泛的意义。一定的社会、政治经验和意义沉淀在词语里被表现出来后，该词语就成为概念。关于服务型政府的知识创造也是存在于概念的创造之上的。对于服务型政府概念的研究，狭义内涵是关于词语和概念的研究，广义内涵是关于政府知识形态的研究。服务型政府概念的形成是一个循序渐进的过程，不是一蹴而就的。早在 1985 年，《经济日报》就曾提出“服务型政府体制”概念，希望政府具备管理经济的职能以更好地服务经济社会发展的需求②。

一、学术界开始探讨“服务行政”

服务型政府有关术语起源于 20 世纪 80 年代中期，国内有学者认为，当时政府改革的指导思想是简政放权、政企分开，要使工业主管部门转移

① 陈寅恪先生此言是他在 1936 年复函沈兼士赞其论文《“鬼”字原始意义之试探》时所说，参见桑兵：《解释一词即是作一部文化史——本期栏目解说》，《学术研究》2009 年第 12 期。

② 毛寿龙、景朝亮：《近三十年来我国政府职能转变的研究综述》，《天津行政学院学报》2014 年第 7 期。

到适合社会主义商品经济和生产力发展要求、为基层和企业服务的轨道上来，成为“服务型”政府的职能部门①。之后，1994—1998 年，全国在“南方谈话”的激励下，全面实施行政管理体制改革，公共服务滞后问题得到关注，学术界在反思“管制行政”和“权威行政”的基础上开始讨论“服务行政”。崔卓兰指出，由于市场经济的建立与发展，应该改变过去那种把人当作管理标的物的传统行政法理论，需要将政府的“管理”和“服务”融为一体，树立“管理即是服务”的思维模式②。陈泉生认为，现代行政法的主要内容应该是“服务”与“授益”，重心是“服务行政”，理论基础是“服务论”③。张成福、党秀云认为，中国公共行政体系内部深层次的问题是“管制行政”与“服务行政”的冲突。中国行政现代化的目标取向就在于建立市场化或亲市场的政府行政，使公共行政由国家权力的载体过渡为为公众提供服务的实体④。马敬仁认为，在社会转型期，权威行政与党和国家所极力倡导的、正蓬勃生发但仍未确立的“服务行政”情结呈现出一种犬牙交错、相克相生的状态，而“服务行政”将是我国政府、企业和社会管理发展的必然趋势⑤。这一阶段研讨的特点是学者们自发地认识到，由于经济模式的转换和社会的转型，之前的管制行政和权威行政已经不能适应新形势的发展，开始呼唤行政创新。

二、地方政府行政改革实践知识的积累

在学术界探索新的政府知识的同时，地方政府为了适应建设社会主义市场经济体制，实现由管制型政府向服务型政府转变，开始了新的行政改革探索与实践，其中一个重要抓手就是 20 世纪 90 年代后期我国政府开始启动行政审批制度改革。改革实践中一个突破性的创造就是各地方政府兴办起大量行政审批中心或政务中心。1999 年年初我国第一家综合性行政服务中心在浙江省金华市设立，随后这一模式在全国地方政府层面得以推

① 王兴起、于永旭：《转轨变型　服务企业——试谈政府工业主管部门的改革》，《理论学刊》1985 年第 3 期。

② 崔卓兰：《行政法观念更新试论》，《吉林大学社会科学学报》1995 年第 5 期。

③ 陈泉生：《论现代行政法的理论基础》，《法制与社会发展》1995 年第 5 期。

④ 张成福、党秀云：《中国公共行政的现代化——发展与改革》，《行政论坛》1995 年第 4 期。

⑤ 马敬仁：《转型期的中国政府、企业与社会管理——中国管理情结解析》，《中国行政管理》1995 年第 1 期。

广。于是，以行政服务中心为载体的地方服务型政府建设实践受到我国政府管理领域和学术界的高度关注，也为新的政府知识的建构提供了重要的实践知识积累。地方政府的有益探索为以构建服务型政府为目标的政府改革思路的清晰化做出了重要的贡献。

三、“服务行政”被提升到“服务行政模式”的高度

到 1998 年，中国改革开放已经进行了 20 年，出现了很多新情况、新难题。政府这一块，管理功能与服务功能不相匹配，社会建设、公共服务滞后的问题凸显；国务院大刀阔斧地改革机构职能，但公共服务部门的职能未能显著强化。停留于服务行政概念的知识求取已不能满足关于政府知识的需要，新的知识创造势在必行。也是在这一年，学术界对于新的政府知识的探索实现了质的飞跃，比较有代表性的是张康之发表了《行政道德的制度保障》一文，提出了“服务行政模式”建构的问题：“社会主义的公共行政应当既不同于传统的统治行政模式，也不同于近代的管理行政模式，而是一个全新的服务行政模式。在这种模式中，为人民服务的宗旨不仅是一种行政观念，而且是通过立法的形式被确立下来的一种制度，公共权力的运行机制不是一种自上而下的制约，而是一种自下而上的监督……当然，服务行政必然会继承管理行政中的全部社会管理职能，但在实施这种管理时，公共权力与行政职位的结合，是从属于管理的需要的。这种管理与以往的管理不同，它是建立在为社会服务的原则基础上的，管理是手段，服务是目的。”① 此文从制度意义上阐释了建构服务行政模式。同年，张康之再次发表文章，以行政权力的公共性来证明服务行政的公正性。他说，在服务行政中，权力的公共性质是不容破坏的，行政人员获得的行政授权只是为了更好地用来为人民服务，而不应当成为行政人员高人一等的“资本”②。此文从价值意义上阐释了建构服务行政模式。学术界对于服务行政模式的知识求取渐渐扩散到地方政府实践层面，一些省市通过“干中学”开始了建设服务政府的最初实践，地方政府的实践知识又反哺给学术

① 郑家昊：《引导型政府职能模式的兴起》，北京：中国社会科学出版社，2013 年，第 203 页。参见张康之：《行政道德的制度保障》，《浙江社会科学》1998 年第 4 期。

② 张康之：《公正行政是公共行政的新起点》，《南京社会科学》1998 年第 9 期。

界，最终促成了服务型政府概念的知识创造。

四、服务型政府概念的提出

学术界对新行政模式的知识求取，地方政府风起云涌的行政改革实践，使得学术界通过推理形成的政府知识与地方政府通过实践形成的实践知识互相扩散，互相作用，互相启发，促使一些紧密结合地方政府行政改革实践的学者提出了“服务型政府”的思想①。具体而言，浙江行政学院副教授徐邦友在其发表于《浙江学刊》的一篇论文中明确提出了这一概念②。查阅中国知网，第一篇标题中有“服务型政府”字样的论文《深化行政审批制度改革　建设服务型政府》，是由大连市政府经济研究中心王永昌助理调研员发表于2001年10月的《大连干部学刊》上的。该文结合大连市第九次党代会提出的发展社会主义市场经济要求，加快政府职能转变，深化行政审批制度的改革，建设“服务型”政府的精神，明确提出建设服务型政府。“服务型政府”这一概念在世纪交替之际由与地方政府改革实践紧密联系的学者提出③，之后迅速在中国政治学与行政学界引起新知识出现后的连锁反应，吸引大量学者参与到“服务型政府”的研究中，成为21世纪前十多年最为重要且充满争议的学术话语和核心概念之一。

服务型政府学术话语事关政府，只有上升为政治话语，才能具有高知识势能，突破停留在学术界理论知识层面的局限。地方政府风起云涌的行政改革实践经验，以及学术界不断向前推进的理论研究，共同推动着服务型政府的知识探索向最高决策层扩散，最高决策层逐步明确提出了“建设服务型政府”这一目标：2002年党的十六大首次把公共服务归结为政府四大职能之一；2004年2月21日，时任国务院总理温家宝在中央党校省部级主要领导干部专题研究班结业仪式上的讲话中首次明确指出建设服务型政府；2005年3月，在十届全国人大三次会议上，温家宝在政府工作报

---

① 张康之：《我们为什么要建设服务型政府》，《行政论坛》2012年第1期。

② 徐邦友：《社会变迁与政府行政模式转型》，《浙江学刊》1999年第5期。徐邦友在此论文中明确提出，“我们必定能创建一个与市场经济及现代民主政治相适应的有限服务型政府行政模式”。

③ 张康之2000年也开始使用“服务型政府”概念。参见张康之：《限制政府规模的理念》，《行政论坛》2000年第4期。

告中再次强调，要努力建设服务型政府；2006 年 10 月，党的十六届六中全会强调要“建设服务型政府，强化社会管理和公共服务职能”，这是党的文件中首次明确提出建设服务型政府。

从“服务行政”到“服务行政模式”再到“服务型政府”的概念知识发展历程，可以发现“服务型政府”的知识创造是学术界的知识求取与地方政府改革实践知识互相扩散的产物。学术界与地方政府创新政府知识的努力又契合了党中央、国务院关于行政体制改革的基本方略进而使得关于服务型政府的知识求取与地方实践引起最高决策层的关注并得到采纳，从而完成了“服务型政府”从地方政府的实践知识积累和学术话语提炼，到政党话语顶层设计的互相扩散的知识逻辑演进。可以说，地方政府的努力契合了党中央、国务院关于行政体制改革的基本方略。

第二节　服务型政府学术知识的生长与扩散

知识的本质是动态的，它的形成是一个认知的过程。知识是一个流动、动态的混合体，随着刺激和学习而改变、更新，这种改变与更新，又会带来新的知识扩散。服务型政府知识扩散持续进行的根本动力在于服务型政府知识的动态生长。关于服务型政府的学术知识的生长尤为显著，参与服务型政府研究的学者之广、机构之多且探讨之深，这在中国关于政府议题的研究中是不多见的。为了一窥国内服务型政府学术知识生长情况，本研究以目标为实现全社会知识资源传播与增值利用的中国知识基础设施工程即中国知网收录的以服务型政府为研究对象的文献为考察对象，对服务型政府学术知识生长做一总体性概览，“滴水观海”。同时，对新中国成立后的第一本行政管理刊物《中国行政管理》发表的以服务型政府为研究主题的文献作知识片段上的聚焦。《中国行政管理》自建刊以来，忠实地记录了中国行政管理实践与研究的点点滴滴，对服务型政府研究给予了持续的关注与呈现。通过对《中国行政管理》发表的关于服务型政府研究的论文进行个案聚焦，对 20 多年来服务型政府学术知识生长情况进行有纵深的考察。

一、国内服务型政府的知识图谱：基于 CNKI 1998—2021 年数据

因应中国行政改革，中国学者于 1998 年率先提出了“服务型政府”的思想。在这之后，中国政界、学术界围绕服务型政府进行了持续的探索与深入的研究。为了能更全面地反映国内服务型政府学术研究的总体情况，本研究先以中国知网为文献的数据来源，选取期刊总库，检索操作如下：关键词填写服务型政府，检索条件为精确检索，数据库选择期刊总库，论文发表时间选择 1998 年 1 月 1 日至 2021 年 8 月 18 日。检索时间为 2021 年 8 月 18 日 17 时 00 分。共检测出 6226 条数据，对这些文献进行人工清理，去除会议通知、贺信、讲话、致辞、发言、建设简况、书出版词、研讨会综述，以及专访、目录、报告解读、新闻稿、学会信息、座谈会、闭幕词，共得到高质量论文 6093 篇，其中核心期刊论文 1474 篇，占 24. 19%。需要说明的是，对服务型政府的研究最早可以回溯到 1998 年，因此本研究把检索到的发表时间为 1998 年 1 月 1 日至 2021 年 8 月 18 日的所有期刊文献作为研究对象。

（一）研究工具及研究方法

本研究选用 CiteSpace 可视化知识图谱软件，CiteSpace 可视化知识图谱主要为 WOS、CSSCI 及 CNKI 提供数据分析方法，在研究中主要使用文献共被引、共词网络及作者共被引功能。文献数据生成图谱后，可针对高频节点、聚类知识群、高中介中心的节点和图谱的基本图例进行说明。

受 CNKI 数据的限制，CiteSpace 无法进行文献共被引分析。因此，针对 CiteSpace 现有功能，以及本研究的研究对象和研究重点，本研究主要针对两个方面分析服务型政府研究的知识图谱：一是科研合作分析。科学合作有多重形式和表现，一般是指一篇论文中出现多个不同的作者、机构或者国家。本研究将从机构分布和作者信息分布两个角度分析服务型政府的科学合作情况。二是共词分析。共词分析的基本原理是对一组词两两统计它们在同一组文献中出现的次数，通过这种共现次数来测度它们之间的亲疏关系。关键词的贡献分析是数据集中作者提供的关键词的分析。科研合作分析及共词分析能较直观地反映学术界关于服务型政府的知识共享情况及知识扩散情况。

（二）服务型政府研究的知识图谱分析

1. 服务型政府的研究时间分布

从图 2-1 可以看出，服务型政府的研究分布具有以下特点。1998—2002 年发表在各类期刊上的论文非常少，合计 6 篇。从 2003 年开始一直到 2009 年呈现上升趋势，整体论文篇数呈几何倍数增长，发表论文篇数从 2003 年的 73 篇猛增至 2009 年的 675 篇，达到峰值。之所以出现 2003—2009 年关于服务型政府研究的论文篇数一路攀升的情况，一方面是因为学术界和政界关于服务型政府的知识累积到了一定量，出现了学术研究喷发；另一方面则是因为中国政界高层关于服务型政府的政治话语鼓励。江泽民在党的十六大报告中明确指出，“要转变政府职能，逐步实现从管制政府向服务政府转变”；朱镕基在 2002 年《政府工作报告》中明确将政府职能归为四类，即“经济调节、市场监管、社会管理、公共服务”；到 2004 年，温家宝强调服务型政府的概念，认为建设服务型政府是克服我国传统行政模式衍生种种弊端的良方，它将构成我国政府行政改革的最终目标；2005 年 3 月，温家宝在十届全国人大三次会议上作政府工作报告，他再次强调，要努力建设服务型政府；2006 年 10 月，党的十六届六中全会强调，要“建设服务型政府，强化社会管理和公共服务职能”，这是党的文件中首次明确提出建设服务型政府；2007 年 10 月 15 日，胡锦涛在党的十七大报告中提出“加快行政管理体制改革，建设服务型政府”，这是第一次在党的重大报告中明确建设服务型政府的重要任务，标志着建设服务型政府作为我国行政改革的目标得以确立。在此之后，服务型政府相关论文的发表数量呈现逐步下降趋势，关于服务型政府的研究进入一个新的阶段。2009 年之后服务型政府相关论文的发表数量的下降，一方面是因为服务型政府作为热点冷却后，一些追热点的研究者退出，留下的研究者进入冷静的反思期；另一方面是由于新的政治话语的出现（如国家治理的概念）。在中国，政治话语与学术话语的相生相伴、互相扩散一直是关于政府议题研究的常态，这一点在服务型政府的知识扩散中尤其明显。

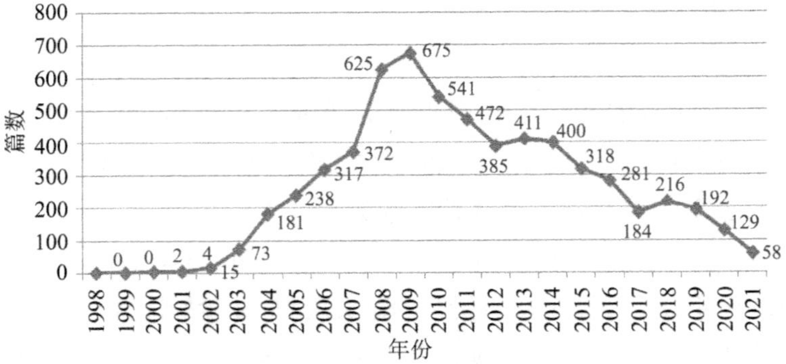

图 2-1　服务型政府的研究时间分布

（1）服务型政府的科学合作分析。

第一，研究机构分布及合作分析。服务型政府研究机构分布较广，国内各个大学都有所涉猎。其中发表论文篇数最多的 10 家机构分别是南开大学周恩来政府管理学院（41 篇）、福建师范大学公共管理学院（40 篇）、四川大学公共管理学院（39 篇）、南京大学政府管理学院（37 篇）、郑州大学公共管理学院（33 篇）、吉林大学行政学院（33 篇）、南京农业大学公共管理学院（32 篇）、武汉大学政治与公共管理学院（32 篇）、中国人民大学公共管理学院（30 篇）以及湘潭大学公共管理学院（27 篇）。分析可知，这 10 家机构发表论文时间大多集中在 2006—2010 年，高等学府的发表论文数量最多，国家行政学院这种业内公认的机构虽然发文量也很高，共发表 22 篇，但在学术界的论文占比仍然很低。服务型政府的知识生长主要还是在于各高校的研究培育。

由于发表论文的机构较多，通过观察研究机构之间的联系，可发现机构和机构之间的合作关系。总体而言，由于发文量大、机构较多且绝大多数机构独立发文，为服务型政府提供了不同的知识增长点，从不同的方向促进了服务型政府的知识生长。

第二，作者分布及合作分析。分析作者情况可发现，学术界对服务型政府的研究百家争鸣。其中，发表论文数量在 2 篇以上的作者高达 483 位，发表论文数量在 8 篇以上的作者分别是周军（20 篇）、刘熙瑞（14 篇）、井敏（10 篇）、程倩（9 篇）、张康之（8 篇）、刘祖云（8 篇）、薄贵利（8 篇）和马全中（8 篇）。此外，发表论文数为 5～7 篇的还有 16

人。在发表论文数量在 8 篇以上的高产作者中，刘熙瑞、薄贵利来自国家行政学院，张康之来自中国行政管理学会，井敏来自中共中央党校，其他 4 位为高校该领域学者。可见，服务型政府研究议题吸引了我国政府议题主要研究机构的学者的重点关注。国家行政学院、中国行政管理学会、中共中央党校及各高校都加入了对服务型政府的研究中。

从研究中可以发现，作者之间的合作分散，有很多作者是独自创作完成论文的。目前作者之间合作论文数超过 2 篇的有程倩、张康之之间，井敏、刘熙瑞之间，唐铁汉、李军鹏、朱光磊、薄贵利、袁曙宏之间，张振丰、詹兆雄之间，田侃、陈海威之间。进一步搜索这些作者发现，这些合作的作者大部分来自高校，只有井敏、刘熙瑞的合作，以及唐铁汉、李军鹏、朱光磊、薄贵利、袁曙宏的合作为高校与行政学院或者党校机构之间的合作。细追究，这些机构间的合作事实上多以作者间的师生关系为基础。师生合作研究、发文，是学术界知识扩散的常态，服务型政府的研究也不例外。这种合作在某种程度上有利于形成学派，进而促成服务型政府的知识集中。

为了更好地研究作者分布情况，笔者对服务型政府研究发表论文数最多的 8 位作者及其情况进行分析，见表 2-1。

表 2-1　服务型政府研究发表论文数量最多的前 8 位作者

序号	作者	篇数	单位	初始发表论文年份
1	周军	20	南京农业大学	2013
2	刘熙瑞	14	国家行政学院	2002
3	井敏	10	中共中央党校	2006
4	程倩	9	南京理工大学	2005
5	张康之	8	中国行政管理学会	2000
6	刘祖云	8	南京农业大学	2004
7	薄贵利	8	国家行政学院	2011
8	马全中	8	南京大学	2012

从发文量看，排前 8 位的多是我国服务型政府研究领域的重要学者，其中来自国家行政学院和中国行政管理学会的学者有 3 位，并且有两位初始发表论文的年份分别为 2000 年和 2002 年，8 位高产作者发表的论文几乎涵盖了服务型政府发展的各个时间，权威度较高。

表 2-2 所示为服务型政府研究论文中被引频次最高的前 9 篇论文，结合表 2-1 的发文量可以看到，刘熙瑞和张康之两位作者的发文量和论文被引比例都很高，是服务型政府研究领域的杰出学者，对服务型政府的知识生长贡献突出。

表 2-2　服务型政府研究前 10 篇高被引论文

序号	作者	篇名	被引频次	发表年份	期刊名
1	刘熙瑞	服务型政府——经济全球化背景下中国政府改革的目标选择	3339	2002	《中国行政管理》
2	张康之	限制政府规模的理念	754	2000	《行政论坛》
3	施雪华	“服务型政府”的基本含义、理论基础和建构条件	677	2010	《社会科学》
4	张康之	论主体多元化条件下的社会治理	604	2014	《中国人民大学学报》
5	郑巧，肖文涛	协同治理：服务型政府的治道逻辑	587	2008	《中国行政管理》
6	刘熙瑞，段龙飞	服务型政府：本质及其理论基础	574	2004	《国家行政学院学报》
7	吴玉宗	服务型政府：概念、内涵与特点	453	2004	《西南民族大学学报》
8	谢庆奎	服务型政府建设的基本途径：政府创新	444	2005	《北京大学学报》
9	姜晓萍	政府流程再造的基础理论与现实意义	395	2006	《中国行政管理》

（2）服务型政府研究的热点分析。

第一，关键词出现频次和聚类分析。本研究的搜索方式为关键词检索，对关键词进行分析，可以直观地了解学术界关于服务型政府的研究热点，以及各关键词直接的关联程度。在这 20 多年间，出现频次超过 2 次的关键词多达 801 个，可见研究的重点较为多元化，其中出现频次排名前 20 的关键词于表 2-3 中列出。

表 2-3　出现频次排名前 20 的关键词

排名	关键词	出现频次	初现年份	排名	关键词	出现频次	初现年份
1	服务型政府	5025	2000	11	法治政府	86	2002
2	公共服务	359	2003	12	绩效评估	85	2006
3	电子政务	319	2003	13	改革	82	2003
4	政府职能	262	2002	14	对策	81	2006
5	和谐社会	154	2005	14	公民参与	81	2006
6	政府	119	2003	16	政府职能转变	78	2002
7	建设	117	2004	17	行政体制改革	77	2001
8	创新	103	2004	18	构建	76	2003
9	地方政府	101	2005	18	职能转变	76	2003
10	构建	90	2002	20	以人为本	75	2005

分析表 2-3 中服务型政府相关研究中出现频次排在前 20 的关键词，结合原文献阅读，可以看出，对于服务型政府的研究主要涉及公共服务、构建和谐社会、政府职能转变和行政体制改革等议题。学者们既关注电子政务、绩效评估等政策工具，又关注以人为本、公民参与等民主路径，认为建设服务型政府的根本动力在于“改革”与“创新”。强调地方政府是服务型政府建设的重要主体，而建设服务型政府的根本路径在于“政府职能转变”和“行政体制改革”。

通过查阅文献，本研究将服务型政府的研究分为三个阶段。第一个阶段是 1998—2004 年，为服务型政府研究初探阶段，此阶段为核心概念的形成阶段，表 2-3 中高频词汇的分析也能很好地证明此阶段为后期服务型政府的研究奠定了重要的概念基础。第二个阶段是 2005—2009 年，这个阶段大量服务型政府研究出现，图 2-1 中论文的分布时间和数量证明了这个阶段学术界对服务型政符的研究热度不断攀升。第三个阶段是 2010 年至今，学者开始探索新的研究思路来进行服务型政府的研究。结合关键词聚类图谱和聚类报告分析发现，聚类出现的年份集中在第二和第三个阶段。

2005—2009 年，涉及聚类：服务型政府、审批制改革、和谐社会（2006）；管制型政府、改革（2007）；市场经济、以人为本、行政改革（2008）；乡镇政府、公民参与、电子政务（2009）。这个阶段，得分最高的 10 个关键词分别是服务型政府（58 分）、电子政务（54 分）、政府（41 分）、建设（34 分）、改革（34 分）、创新（32 分）、政务公开（32 分）、市场经济（32 分）、构建（32 分）、乡镇政府（31 分）。

2010 年至今，涉及聚类：公共服务、政府职能转变（2010）；社会治理（2011）；两化深度融合、政务服务（2014）。这个阶段，得分最高的 10 个关键词分别是政府职能（48 分）、公共服务（42 分）、政府职能转变（41 分）、法治政府（40 分）、地方政府（34 分）、公共管理（28 分）、行政体制改革（25 分）、政府转型（25 分）、人民满意（24 分）、管理体制改革（24 分）。

结合原文献阅读对 2005—2009 年和 2010 年至今两个时段进行对比分析可以得到：2005—2009 年，服务型政府研究蓬勃发展，此阶段学者们对服务型政府的学术关切主要放在了因应市场经济改革的需要，以“审批改革”为突破口，希望引入“公民参与”，实行“电子政务”及“政务公开”，建设服务型政府，与此同时，构建“以人为本”的“和谐社会”；2010 年至今，学者对服务型政府的探讨更加深入，研究视野也更开阔，此阶段突破前期主要停留在技术、手段、工具层面的探讨，而向“政府职能转变”“行政体制改革”“管理体制改革”“政府转型”等更宏观、更全面的体制改革挺进，并把服务型政府建设与社会治理相联系。与前期注重政府改革的绩效不同，这一阶段，由工具理性的探索向价值理性转变，强调“人民满意”，向服务型政府建设的本质内涵迈出了关键性的一步。与前阶段注重乡镇政府层面的服务型政府建设不同，2010 年后，更注重地方政府的公共服务能力，强调服务型政府具有法治政府的内在规定性。

第二，关键词热点分析。关键词还可以考量不同时期的关于服务型政府的研究热点，通过 CiteSpace 分析，列出排名前 20 的热点词汇（突变）和它们的突变度（见表 2-4）。

表 2-4　关键词热点分析

排名	关键词	突变度	初现年份	排名	关键词	突变度	初现年份
1	和谐社会	28.08	2005	11	新时代	8.56	2018
2	社会治理	16.74	2014	12	法治政府	8.11	2002
3	大数据	14.37	2015	13	“放管服”改革	7.59	2017
4	社会管理	13.94	2007	14	服务	7.56	2003
5	简政放权	12.48	2014	15	政府治理	10.95	2014
6	人民满意	11.58	2009	16	大部制	14.21	2008
7	互联网+	12.37	2016	17	基本公共服务均等化	7.02	2008
8	政务服务	17.67	2015	18	国家治理	11.91	2015
9	管制性政府	10.65	2003	19	政府职能转变	6.36	2004
10	社会管理创新	10.08	2011	20	科学发展观	6.13	2004

有些关键词的热度在某些时间节点呈爆发式增长，结合表 2-4 关键词热点分析，很明显能看到表中出现了和谐社会、社会治理、大数据、社会管理等爆发性关键词。关键词的凸显，代表一段时间内学者对该问题关注密切。关键词的突变和新热点的出现，既与前期学术知识和服务型政府建设实践知识的积累有关，也与学者求新求变渴望寻求新的知识生长点的学术追求有关，同时也是政治话语向学术话语扩散的结果。服务型政府研究新出现的关键词也是当年中央政府工作报告和党的重大决策中新出现的热词。国家领导人和政府管理者在对创新的追求上与学者是相同的，都希望在各自的领域做出新的开拓。

二、《中国行政管理》杂志对服务型政府研究的持续关注

《中国行政管理》是新中国成立后的第一本行政管理研究专业刊物，

是 CSSCI 期刊和北大核心期刊，建刊以来，忠实记录了中国行政管理实践与研究的点点滴滴，是中国行政管理研究发展的一个缩影，对中国行政学的发展起到了极大的推动作用。《中国行政管理》作为研究型杂志，“服务型政府”是其重点关注的研究领域之一，因而其也成为服务型政府研究的重要阵地。韩万渠在 2015 年纪念《中国行政管理》创刊 30 周年的一篇文章中，纵向对比 2002—2014 年全库研究情况，得出《中国行政管理》在服务型政府研究领域影响力大的结论。因此本研究以《中国行政管理》为研究对象，依据服务型政府概念首次提出的时间，选择 1998 年 1 月 1 日至 2021 年 8 月 18 日发表在《中国行政管理》上的有关服务型政府的文献进行数据分析和研究。通过个案聚焦的方式，以期能够“滴水观海”，对 20 多年来国内服务型政府研究进行深度考察。

（一）研究方法

本研究检索工具使用 CNKI 中国知网期刊全文数据库，检索条件如下：① 主题：服务型政府；② 文献来源：中国行政管理（精确）。按照上述条件检索后，共检测出 213 篇相关论文。经过仔细的阅读和筛选，依据关键词和学术相关性原则，共选出 198 篇与服务型政府关系紧密的论文。操作完成时间为 2021 年 8 月 20 日 9 时 00 分。

本研究参考唐德龙的指标体系进行文献统计分析，具体指标体系见表 2-5。

表 2-5　国内服务型政府研究文献统计分析指标体系

一级指标	二级指标	三级指标
文献数量统计	年度论文发表数量与分布	发表数量、地区分布（发表论文最多省份或直辖市）
	下载量和被引量	下载量、被引量
	作者身份与单位	大学、行政学院、行政管理学会、党校、政府部门、多个部门
	课题来源	国家级项目、教育部项目、省级项目、其他
	论文关键词	关键词数量
	研究方法	实证分析、规范性分析

笔者根据上述指标体系，对 198 篇文献进行多维度统计分析，以期总揽国内服务型政府研究的概况。

（二）数据的统计和分析

1. 年度论文发表数量与分布

根据统计数据，将此二级指标划分为两个三级指标，研究年度论文发表的数量和地域分布情况。经过初步统计，根据数据透视图分析，1998—2020 年发表文章数量见图 2-2。

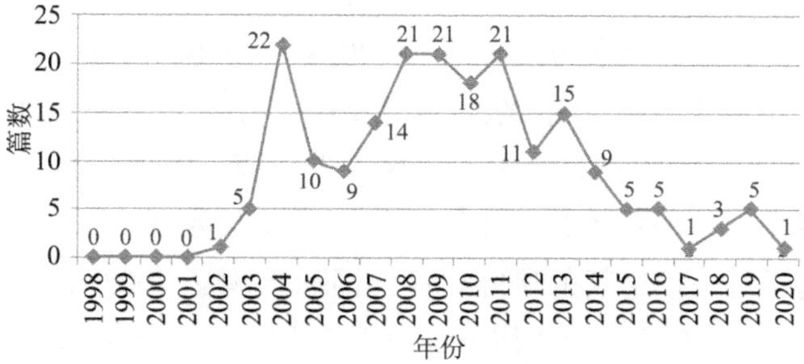

图 2-2　1998—2020 年发表论文走势

由图 2-2 可知，2001 年之前《中国行政管理》并没有出现有关“服务型政府”的论文，从整个 CNKI 文献库查找结果来看，2001 年之前国内“服务型政府”的研究也非常少，仅有 15 篇。这个时期学术上，主要是行政法学界在研究“服务行政”的概念，后期这个概念被行政管理学界借用，慢慢演化出“服务型政府”的概念。实践中，则多是地方政府为了更好地招商引资，为企业和社会服务，建立了行政审批中心、外商投资服务中心和政府办事大厅等。这也是《中国行政管理》没有出现相关论文的原因。

2001 年年底，中国加入 WTO，虽然我国政府有推动自身变革的内在条件和自觉性，但加入 WTO 的契机，加快、加大了我国政府创新、变革、转型的步子。服务型政府建设也成为学术界与各级政府的热门课题。正是在这种背景下，我们看到《中国行政管理》从无到有，在 2002 年刊发了 1 篇关于“服务型政府”的文章，为刘熙瑞教授的《服务型政府——经济全球化背景下中国政府改革的目标选择》。文中刘熙瑞指出：“加入世贸组织之后，世贸组织规则将深远影响政府的管理体制。在世贸规则制约下，国际上基于成熟市场经济体制下的政府理念、政府管理体制、政府管理方式和方法都将逐步地然而又是不可改变地在中国得到落实。”2003 年年初，“非典”暴发，直接拷问了我国政府的职能和能力。农村医疗改革滞后受到公众的强烈批评，“非典”肆虐引发了公共管理危机，暴露了我国政府职能在公共服务方面的严重缺失，以及我国政府在角色定位和职能定位方面存在的问题。2004 年 2 月 21 日，温家宝在中央党校省部级主要领导干部“树立和落实科学发展观”专题研究班结业式上提出了要求，即要“努力建设服务型政府”。来自中央高层的认可，直接推动了政学两界逐波赶浪似的研究、探索“服务型政府”。2004 年一年刊登了 22 篇有关“服务型政府”的文章，比之前的总和还要多，并呈现出逐年上升的趋势。2007 年 10 月，胡锦涛在党的十七大报告中强调，发展社会主义民主政治的重要内容是“加快行政管理体制改革，建设服务型政府”，随后全国各地学者掀起了对该理论新的研究热潮，因而出现了 2008 年《中国行政管理》一年发表了 21 篇关于“服务型政府”的文章。随后基本上都维持在每年十几篇的高度，直到 2015 年陡然降至 5 篇。这是因为在中央工作报告中，“服务”一词出现频次开始下降，“政府”一词的出现频次又开始上升。论文的发表存在滞后性，因此可以明显发现，从 2014 年开始，与服务型政府相关的学术文章明显减少，发表篇数都在个位数。发表篇数减少，一方面与政府工作报告有关系，另一方面是因为新一届领导班子提出了“国家治理能力与国家治理现代化”的概念。作为理论研究和实践探索焦点的国家治理分析范式，由于其客观表征，淡化诸如“善治”等具有意识形态及价值取向判断的传统概念，近年来在学术界掀起新的研究高潮。2013 年，习近平总书记明确提出推进国家治理体系和治理能力现代化，至此，中国迈入治理时代。治理时代下，“服务型政府”并没有从政党话语中消失。党的十八大以来，建设服务型政府不仅没有被弱化，反而不断被强化。党的十八大报告明确提出：“要按照建立中国特色社会主义行政体制目标，深入推进政企分开、政资分开、政事分开、政社分开，建设职能科学、结构优化、廉洁高效、人民满意的服务型政府。”之后的党的十九大报告指出：“转变政府职能，深化简政放权，创新监管方式，增强政府公信力和执行力，建设人民满意的服务型政府。”上述报告表明，建设服务型政府在党内不仅毫不动摇，而且目标明确。由此可见，服务型政府研究的热度虽有减小，但并未消失，政学两界部分学者依然坚持此领域的研究。

2. 下载量和被引量

下载量是衡量一篇论文的热度和关注度的重要指标。经分析，198 篇论文中有 37 篇的下载量超过 2000 次。其中，论文《服务型政府——经济全球化背景下中国政府改革的目标选择》的下载量高达 14493 次，此篇论文的作者为国家行政学院刘熙瑞教授，发表时间为 2002 年，为中央提出“服务型政府”概念之前国内服务型政府研究的殿堂性论文。除这篇论文外，下载量排名靠前论文的发表时间都集中在 2007—2014 年，这个结果与年度论文发表数量的分布一致，即服务型政府研究很大程度上紧跟党和中央政府的思路和变化。

被引量是衡量一篇论文学术价值的最直接表现，经过分析，有 12 篇没有被引量，其余 186 篇均有被引量。已有的研究成果总的被引量为 116315 次，单篇平均被引频次 58.66 次，体现出较高的学术水平。被引量在 100 次以上的论文共有 26 篇，10 次以上的高达 132 篇。在 26 篇被引量超过 100 次的论文中，有多达 18 篇是有省级以上基金项目支撑或者行政学院工作人员参与撰写完成的，研究者的专业性高、合作性强。《服务型政府——经济全球化背景下中国政府改革的目标选择》一文的被引量高达 3340 次。《协同治理：服务型政府的治道逻辑》一文下载量 10641 次，被引量 587 次。这一统计说明，各级行政学院和行政管理学会引领和推动着服务型政府的研究和发展。具体被引情况见表 2-6。

表 2-6　2008—2020 年我国服务型政府研究样本文献被引排名前 10 的论文

排名	题名	作者/单位	发表年份	被引频次
1	服务型政府——经济全球化背景下中国政府改革的目标选择	刘熙瑞/国家行政学院	2002	3340
2	协同治理：服务型政府的治道逻辑	郑巧、肖文涛/大学、行政学院	2008	587
3	政府流程再造的基础理论与现实意义	姜晓萍/大学	2006	395
4	当代西方“整体政府”公共服务模式及其借鉴	张立荣、曾维和/大学	2008	270

续表

排名	题名	作者/单位	发表年份	被引频次
5	服务型政府是我国行政改革的目标选择	中国行政管理学会课题组/中国行政管理学会	2005	267
6	强化政府公共服务职能 努力建设公共服务型政府	唐铁汉/国家行政学院	2004	241
7	由集中审批到集成服务——行政审批制度改革的路径选择与政务服务中心的发展趋势	艾琳、王刚、张卫清/大学、政府部门	2013	223
8	行政审批制度改革攻坚期的问题分析与突破策略	张定安/中国行政管理学会	2012	181
9	论全面推进地方公共服务型政府建设	罗德刚/重庆行政学院	2004	172
10	国外公共服务体系建设与我国建设服务型政府	姜异康、袁曙宏、韩康、薄贵利、高小平、范文、朱光磊、李军、孙晓莉/大学、中国行政管理学会	2011	163

3. 作者身份与单位

从作者身份来看，除了中国行政管理学会课题组发表了6篇研究性报告以外，发表论文最多的分别为高小平、张定安和薄贵利，三人均发表了5篇论文。另外，中国行政管理学会的郭济、郝振飞和四川大学的姜晓萍发表了4篇论文。还有其他单位的学者沈荣华、罗德刚等22人发表论文数高于2篇。通过总库查询，这些作者在服务型政府研究中均为高产作者，并且论文的质量较高。

从写作单位来看，198篇论文当中，有127篇论文为单一作者撰写，有71篇为多个作者撰写，占比35.86%。中国行政管理学会、南京大学政府管理学院，以及北京师范大学管理学院的论文数量最多，分别是6篇、3篇和3篇。

从时间上来看，2002—2006年的12篇高被引论文均为中国行政管理学会或者地方行政学院作者撰写，这对服务型政府的前期研究起到了非常好的引领作用。高校作者的研究论文高达113篇，占比57.07%，高校论文仍然是服务型政府研究的主力军。其他部门或者联合作者的研究论文为85篇，占比42.93%，其中行政学院作者参与的研究论文最多，达30篇。虽然高校作者发表的该主题研究论文的数量较多，但结合下载量和被引量发现，被引量超过100的26篇论文中，有14篇为高校以外的研究者撰写，有6篇论文为高校间联合作者撰写，有1篇为海外高校作者撰写，仅有5篇论文为独立的高校教师撰写。这也说明了论文撰写的质量与作者的社会实践经验和作者间的交流合作关系密切。

4. 课题来源

论文的研究依托于项目的支撑，有课题支撑的论文在学术价值及实践价值上具备较高的学术认可度。经过统计，198篇研究论文中有85篇得到课题支撑。对这85篇论文的课题来源进行分析和分类，发现单一作者的课题支撑数量为36篇，而联合作者的课题支撑数量高达49篇，占联合作者总篇数的57.6%，进一步证明了论文的撰写质量与作者间的交流合作密切相关。拥有多个课题支撑的论文最多，为34篇，占比40%，其次为国家级基金项目，达29篇。

对课题来源和下载量、被引量作交叉分析发现，85篇有课题来源的论文中47篇下载量超过1000，被引量超过50的有26篇。对比113篇没有课题来源的论文，下载量超过1000的仅有35篇，被引量超过50的为10篇。这说明论文质量的优劣与课题支撑成正比。

5. 论文关键词

关键词能够反映一篇论文的研究主题和内容的题录，198篇学术论文共656个关键词，平均每篇论文3.31个关键词，对这些关键词进行词频分析，排名前11的关键词具体结果见表2-7。

表2-7　关键词词频分析

关键词	频数	初现年份
服务型政府	110	2002
建设服务型政府	30	2004
公共服务	16	2004
服务型政府建设	13	2004
中国行政管理学会	11	2004

续表

关键词	频数	初现年份
管理体制改革	10	2004
政府改革	8	2007
研讨会	8	2004
审批制度改革	6	2003
公共服务型政府	6	2004
政府职能转变	6	2004

从关键词的词频分析来看，出现频次超过10次的词语分别是“服务型政府”“建设服务型政府”“公共服务”“中国行政管理学会”和“管理体制改革”。服务和政府依旧是服务型政府研究的重点。“创新”“转变”和“职能”合起来达49次，这主要是因为服务型政府建设是因应中国经济转型、社会转型而提出政府转型的需要。中央发布的政府工作报告在2005年提出：“努力建设服务型政府，各级政府部门各司其职，增强协作配合。大力推动政务公开，加强电子政务建设，保证政府工作透明度，提升政府公信力。”之后每年从不同角度对服务型政府建设设定目标，体现在四个方面：创新管理方式；转变政府职能；建设为民、务实、廉洁、高效的政府；建设人民满意的政府。从这个角度分析，服务型政府的研究与中央政府工作报告提出的目标相一致，关键词基本包含了中央政府工作报告中提到的所有服务型政府建设目标，但廉洁、高效等目标并没有出现在高频关键词中，而政府工作报告从2011至2016年连续6年提到“建设为民、务实、廉洁、高效的政府”的建设目标，2019年工作报告中首次没有出现服务型政府，而是将“廉洁政府”问题加大力度提出。中央这几年大力宣传的廉洁政府、高效政府在论文研究中鲜少出现，这可能是下一个阶段“服务型政府”的研究方向。

6. 研究方法

研究方法的选择，体现学者的学科领域和研究方向。与服务型政府相关的198篇论文大部分是规范性分析，规范性分析是研究“服务型政府”问题的主要分析方法，这一类学者通常为高校教师和行政学院工作人员，善于总结问题、归纳经验。运用实证分析的论文相对较少，仅有28篇。

对这28篇论文进行分析，结合年份、下载量、被引量、课题来源、作者等指标得出以下结论：

（1）数据为王，实践性、调查性论文逐渐增多。

实证分析论文发表时间大部分集中在2011年之后。2011年之后的77篇研究性论文中，实证分析论文多达23篇，占比29.87%，而2011年之前的研究性分析论文有121篇，实证分析论文仅有6篇，占比4.96%。可见，学术界越来越重视数据调研和实践性的学术研究，而不似之前只谈理论。在29篇实证分析论文中，地方或基层政府的研究论文有14篇，占比48.28%，而169篇规范性分析论文中只有15篇研究该领域，且内容基本为概念总结和理论思考，实践性和借鉴性不强。

（2）下载量高，但被引量低。

运用实证分析的研究性论文中，下载量超过3000的论文5篇，占比17.24%。去除6篇中国行政管理学会课题组报告，运用规范性分析的研究性论文共163篇，下载量超过3000的有18篇，占比11.04%，超高下载量的论文数量占比明显低于实证分析研究论文。文献学术质量的高低，一定程度上影响文献被引的频次数量。被引频次越高，说明论文认可度高，学术质量高。但实证分析论文的被引量较低，被引量超过100的只有4篇，其中《强化政府公共服务职能　努力建设公共服务型政府》一文的被引量超过200，是由国家行政学院的唐铁汉于2004年撰写的；还有两篇文章也研究的是服务型政府建设问题；除此之外，还有1篇文章研究地方性政府的治理问题，可借鉴的理论知识较多。被引量较低主要反映两个问题：一个是实证性论文研究范围大多较小，通常只研究一个特定区域，或作文献统计分析，因此被引量较小；另一个是国内主流的研究方法依旧是规范性分析，使用实证分析的学者近年来虽有所增加，但规范性分析论文的基数明显高于实证分析论文，因此实证分析论文被引量较低。

（3）课题来源丰富，论文质量高。

29篇实证分析论文中有课题支撑的论文达19篇，国家级基金项目16篇。170篇规范性论文中有课题支撑的论文为66篇，国家级基金项目35篇。从数据统计来讲，实证分析论文的课题支撑情况良好，经费充足，对论文质量有极大的保障。

（4）作者地域分布广，高校科研工作者居多。

198篇研究性论文中，有3篇论文来自海外学者，分别是英国赫尔大学陈文博撰写的《公共服务质量评价与改进：研究综述》，新加坡南洋理工大学于文轩撰写的《政府透明度与政治信任：基于2011中国城市服务型政府调查的分析》，以及新加坡国立大学崔晶和美国马里兰大学张梦中共同撰写的《公共服务视角下的新加坡政府改革》。这3篇论文均为实证性分析论文，说明国外在研究性论文撰写中都会将理论和实践性数据相结合，论文的结论有统计支撑。除了3篇海外学者论文外，剩下的26篇实证性论文来自14个不同地区，地域分布较为多样。29篇论文中除了4篇来自行政学院或党校，其余25篇均来自高校教师。经过深入研读发现，这25篇论文的作者几乎都有课题支撑或者在高校以外部门的实践工作经验。实证性分析论文的发表，通常建立在课题或者实践工作基础上，这类论文由高校科研工作者撰写。从这一分析得出结论，学术界和业界的交融合作是这类论文实践性与理论性并重的直接原因。

2013年3月，《国务院办公厅关于实施〈国务院机构改革和职能转变方案〉任务分工的通知》发布，进一步明确政府职能转变的职责划分。政策指向引领学术界研究集中爆发，因此，从2013年开始，研究文献数量出现跳跃式增长，与2012年相比上涨了近70篇，达到发文峰值111篇。同时，研究范围大幅度扩张，涌现大量案例分析和经验借鉴研究。

随着政府职能转变持续推进，开辟新的转变途径成为政府职能转变和优化的必要手段。2015年5月，我国提出“放管服”改革政策，其成为政府职能转变的新途径，在学术研究领域也得到回应。因此，2016—2020年，以“政府职能转变”为直接主题的研究数量虽呈现下降趋势，但是学者多以“放管服”为切入点，从不同视角切入深层剖析，为政府职能转变持续发力。高被引文献体现出学者们多倾向于深入剖析政府职能的现状，积极关注政府职能转变的社会现实问题并提出相关见解①。

① 陈笑飞：《近十年我国政府职能转变研究的回顾与展望》，《党政论坛》2021年第1期。

第三章

服务型政府知识体系的形成

第一节　话语论争中的知识集中

“知识是由话语所提供的使用和适应的可能性确定的。”① “话语并不只具有意义或真理，而且还具有历史……我们可以把一组属于同一个话语构成的陈述集合称作话语……我们可以确定这些有限陈述的一组存在条件……话语通体都是历史的。”② 按照福柯关于“话语具有事件的特性”③的逻辑，关于服务型政府的话语论争具有当代中国政府改革的历史。为了引发变革，惯例化的过程表现为知识集中化的趋势④。伴随着服务型政府概念的提出，以及研究规模的扩大和学术知识的增长，关于服务型政府的知识集中化的趋势也开始显现。这种知识集中化首先表现为有代表性的服务型政府学术话语的出现。所谓“话语”，实际上指的是一些非“实在”而有价值倾向性和权力支配性的说辞，它有“建构”知识和现实的能力⑤。理查德·罗蒂把对知识的探求看成是研究者共同体之中的持续对话⑥。话语分析以描述、再现“矛盾”和“差异”本身为使命，它“描述各种有争议的空间”⑦。

自服务型政府的概念被提出以来，服务型政府可以说是最为重要的政治议题和行政目标，也是颇具争议的学术话语和核心概念⑧。学者们多方面地理解它，赋予它多重含混的意义，在重重叠叠的言说实践中，它体现了复杂的社会权力关系。学者们在以知识批判、知识猜想、知识综合等方

---

① ［法］米歇尔·福柯：《知识考古学》，谢强、马月译，北京：生活·读书·新知三联书店，1998 年，第 203 页。

② ［法］米歇尔·福柯：《词与物：人文科学考古学》，莫伟民译，上海：上海三联书店，2001 年，第 5 页。

③ ［法］米歇尔·福柯：《词与物：人文科学考古学》，莫伟民译，上海：上海三联书店，2001 年，第 6 页。

④ ［美］全钟燮：《公共行政的社会建构：解释和批判》，孙柏英、张钢、黎洁，等译，北京：北京大学出版社，2008 年，第 34 页。

⑤ 黄兴涛：《“话语”分析与中国近代思想文化史研究》，《历史研究》2007 年第 2 期。

⑥ ［美］杰·D. 怀特：《公共行政研究的叙事基础》，胡辉华译，北京：中央编译出版社，2011 年，第 148 页。

⑦ ［法］米歇尔·福柯：《知识考古学》，谢强、马月译，北京：生活·读书·新知三联书店，1998 年，第 196 页。

⑧ 黄爱宝：《三种服务型政府观比较》，《江苏行政学院学报》2012 年第 2 期。

式对服务型政府知识增长做出贡献的同时，也在努力推动学术知识向实践领域扩散，以期将学术知识转化为实践知识。根据胡塞尔的观点，分类是现象研究的一种方法论设计，包括对事务、事件等“性质”和“实质”进行判断的深思熟虑的努力。在中国学术界，对服务型政府的重重叠叠的言说实践，伴随着知识的集中化，慢慢形成了三种典型的对服务型政府的不同认知，这些认知既是由其所形成的服务型政府知识来确定的，又继续建构着服务型政府的知识，部分向实践领域扩散，转化为实践知识，引导着当代中国政府改革。

一、社会治理转型时代的服务型政府课题

人们编造出来界定他们自身及其命运的故事脆弱不堪。当它们破裂时，得讲新的叙事（或故事）以寻找重返生活的意义①。在服务型政府研究大军中有一派跳出地方性叙事，把视线从中国转向全球，他们认为，大致从 20 世纪 80 年代开始，人类社会开启了全球化、后工业化的进程，而这时的中国正在进行改革开放，希望实现工业化和现代化，但全球化也把后工业化的问题带给了中国。社会转型要求相应的社会治理模式的转变，社会治理转型首先要考虑的则是作为社会治理最重要的主体政府的转型。人们希望抓住这个历史机遇，在政府模式上进行前瞻式设计，进而由这个新型的政府带领中国实现“弯道超车”。这一派认为，服务型政府不是一种既有的政府形态，而是一种发展方向，这一派以张康之教授为代表。

（一）新时代的到来

从人类社会治理的一般发展过程来看，如果说在农耕时代社会治理的形式是统治型行政的话，那么工业时代到来后，社会治理就越来越倾向于采取管理型行政的形式。现在人类已经开始步入后工业社会的关口，今后人类社会治理的形式，还要进一步转变为合作式的服务型行政②。

当人类步入 19 世纪末 20 世纪初时，人们渐渐发现，相对于工业社会，人与人、人与物、人与信息的连接方式、协作方式都已悄然发生了质

---

① ［美］杰·D. 怀特：《公共行政研究的叙事基础》，胡辉华译，北京：中央编译出版社，2011 年，第 138 页。

② 张康之：《论行政发展的历史脉络》，《四川大学学报（哲学社会科学版）》2006 年第 2 期。

的改变，人们开始慢慢意识到，人类已经在迎接一个新的时代、新的社会形态的到来。相较于工业社会，人们把这个新的社会形态命名为后工业社会。工业社会的理论是以进化论、细胞学说、能量守恒与转换定律这三大自然科学理论为前提的，而后工业社会则奠基于克隆技术、纳米技术和网络技术三大技术。这些技术深刻地改变了人类社会，进而也对人类社会已有的治理方式提出了挑战。

1. 克隆技术、纳米技术、网络技术：创造的技术

农业社会的技术是对自然界的直接利用，最高境界为“顺应自然”。一切都是自然孕育，顺乎自然，很少有人为的做作，中国人称之为“人性”。人性就是老天爷（大自然）赋予人类特有的共性。当然，这里面有特殊的差异性，叫作个别差异。社会的治理主要表现为实践天道。实践天道是有层次的：首先，最下层，履行法定的义务，要合法；其次，合乎情理的要求，提高一点，一切人伦日用如礼仪、礼器都是精神合理的表现，跟法律无关。工业社会的理论是以进化论、细胞学说、能量守恒与转换定律这三大自然科学理论为前提的。进化论强调“物竞天择”，工业社会亦是“适者生存”。细胞学说追溯出了万事万物的本源是同一的，即都由细胞组成。细胞学说的意义就在于发现了同一性，而工业社会就是要追求同一性，因为只有找到同一性方可对人类事务进行抽象，然后用法律规范进行治理。如每个人的贫困不同，但反贫困是同一的。因此，工业社会中的治理是建立在同一性基础上的。

克隆技术、纳米技术、网络技术将是后工业社会诞生的标志。克隆技术不同于农业社会的自然生育技术和工业社会的试管婴儿技术（模仿的技术），其是创造的技术。纳米技术可以实现自由地组合原子团，即可以改变原子的排列方式，或者说改变物质的存在形态，这一切将会使得现在许多的生存方式不再有意义。网络技术意味着一个新的世界的诞生，即虚拟界，在这之前人类经历的是自然界和社会界，社会界又是从自然界产生的，自然界与社会界都是自然产生的，但虚拟界则是人创造的。网络改造了世界，也改造了人、人的行为方式及交往方式。网络技术是信息技术的一种，能量守恒但信息不守恒，一个苹果给他人吃了，自己就没得吃，但一条信息发送给了他人，自己依然知悉。互联网社会的元点，使得人在自然界、社会界、虚拟界中穿行。虚拟网络社会为网络公民政治参与、舆论

监督、推进反腐、官民互动提供了有利的交流平台，但是网络虚拟社会监管的复杂性、跨地域性、匿名性，使得网络社会治理面临许多新挑战，如公民隐私权的保护、网络谣言的传播、网络安全、网络暴力和网络诈骗频发等①。这些都需要人类发展出新的治理知识予以应对。克隆技术、纳米技术、网络技术无法纳入工业社会的解释范畴，其属性都属于创造性的而非模仿性的。人类面临着新的时代。

2. 后工业化：走向后工业社会的进程

后工业化是指人类走向后工业社会的进程，而后工业化有着符号化、虚拟化、个性化、多元化、网络化、信息化、去中心化等特征。

原始图腾是理念符号，货币亦是符号，是商品价值的符号，是一般等价物，黑格尔称之为“中介”。货币是实物的符号，股票是货币的符号、是货币的再度符号化。符号化、再度符号化意味着人类进入一个全新的社会形态，人对物的依赖转为人对符号的依赖。按照马克思的理论，价值量由生产商品的劳动量决定，价值决定价格，价格随供需而上下波动。但“炫耀型消费”的出现，超出了经济学分析的范畴。符号有自己的价值，价值不适用衡量符号，符号正在体系化，不需要其他中介，超出了物质世界。虚拟现象在20世纪后期表现出来，自然界受规律支配，社会受法律规范，决定社会生活的是规范，法律是规范中的重要形式，现在需要考虑虚拟社会产生后如何进行治理的问题。

个性化呈现的是人碎片化后重新熔铸向“完整的人”回归。碎片化是20世纪后期思想家提出的，工业社会使完整的人解体了，无身份了，人开始以角色出现，人不断变换角色，每一个角色都不是完整的人。马克思接受了劳动价值论，后又发现剩余价值论。大卫·李嘉图认为，工人用“劳动”与资本家进行交换，但交换是“等价交换”，遇到逻辑问题。马克思发现资本家购买的只是“劳动力”，“劳动力”是可变资本，揭示了剥削的秘密，工作只是把自己的一部分能力出卖给资本家。人的碎片化导致整个社会的碎片化，社会是同一化、标准化的，因此工业社会的治理表现为广泛的理性化。而个性化代表一个新时代的到来，是后工业社会的一

① 陶林、车軼珏：《社会治理创新视野下的服务型政府建设：基本理念、新定位和新要求》，《山东农业工程学院学报》2018年第1期。

个标志，如营销个性化、服务个性化，几乎一切领域都存在个性化趋势、个性化追求。个性化使完整的人重新出现，是解决碎片化的根本途径。每一个人的个性化即是社会的多元化，多元化意味着差异的并存，这对社会的治理提出挑战。农业社会是立体社会、等级金字塔社会，按照等级进行治理。近代社会是在自由、平等观念下建立的一个平面社会，但人们在不同的位置，有的人处在中心，有的人处在边缘，中心和边缘之间存在势差。个性化、多元化是对中心—边缘结构的解构。

网络化也是后工业化的一个特征，不只有技术网络，还有社会网络，与全球化相连，当全球变成一个网络时，需要在全球网络上看问题，不能孤立来看。信息出现在资源库中，信息化改变了人的生活与观念，信息化促进了人与物的流动和社会的开放。后工业化的另外一个现象是全球化。首先是经济全球化，全球化还是一个政治学问题、社会学问题。华勒斯坦等认为，今天的社会是科学知识中轴，是近代启蒙思想家确立的国家，国家构成了知识创新一个无须证明的框架，但全球化意味着人口、资金的全球流动，地域界限的溃消，后国家主义时代的到来。在全球化、后工业化过程中要有观念的转变，即一切为了流动性——人的流动、物的流动、资金的流动，需要重新审视全球化中主权的问题，因为主权就意味着边界的封闭。

新世界的开端不再是外部的引领，由前现代到现代。农耕社会的方法论为主体、客体二元对立，工业社会中简单的主体与简单的客体是不存在的，需从主体出发。夷平性，主体自由，人的存在空间被打开，打破了地域性，开拓出无限的可能性。资本主义生产方式创造了巨大的社会财富。后工业化使得社会呈现出高度复杂性和高度不确定性的特征，这使得人类面临越来越多的社会问题，而且，这些社会问题往往具有新的性质和特征，既有的社会治理模式难以适应这种社会现实①。社会问题的增多，以及风险社会的来临，使得整个社会需要更多的社会治理力量去加以应对。然而，政府如果为了增强自身的力量而不断扩大其规模，不仅会面临巨大的财政压力和内部管理问题，而且容易导致对社会的过度干预。另外，如果政府缺乏足够的力量去进行社会治理，又会使社会问题无法得到充分解决，从而使政府自身的合法性受到威胁。因而，全球化、后工业化使得以

① 杨雪冬，等：《风险社会与秩序重建》，北京：社会科学文献出版社，2006 年，第 30 页。

政府为单一主体的治理模式陷入了困境。国家、市场抑或公民社会，都无法单独承担风险社会和全球化所带来的全方位的治理危机，因为它们本身也是麻烦及风险的制造者。而且，复杂性和不确定性也以社会构成的多元化的形式表现了出来，多元化对单一的公共产品的提供提出了挑战。在这种条件下，各国的社会治理都面临着较大的挑战。

社会中出现了越来越多的非政府组织等社会自治力量，它们积极参与到社会治理之中，从而在一定程度上缓解了社会治理的压力。不过，就目前来看，许多人把这些新出现的社会力量与传统社团相混淆，以至于总是去寻找控制它们的途径。实际上，在社会较为简单和确定或者是具有低度复杂性和低度不确定性时，控制往往是有效的，而且控制导向的社会治理能够起到积极的作用。但是，一旦社会具有了高度复杂性和高度不确定性，控制不仅失去了效果，而且往往是有害的。所以，在后工业化的背景下，不能对这些社会自治力量进行过多的控制，对社会的控制从某种程度上说是困难的。更为重要的是，非政府组织等社会自治力量是不能同传统社团相混淆的。再比如市民社会的出现，市民社会是作为一种新的社会治理主体出现的，或者说，市民社会的出现意味着社会治理主体的多元化。因而，国家不应对市民社会进行控制，而是应当与之合作。近代以来的全部政府发展，都是朝着建构一种管理型政府的方向前进的，自从产生以来，现代政府就处在一个统治职能与管理职能此消彼长的过程之中，是一步步地被形塑成了一种典型的管理型政府的。然而，中国社会所要建立的服务型政府，则是对管理型政府的超越。我们所要建立的是一种不同于管理型政府的新型政府模式①。

（二）基本理念与价值追求

基于对人类正迈向后工业社会，同时中国既承担着工业化和现代化的任务，又面临着后工业化的问题，中国社会的转型为由农业社会、工业社会向后工业社会的混合转型的判断，张康之一派认为，服务型政府模式不是具体的、个别的政府职能的重新定位，而是政府的根本性改变②。张康

① 张康之：《论政府的非管理化——关于“新公共管理”的趋势预测》，《教学与研究》2000 年第 7 期。

② 张康之：《限制政府规模的理念》，《行政论坛》2000 年第 4 期。

之不同意“公共服务型政府”的提法，认为这样可能会对实践造成误导，即把服务型政府建设简化为公共服务的点滴改进，扰乱服务型政府的目标。他观察到，发达资本主义国家之所以公共服务状况远优于其他国家，既有历史原因，也有世界结构的原因。“在资本主义国家的发展进程中，有着长达几个世纪对后发达国家的财富掠夺，使它们积累起巨额财富去支持公共服务质量的提升。”① 基于世界的中心—边缘结构，发达国家由于处于世界的中心地带，因而可以使全世界的财富流向这些中心地带，并把危机不断地向边缘地带转移。像中国这样的后发展国家不具备这种优势，况且，资本主义发达国家的公共服务改善也有着不可突破的“天花板”，福利国家遭遇诸如财政赤字等问题越来越严重就是一例。因此，“研究公共服务的问题，必须把现有的逻辑颠倒过来，不是通过公共服务的研究去寻求建构服务型政府的方案，而是需要在服务型政府的建设中去发现解决一切公共服务问题的路径”②。

基于人类社会从农业社会到工业社会再到后工业社会历史转型的宏大背景，张康之借助历史逻辑主义方法，从“统治行政—管理行政—服务行政”的发展逻辑中发现了建设服务型政府的历史课题。因为中国是一个社会主义国家，中国共产党始终如一地坚持和倡导“为人民服务”的宗旨，行政人员是人民的“公仆”，因此服务型政府就其性质而言是服务，而不是管制。“服务型政府是一种全新的行政理念和政府模式，蕴含着公民本位、公平正义、公共服务、公共责任等价值诉求。”③ 服务型政府的重心就是服务，致力于基于伦理精神、以服务为价值导向、有着德制保障的德治，在合作伦理意义上即为合作治理④。

（三）宏大叙事知识扩散不易

张康之一派基于“社会治理三部曲”总体框架下的服务型政府观，在对管理型政府进行知识批判的基础上，着眼于人类正迈向后工业社会的事实，对适应后工业社会的政府模式进行了大胆的知识猜想，理论视野宽

① 张康之：《我们为什么要建设服务型政府》，《行政论坛》2012 年第 1 期。

② 张康之：《我们为什么要建设服务型政府》，《行政论坛》2012 年第 1 期。

③ 郑巧、肖文涛：《协同治理：服务型政府的治道逻辑》，《中国行政管理》2008 年第 7 期。

④ 田小龙：《在中国行政改革价值演变中认识服务型政府建设》，《安徽大学学报（哲学社会科学版）》2017 年第 2 期。

广，理论目标宏大高远，其具有一种“开端启新”的知识美学光环，理论魅力独特。在众多政府应该遵循的价值中，此派把服务价值推向了前所未有的高度，认为服务价值应该居于主导地位，其他价值虽然重要，但是应居于从属地位。他们强调，服务不再是宣传口号，而是需要政府切切实实遵循并落实的价值。在中国学术界苦苦探寻新的政府知识之际，此派基于其“开端启新”的知识抱负，对新的政府类型进行了大胆的知识猜想，因此其主张在我国学术界得到了广泛的扩散，产生了较大的知识影响。但也正因为其“开端启新”的知识抱负，面向后工业社会的政府模式的知识创新，对于当代中国政府改革实践来说，将不亚于是一场翻天覆地的政府革命，此派也看到了服务型政府建设是一个长期的艰巨的系统工程，对自身理论知识创新的要求也比较高，不同于渐进主义改革的思路。在处理变化时，渐进主义设计者认为，让变化过于迅速是不明智的，因为快速变化带来的结果很大程度上可能被证明是出乎意料的。所以，短期的变化和问题解决被认为是人们期望的，而长期的变化却被认为是无益的甚至是相当危险的。基于上述原因，此派学术话语向政治话语的扩散不理想。到目前为止，此派还多停留在知识猜想阶段，给出的具体且可行的实践方案也较少，向实践知识的扩散效果不明显。摆在此派面前的重要课题可能是如何推进宏大的理论、原则性的构想向实践方案转化，以及如何将服务型政府的知识想象转为服务型政府建设的实践知识。

二、经济全球化背景下中国政府改革的目标选择

与面向后工业社会希望建构宏大的服务型政府叙事知识不同，有一派把服务型政府的知识生产起点锚定于经济全球化浪潮和中国加入 WTO 的推动，主要以刘熙瑞为代表。

（一）加入 WTO 对中国政府的挑战

中国 20 世纪八九十年代的改革开放进程，使得中国的经济得到了很大的发展，但是经济全球化浪潮，即贸易、投资、金融、生产等活动的全球化，也就是生产要素在全球范围内寻求最佳配置的趋势，把中国经济裹挟其中，从而形成了中国经济对海外市场较大的依赖。如果不拓宽国际市场，中国经济发展的空间将会非常狭窄，因此中国政府决定申请入世。经济全球化和 WTO 所体现的是成熟的市场经济的原则，市场经济最核心的

是各经济主体在法治原则下的公开、公平竞争。对于中国来说，就是要打破政府对经济社会的完全垄断，放松管制，让企业拥有经营自主权，让市场来调节经济活动。WTO的基本精神或WTO的灵魂，就在于强调政企分开，强调在政企分开前提下体现的一种社会本位、公民本位、市场本位、企业本位的精神①。在这种情况下，政府自然要发生变化，其最根本的变化就是顺应市场经济要求，在市场本位、社会本位的前提下，把管制理念转变为服务理念②。中国加入WTO，从表面来看是中国的企业要直接面对国外竞争，要遵守国际贸易组织的规则。但是，最根本的是中国政府必须去适应世界贸易的规则，因为世界贸易组织的规则本身是限制政府行为的③。

政府从干预经济的活动中抽身出来后，就会有更多的精力和时间投身到帮助企业进行法治建设、为企业提供公平的竞争环境等服务性事务上去。事实上，在中国正式加入WTO前，中国政府就开始了一系列先行动作。中国政府在1999年就开始大规模清理法律、法规，大规模削减行政审批事项。国务院多次召开精简行政审批的工作会议，布置了清理行政审批的具体工作，给各级政府提出了具体的目标和任务。我们的政府就开始了从管制向提供公平、规范的管理和服务的转变。也是在这样的背景下，服务型政府的建设渐渐被提上了议事日程。不用讳言，虽然中国政府有推动自身变革的内在条件和自觉性，但是，加入WTO的外在力量是中国政府转型最大和最快的驱动力。没有加入WTO的契机，我们的政府变革和创新的步子不会这么大，也不会这么快，服务型政府的建设也不会成为各级政府的热门课题④。

（二）内涵定位

不同于社会治理转型下从马克思主义原典中，从老一辈领导人治国理政的思想中寻找服务型政府的核心理念的服务型政府观，在经济全球化背景下思考服务型政府建设则把观察的坐标定位于中国被全球化裹挟。中国

① 刘熙瑞：《服务型政府——经济全球化背景下中国政府改革的目标选择》，《中国行政管理》2002年第7期。

② 刘熙瑞：《加入WTO与服务型政府建设》，《国家行政学院学报》2002年第1期。

③ 吴玉宗：《服务型政府建设研究》，北京：经济日报出版社，2007年，第55页。

④ 吴玉宗：《服务型政府建设研究》，北京：经济日报出版社，2007年，第56页。

要加入 WTO，因此中国政府必须去适应世界贸易的规则，而世界贸易组织的规则本身又是限制政府行为的，因此，支撑服务型政府这一全新模式的，是近现代产生和发展的诸多先进理论，而民主理论是服务型政府的奠基理论。这种服务型政府观也强调要超越统治型政府和管理型政府，但最终是为了实现主权在民的理念。因此服务型政府的建构路径是“遵从民意的要求，在法治的框架下，用公开政府工作目的、工作内容、工作程序和工作方法的方式给公民、社会组织和社会提供公正、优质、廉价、高效、方便的公共产品和服务，达到为民兴利、促进社会稳定发展”①。

（三）在政学两界的扩散

就扩散效果看，此派的观点契合了当时中国从计划经济向市场经济转型，人们迫切希望政府能迅速地从控制、干预、指导经济的角色，转为支持和方便生产性经济活动、提供足够的基础设施和社会管理资本、创造和维护一个竞争性的商业氛围、确保市场准入和公平性、保护劳工和消费者的利益，以及为公民提供卫生保健、安全和保险的角色的现实背景；也契合了理论界希望实现政治民主和经济自由的主流诉求。据中国知网学术文献网络出版库统计，刘熙瑞教授的论文《服务型政府——经济全球化背景下的中国政府改革的目标》被学术界转引 3000 多篇次，是关于服务型政府研究的论文中被引频次最高的，他这篇文章中关于服务型政府的定义被诸多学者直接采用或略加改动而予以运用。此派观点之所以得到理论界的热烈响应，主要是因为市场经济初建之时，自然的逻辑就是应当学习和借鉴市场经济成熟的西方工业社会治理模式中的“法治政府”“责任政府”“有限政府”“民主政府”等理论。

在中国加入 WTO 前后，几乎所有的省级政府和较大的市级政府都邀请参加 WTO 谈判的专家和研究 WTO 的专家给自己的政府官员和企业家作应对加入 WTO 的报告。这些思想和观点也深深地影响到地方政府的领导人。在经济发展的地方竞争和政绩竞争的推动下，各级领导进行政府管理的创新以迎接 WTO 时代的到来。地方政府也在创造条件以吸引投资和鼓励企业参与国际贸易活动。这个时期，地方政府虽然出台的实际措施还不多，更没有明确提出建设服务型政府的目标，但是可以肯定的是，政府在

---

① 吴玉宗：《服务型政府建设研究》，北京：经济日报出版社，2007 年，第 8 页。

WTO 时代要为本地经济发展服务的思想已经萌生。焦作市在 2000 年就提出了构建三级服务体系的措施。在学术知识的启发下，以及地方政府间激烈竞争的压力下，各级地方政府已经开始一点点探索如何建设服务型政府的实践知识了。

此派观点在学术界的讨论是热烈的，扩散效果也很明显，但向政治话语扩散的效果不佳。停留在学术界和地方政府层面的服务型政府知识探索没能获得很高的知识势能。从知识扩散的角度来说，由于知识势能比较低，在当时，这些知识求取并没有得到广泛的扩散。虽然这一派观点契合了中国由计划经济向市场经济转轨的时代背景，但其与基于社会治理转型下的服务型政府观一样，都强调服务型政府建设是一个从理念到制度的全面的、深刻的、系统的变革，而系统性变革往往牵涉诸如既有利益格局突破困难、旧制度惯性作用等“解冻”难题，因此，扩散难度较大。

三、公共需求变化与公共服务型政府

在关于服务型政府的重重叠叠的言说中，还有一派既不致力于研究面向后工业社会的服务型政府知识建构，也没有把服务型政府的知识生产起点锚定于经济全球化背景，而是认为应该把服务型政府作为对改革开放以后，特别是 20 世纪 90 年代中后期以来所形成的“发展型政府”或“经济建设型政府”的反思与超越，基于政府职能结构的视角，将服务型政府或公共服务型政府界定为履行公共服务职能或以履行公共服务职能为主的政府，这一派以迟福林教授和朱光磊教授为代表。

（一）社会矛盾的变化与危机事件拷问政府职能

这一派对我国经济水平的判断是我国经济发展水平还比较低，而且发展严重不平衡，存在着东西部差距、城乡差距等。我国仍是一个发展中大国，发展经济仍是政府的首要任务。在发展经济的过程中，我国既面临着资源与环境约束的突出矛盾，又面临着公共需求全面快速增长与公共服务不到位、公共产品严重短缺的突出矛盾，后一个突出矛盾主要表现在就业、公共医疗、义务教育、社会保障、公共安全等方面①。如 2003 年年年初暴发的“非典”危机事件，直接拷问了我国政府职能，即政府应该干什

---

① 迟福林：《我国社会矛盾的变化与政府转型》，《人民论坛》2006 年第 2 期。

么。“非典”的暴发与应对表明了我国公共服务职能的缺位，公共卫生服务等公共产品的提供是政府服务的盲区。从抗击“非典”当中，我们得出一条重要的经验就是经济与社会必须协调发展①。

朱光磊教授认为，政府“统治”职能、“管理”职能和“服务”职能之间并不矛盾，现代政府的管理本身就意味着一种服务，“服务”之中有“管理”。其明确地从政府具体职能结构角度来界定服务型政府②，强调在建设服务型政府的过程中，不同于西方的“小政府、大社会”理论或福利国家模式，而是认为中国政府职责模式应该选择“强政府、大社会”③。建设公共服务型政府，要求政府在经济发展的基础上，更加注重社会建设，着力保障和改善民生，推进社会体制改革，扩大公共服务，完善社会管理，促进社会公平正义。当前，以改善民生为重点的社会建设包括优先发展教育、实施扩大就业的发展战略、深化收入分配制度改革、加快建立覆盖城乡居民的社会保障体系、建立基本医疗卫生制度以及完善社会管理等任务。全面落实这些任务，必须构建社会政策体系，开启中国的社会政策时代④。

（二）策略性知识获得较高知识势能

2003 年 6 月，中国（海南）改革发展研究院向社会和中央提出了“从经济建设型政府转向公共服务型政府”的建议，该院又先后在北京、海口召开了座谈会和国际研讨会，在此基础上提出了《加快建设公共服务型政府的若干建议（24 条）》。迟福林撰文总结了政府要提供三种基本性质的公共服务：一是为企业、社会提供的经济性公共服务；二是着眼于最突出的社会矛盾，提供最紧迫的社会性公共产品和公共服务；三是制度性的公共服务，比如建立健全现代产权制度、加快农村土地制度改革、建设一个良好有效的金融制度、建设有利于公平竞争的法律制度环境等⑤。由

① 中国（海南）改革发展研究院：《建设公共服务型政府》，北京：中国经济出版社，2004 年，第 12 页。

② 朱光磊、孙涛：《“规制—服务型”地方政府：定位、内涵与建设》，《中国人民大学学报》2005 年第 1 期。

③ 朱光磊、于丹：《建设服务型政府是转变政府职能的新阶段——对中国政府转变职能过程的回顾与展望》，《政治学研究》2008 年第 6 期。

④ 郁建兴、石德金：《超越发展型国家与中国的国家转型》，《学术月刊》2008 年第 4 期。

⑤ 迟福林：《全面理解“公共服务型政府”的基本涵义》，《人民论坛》2006 年第 3 期。

于其有关公共服务型政府的主要观点是以为政界工作提供政策建议的方式阐发的，因此这些观点向中国最高决策层的扩散明显，获得了较高的知识势能，引起中国政治决策层和社会大众的广泛关注，在学术界也产生了较强的知识影响力。许多专家学者纷纷发表文章，呼吁建设服务型政府。这一派的服务型政府观与基于政府价值理念的服务型政府知识建构的不同之处，在于其对新时期我国政府职能结构及其具体内容进行了更加具体明确的分析和阐述，既有陈述性知识的特征，也有策略性知识的性质，具有实践可操作性，尤其是契合了政界对于政府职能在于“经济调节、市场监管、社会管理和公共服务”的界定，着力点放在了政府“做什么”上，是一种温和的、不触及根本性政治问题的、渐进的政府改革方案。这一派的服务型政府观在政府决策和行政实践层面产生了比较广泛的话语影响。

事实上，20 世纪初，尤其是在 2003 年“非典”疫情之后，政府在继续加强经济调节和市场监管的同时，更加重视社会管理和公共服务，尤其是在关注和保障民生方面做了大量的工作。当然，这一派的观点也受到质疑，质疑着认为其只强调政府职能重点的调整，避而不谈政府与公民的基本关系的明确，而明确这种关系才是决定政府服务的根本。现在，仅仅将政府职能重点由经济建设领域转为公共服务领域，也不一定能保证公民得到他们所满意的服务。只讨论“做什么”而不明确政府对公民的服务关系，不能从根本上解决问题①，最终的结果只能是“头痛医头、脚痛医脚”，虽暂时缓解了症状，但未从根本上解决病灶，失之于不能系统、全面、彻底地解决问题。

胡塞尔呼吁“回到事情本身”。但是对于“事情本身”因为人们观察的角度不同，得到的认知也不同。每个科学研究领域都对其研究的复杂现实进行了一些简单化的假设，并形成研究范式来指导该领域的研究。但科学家们往往意识不到这些自己所遵循的假设的存在，即便这些假设对现实的影响很大，如研究什么、忽视什么、用何种方法等。所以一旦一位科学家采用了某种范式，就不可避免地产生一些研究的盲点②。坚持不同的地

① 刘熙瑞、井敏：《服务型政府三种观点的澄清》，《人民论坛》2006 年第 3 期。

② ［美］E. M. 罗杰斯：《创新的扩散》，唐兴通、郑常青、张延臣译，北京：电子工业出版社，2016 年，第 108 页。

方性叙事的个人与群体之间会产生冲突，对于服务型政府研究的话语冲突也不例外。也许正像一位观察者说的那样，创新就像一把牙刷，任何人都不喜欢借用别人的。至少，他们都希望在原创新上按照自己的想法再加以装饰一番，以使其有别于其他人接受的创新①。

大多数时间，这些冲突可以用某种程度的礼貌来处理。如果他们彼此倾听但各执己见，只要他们理解各自观点背后的立场和理由而无须实际赞同它们，就仍然达成了实践的话语。不同的服务型政府话语论争也便服务型政府在重重叠叠的言说中慢慢走向知识集中。上述三派服务型政府观虽然在概念名称及内涵上有差异，但有一点是一致的，那就是他们都认识到了当代中国经济社会正在经历大转型，这种转型必然要求政府做出变革去适应继而领导政治、社会、经济领域的变革与转型。改革是我国政府的必然选择。

第二节　服务型政府的主要共识

“由某种话语实践按其规则构成的并为某门科学的建立所必不可少的成分整体，尽管它们并不是必然会产生科学，我们可以称之为知识。知识是在详述的话语实践中可以谈论的东西。”② 在关于服务型政府的重重叠叠的言说中，对服务型政府的认知虽然存在着诸多差异，但突出特征是对管制型政府的知识批判和对理想的服务型政府模式的知识猜想，在话语论争中，不仅推动了服务型政府的知识增长，也推动了服务型政府的知识综合，并慢慢走向知识集中，达成了一些基本学术共识。

一、服务型政府是当代中国政府改革的目标模式

在对服务型政府的话语论争，以及由话语论争带来的知识扩散中，慢慢达成的一个基本且最重要的学术共识，是服务型政府是中国政府改革的目标模式，我们的所有政府改革都将朝着建设服务型政府而努力。这种共

---

① ［美］E. M. 罗杰斯：《创新的扩散》，唐兴通、郑常青、张延臣译，北京：电子工业出版社，2016 年，第 194 页。

② ［法］米歇尔·福柯：《知识考古学》，谢强、马月译，北京：生活·读书·新知三联书店，1998 年，第 203 页。

识的达成扎根于中国政治经济发展的历史脉络和社会深刻变迁的情境中。"我国正在经历一个深层次的转变，这种转变的核心是一种基本社会典范的变革。因此，我国的政府再造，必须适应这一社会典范的变革，确立新的治理典范和方式。""服务型政府，概括起来，即将政府由原来的控制者，改变为兴利者和服务者。"①

服务型政府从知识创新的角度理解属于"模创新"，即政府模式的创新。知识可分为知道是什么、为什么、怎么做和谁知道四类。在服务型政府改革的目标确立以后，服务型政府建设围绕着服务型政府是什么、怎么建设、谁建设等新一轮的知识积累与多级扩散进行。这些积累与扩散既涉及服务型政府建设的技术性知识，也涉及服务型政府建设的制度性知识。

对服务型政府的认知是对传统行政管理范式的革命性突破的认知。建设服务型政府是政府改革的基础性工程，是从管制型政府到服务型政府的深刻转型，它不是一般意义上的政府改革，严格意义上说，它是一场政府自身的深刻革命。它不仅是政府职能的深刻转变，也是政府结构、政府权力的革命性重组，更是政府理念的彻底更新，还是政府工作人员思想和行为的全新重塑。所以，建设服务型政府是意义重大、影响深远的事业，也是长久、艰巨和困难的过程。"中国不仅变成了一个产品国家，而且也是一个以服务为导向的国家。"②

对社会服务快速增长的需求，以及民众对高质量生活的希冀，已经不是管制型政府修修补补式的边际改革所能应对的。中国各个层次的政府需要采用新的思维框架来应对这些复杂的夹杂着政治、经济、社会等因素的新老问题。之前典型的管理改革措施对于新出现的困境既缺乏回应性，又无前瞻性。因此，中国学术界把目光聚焦在建设服务型政府这一政府创新上。建设服务型政府，既是改革行政管理体制、破除与社会主义市场经济不适应的陈规陋制的结果，又是创新行政管理体制、建立与发展社会主义民主、构建与社会主义和谐社会相适应的新体制机制的过程；既要坚持以转变政府职能、全面履行政府职能为主要内容，又要革新观念、健全行政

① 张成福：《面向21世纪的中国政府再造基本战略的选择》，《教学与研究》1999年第7期。

② [美] 全钟燮：《公共行政的社会建构：解释和批判》，孙柏英、张钢、黎洁，等译，北京：北京大学出版社，2008年，"序言"第1页。

法制体系、优化组织结构和运行方式；既要加大政府公共服务的力度，向社会提供更多的公共产品，又要实现公共管理方式创新，加强公务员队伍建设、思想建设和作风建设①。

二、服务型政府的核心价值：服务

政治共识通过价值识别体现，而不是通过一种理性的设计途径②。在农业社会统治型政府模式中，最为核心的价值是秩序，即借助统治权力维护等级秩序，在中国则表现为用纲常伦理进行包装，安排统治者与被统治者，以及不同身份的人之间的等级关系。工业社会管理型政府模式中，效率和公平是其核心价值，虽然在不同时期对于公平与效率孰先孰后有所争论，但二者依然是优于秩序、服务等价值而处于核心地位的。学者们所设想的服务型政府模式，虽然也会顾及秩序、公平、效率等价值，但主次关系被颠倒过来，把服务价值提到前所未有的高度，服务是被优先考虑的第一位阶的价值，居于核心地位。

服务之所以能在服务型政府所遵循的价值序列中被放到前所未有的高度，把建设服务型政府设定为当代中国政府改革的目标之所以能在学术界和政界取得高度共识，深层次的原因在于中国政府所秉承的基本政治理念。探讨中国政府所秉承的基本政治理念，必须回到中国场景中，回溯到中国政府自身的历史传统，以及中国共产党的政治结构中。“由于党对政府的领导，中国政府的形态和行动逻辑深受党的影响……‘服务型政府’实际上有着自身的渊源和发生逻辑。它原本就是一个脱胎于共产党意识形态的政府角色定位。”③ 中国共产党的核心意识形态为“为人民服务”。

（一）“为人民服务”是马克思主义政党的内在要求

马克思在批判黑格尔哲学的过程中逐步确立了唯物史观，并以严格的事实为依据，通过着眼于资本主义社会现实并批判继承人类以往优秀文明

---

① 高小平、王立平：《服务型政府导论》，北京：人民出版社，2009 年，“绪论”第 8-9 页。

② ［美］全钟燮：《公共行政的社会建构：解释和批判》，孙柏英、张钢、黎洁，等译，北京：北京大学出版社，2008 年，第 72 页。

③ 朱正威、吴佳：《从实践语汇到学术概念：中国公共管理研究的问题意识与自主性》，《中国行政管理》2020 年第 1 期。

成果，超越政治解放地提出了科学的、完整的关于人类解放的思想。马克思通过对大量社会现实问题的分析，认识到政治矛盾归根到底是经济矛盾所导致的，人们在经济生活中的地位和态度决定了人们在政治生活中的地位和态度，国家则是“属于统治阶级的各个个人借以实现其共同利益的形式”，“现代国家是与这种现代私有制相适应的”，本质上是“资产者为了在国内外相互保障自己的财产和利益所必然要采取的一种组织形式”①。马克思和恩格斯在《共产党宣言》中提出：“过去的一切运动都是少数人的或者为少数人谋利益的运动。无产阶级的运动是绝大多数人的、为绝大多数人谋利益的独立的运动。”② 后来恩格斯在《资本论》第一卷书评中说，工人大众要求利用资本主义生产创造出的财富和生产力来为全社会服务，以代替现在为一个垄断者阶级服务的现状③。列宁将马克思主义的思想付诸革命实践，并且将马克思“为大多数人”的思想发展成为“为人民服务”的思想。列宁在进行党员教育的过程中，多次强调人民群众的拥护是革命胜利的关键。1905 年列宁指出：“我们党的一切组织和团体每天经常进行的全部工作，即宣传、鼓动和组织工作，都是为了加强和扩大同群众的联系。这种工作任何时候都是必要的，但是在革命时期会显得更加必要”④。同年列宁在谈到无产阶级文艺为谁服务时，在《党的组织和党的出版物》中指出：“它不是为饱食终日的贵妇人服务，不是为百无聊赖、胖得发愁的‘一万个上层分子’服务，而是为千千万万劳动人民，为这些国家的精华、国家的力量、国家的未来服务”⑤，“工农政权办事首先考虑广大人民群众的利益”⑥。

---

① 中共中央马克思恩格斯列宁斯大林著作编译局：《马克思恩格斯选集》第 3 卷，北京：人民出版社，1995 年，第 70 页。

② 中共中央马克思恩格斯列宁斯大林著作编译局：《马克思恩格斯选集》第 1 卷，北京：人民出版社，1995 年，第 283 页。

③ 中共中央马克思恩格斯列宁斯大林著作编译局：《马克思恩格斯文集》第 3 卷，北京：人民出版社，2009 年，第 87 页。

④ 中共中央马克思恩格斯列宁斯大林著作编译局：《列宁选集》第 1 卷，北京：人民出版社，2012 年，第 528 页。

⑤ 中共中央马克思恩格斯列宁斯大林著作编译局：《列宁全集》第 13 卷，北京：人民出版社，1987 年，第 97 页。

⑥ 中共中央马克思恩格斯列宁斯大林著作编译局：《列宁全集》第 42 卷，北京：人民出版社，1987 年，第 176 页。

（二）“为人民服务”是中国共产党立党立国的基本原则

中国共产党是以马克思主义为理论武装的政党。马克思主义政党中所蕴含的“为人民服务”的政治理念被中国共产党予以确立是经历了一个历史过程的。1939年2月20日，毛泽东在给张闻天的信中谈到儒家旧道德之勇时，指出那种“勇”只是“勇于压迫人民，勇于守卫封建制度，而不勇于为人民服务”①，在党内最早明确提出“为人民服务”这一命题。1944年9月8日下午毛泽东在张思德的追悼会上指出：“我们这个队伍完全是为着解放人民的，是彻底地为人民的利益工作的。张思德同志就是我们这个队伍中的一个同志。”② 同年10月，毛泽东在接见新闻工作者时形象指出，“三心二意不行，半心半意也不行，一定要全心全意为人民服务”，将“为人民服务”发展为“全心全意为人民服务”。随后，1945年毛泽东在中共七大开幕词中明确告诫全党，“我们应该谦虚，谨慎，戒骄，戒躁，全心全意地为中国人民服务”，并且在《论联合政府》中明确提出，“我们共产党人区别于其他任何政党的又一个显著的标志，就是和最广大的人民群众取得最密切的联系”，因此要“紧紧地和中国人民站在一起，全心全意地为中国人民服务”。于是，“全心全意为人民服务”在中共七大第一次被写入党章并成为对党的各级组织和全体党员的根本政治要求。

新中国成立，中国共产党实现了由革命性政党向执政党的转化。与此相适应，“全心全意为人民服务”的思想不仅限于对中国共产党各级党组织和党员的要求，而是扩大到对整个国家机关及其工作人员的内在要求。1957年，毛泽东在《关于正确处理人民内部矛盾的问题》一文中指出，国家机关必须依靠人民群众，国家机关工作人员必须为人民服务。同年毛泽东在《一九五七年夏季的形势》进一步指出：“党群关系好比鱼水关系。如果党群关系搞不好，社会主义制度就不可能建成；社会主义制度建成了，也不可能巩固。”③ 因此，新中国成立后的每一部宪法中都会有关于“为人民服务”的论述。例如，1982年宪法第27条就明确规定：“一

---

① 中共中央文献研究室：《毛泽东书信选集》，北京：中国人民解放军出版社，1989年，第123页。

② 毛泽东：《毛泽东选集》第3卷，北京：人民出版社，1991年，第1004页。

③ 毛泽东：《毛泽东选集》第2卷，北京：人民出版社，1991年，第480页。

切国家机关和国家工作人员必须依靠人民的支持，经常保持同人民的密切联系，倾听人民的意见和建议，接受人民的监督，努力为人民服务。”①于是，新中国成立以后中国共产党的各级组织及各级国家机关无不以“为人民服务”为宗旨，以此宣誓立党立国的基本原则。

对毛泽东“为人民服务”思想的继承和发展，一直以来都是中国共产党的领导人以及全党始终坚守和追求的目标。邓小平带领全党将党和国家的重心放在了经济建设上，实施改革开放，不断满足人民日益增长的物质文化需求，将“为人民服务”的思想落到实处。江泽民的“为人民服务”思想体现在“三个代表”的重要思想中，其中“代表最广大人民群众的根本利益”是对“为人民服务”思想的进一步延伸。胡锦涛在社会主义荣辱观中明确提出“以服务人民为荣、以背离人民为耻”，宣示了全心全意为人民服务的宗旨；在党的十七大报告中明确指出“要坚持群众路线，真诚倾听群众呼声，真实反映群众愿望，真情关心群众疾苦，多为群众办好事、办实事，做到权为民所用、情为民所系、利为民所谋”②，突出了人民利益的至上性。

（三）“为人民服务”在“以人民为中心”的思想中得到继承和发展

党的十八大以后逐步提出“以人民为中心”的思想。“以人民为中心”思想是对新时代的回应，是对“为人民服务”思想的继承和发展。其所内含的政治意蕴为：主体是人民，人民是权力的主人，党员干部所拥有的权力是人民所赋予的，党员干部及各级党组织要时刻接受人民的监督，用人民所授予的权力全心全意为人民服务。2013 年，习近平在山东视察时曾引用一句古话：“穿百姓之衣、吃百姓之饭，莫以百姓可欺，自己也是百姓。”这深刻揭示了官员与百姓之间的内在关系，即官员本身也是百姓，要求在工作中避免“官老爷”作风，始终恪守执政为民的公仆精神。因此，“以人民为中心”是执政党对应该“怎样服务”这一问题做出的回应。“以人民为中心”的思想对“服务”理念在实践中造成的行为偏

---

① 《中华人民共和国宪法（1982 年）》，http://www.npc.gov.cn/wxzl/wxzl/2000-12/06/content_4421.htm，访问日期：2021 年 8 月 28 日。

② 胡锦涛：《高举中国特色社会主义伟大旗帜　为夺取全面建设小康社会新胜利而奋斗——在中国共产党第十七次全国代表大会上的报告（2007 年 10 月 15 日）》，北京：人民出版社，2007 年，第 33 页。

差进行了回归和重塑，强调中国特色社会主义发展道路永远不能忽视人民群众的力量和人民当家作主的主人翁地位。人民的事情由人民商量决定，在人民需要的领域，党和政府要积极补位，广泛调动人民群众参与政治生活。回应人民对服务的需求，在提高服务质量的同时，留出适当空间允许人民群众服务自身，不论是政策制定，还是社会治理等其他领域，都应允许并且调动人民参与其中。党的十八大以来，习近平提出“以人民为中心”的发展思想，这一思想是对党的初心的确认，要求各级党组织与党员干部坚持人民的主体地位，当好“人民公仆”，更好地为人民服务。

基于上述分析，作为中国共产党的唯一宗旨，“全心全意为人民服务”所内含的政治意蕴即为：主体是党和政府，是党和政府行使权力，运用权力，全心全意为人民服务，而人民作为客体、接受者，享受这一服务。必须认识到，虽然“服务”能赢得群众的支持和拥护，但是“服务”是目的而非手段。如果“服务”演化为一种获得政治支持与政治领导权的交易，那么人民在享受服务中便没有任何主动性可言，人民所享受的服务只是附属品，人民的利益也可能随时成为政治的牺牲品。“服务”不应该是单向的授予—接受关系，而应该是双向互动交流模式，即需要什么样的“服务”、“服务”质量如何都应该由人民群众说了算，而不是由党和政府根据主观臆断来提供大包大揽的服务。

由此可见，“以人民为中心”是“为人民服务”思想的升华，突出强调了主客体关系的转化。党之于人民的“工具”性，具体体现为党的“公仆”性质，即在党和人民的关系上，人民是主人，共产党是勤务员，从而真正实现中国共产党的领导由“官本位”向“民本位”的实质性转变。党和政府在全心全意为人民服务的过程中，要把握好自己的角色定位，做好“人民的公仆”，同时要相信人民，“为人民服务”不是“为人民做主”。这就要求“为人民服务”不能一味强调“服务”的供给，不能流于形式上的为民办事，而是要更加注重人民作为服务接受者的内心体验感，即以人民的“需要”为转移，以人民的“意志”为转移，使得“为人民服务”在实践中呈现为一个双向的互动过程。与人民是国家的主人这一身份相呼应，尽管党的地位变化了，但党的干部是人民的公仆永远不能变。

（四）服务型政府源于“为人民服务”的“服务”价值观

服务型政府理论是中国政治学者与行政学者做出的开创性学术探索，

是与中国共产党的立党宗旨和执政理念密切联系在一起的，既是一种中国特色的政府理论，也是立足于人类治理文明发展趋势做出的历史性判断。这种政府构建思路显然与西方“契约论”的政府建设思路有很大的不同①，它解构了西方政府理论中“政治—行政二分”的价值观，将政治价值融于行政价值之中。服务型政府的政治理念主要源于马克思主义的政党学说，“历史地看，服务型政府的思想是中国老一辈无产阶级革命家结合中国国情而不断发展形成的，为人民服务是中国共产党和中国政府的根本宗旨，从根本上说，服务型政府的思想源自为人民服务的思想”②。尽管建设服务型政府是在20世纪与21世纪交替之际提出的，然而服务型政府理应是共产党领导下的政府的基本理念和施政原则。党的十八大以来，建设服务型政府不仅没有被弱化，反而不断被强化。党的十八大报告指出，“要按照建设中国特色社会主义行政体制目标，深入推进政企分开、政资分开、政事分开、政社分开，建设职能科学、结构优化、廉洁高效、人民满意的服务型政府”③。党的十九大报告也指出，“转变政府职能，深化简政放权，创新监管方式，增强政府公信力和执行力，建设人民满意的服务型政府”④。由此可见，党自十八大以来对于建设服务型政府不仅意志坚定，而且方向明确。展望未来，正如金耀基先生所言：“我相信，再过百年后，回头看20世纪的中国，将是一个西方制度‘中国化’的世纪，也是中国制度‘现代化’的世纪。”⑤ 中国的服务型政府理论，将是吸纳西方政府理论又超越西方政府理论的可变革和可持续发展的理论。

在这里，法律与道德，“依法行服务之政”与“以德行服务之政”将实现辩证的统一，主体与客体不再二分对立，而是互为主体，因此不会再

---

① 乔姗姗：《论践行群众路线与建设服务型政府的内在逻辑——基于中国的政治话语体系》，《理论月刊》2015年第2期。

② 乔姗姗：《论践行群众路线与建设服务型政府的内在逻辑——基于中国的政治话语体系》，《理论月刊》2015年第2期。

③ 胡锦涛：《坚定不移沿着中国特色社会主义道路前进　为全面建成小康社会而奋斗——在中国共产党第十八次全国代表大会上的报告（2012年11月8日）》，北京：人民出版社，2012年，第23页。

④ 习近平：《决胜全面建成小康社会　夺取新时代中国特色社会主义伟大胜利——在中国共产党第十九次全国代表大会上的报告（2017年10月18日）》，北京：人民出版社，2017年，第39页。

⑤ 金耀基：《中国文明的现代转型》，广州：广东人民出版社，2016年，第76页。

有相对客体而言的以主体为中心的社会治理，行政人员以他们的行动来诠释服务型政府，从而使服务型政府不再是抽象的概念，而是与具体的行动者相伴的、由人来诠释并施惠于人的、让人民满意的服务型政府①。以“服务型政府”叙事为样本，中国治理话语与西方国家治理话语截然不同②。由此可见，“服务型政府”这个概念的提出是中国学者的贡献，是与中国政府的行政改革联系在一起的，是对改革道路及其目标的战略性思考。与其说政府维护了管理，不如说政府实现了其应该实现的价值，尤其是“服务”的核心价值，具有中国本土特色。

① 田小龙：《在中国行政改革价值演变中认识服务型政府建设》，《安徽大学学报（哲学社会科学版）》2017 年第 2 期。

② 程倩：《从宗旨到行动：服务型政府叙事的话语分析》，《浙江学刊》2020 年第 4 期。

第四章

“干中学”：服务型政府建设实践与革新

第一节　早期服务型政府建设实践

任何一种知识均可以通过“干中学”来实现扩散。人类知识（无论与实践结果相关还是与理论活动相关）与环境的“实践需要”联系在一起。卡尔·曼海姆（Karl Mannheim）强调社会知识——所有人类社会科学中的知识——的建构都是由具体历史情境决定的（1940）。约翰·杜威（John Dewey）也认为，知识不是建立在某些前置实在的基础上，相反，它来自人类活动。知识和行动之间有着一种自然的联系①。在中国学术界通过学术话语对管理型政府进行反思、进行知识批判并对服务型政府进行知识猜想的同时，地方政府和中央政府则通过经验方式，以实际行动探索服务型政府的现实建设，以“干中学”的方式推动着服务型政府实践知识的扩散。

对中国各级政府的服务型政府建设实践进行考察，可以发现服务型政府建设肇始于地方政府的积极探索，并由于在建设后期获得了中国决策高层的政治话语确认而获得了持续扩散的合法性动力，进而被广泛推广。服务型政府建设实践总是受到政治话语的引领，表现在关于服务型政府的建设问题，既有全局性文件的专论，又有专项文件的聚焦；既有党的文件的宏观指示，又有各级政府文件的具体实施意见。

一、服务型政府建设的酝酿阶段

在最初的酝酿阶段，服务型政府的概念并未正式提出，但相关议题的探讨，以及具有服务型政府建设性质的实践已相继出现。改革开放后，中国政府改革持续向前推进，每一个阶段依据不同的经济社会背景，改革的侧重点、深度、广度各不相同。服务型政府建设的酝酿阶段最重要的特征就是“破旧”与“立新”。破旧主要是因为，与其他领域情况类似，新中国成立后，中国的行政管理体制模式也高度借鉴了苏联。这种集中的、以计划指令和行政审批为主的行政管理体制模式以其特有的官僚科层制的效

① ［美］全钟燮：《公共行政的社会建构：解释和批判》，孙柏英、张钢、黎洁，等译，北京：北京大学出版社，2008年，第108页。

率与秩序维护功能确实对中国国民经济的恢复和重建起到了积极的作用。对于新生的新中国政权来说，维护社会秩序和国家经济安全是最重要的。

随着时间的推移，社会主义建设的发展，以及中国经济、社会情境的变迁，按照计划经济要求设计的源于苏联的行政管理体制越来越表现出其僵化性和滞后性的一面，给社会、经济的发展也带来了负面影响。具体而言，政府权力边界不清，以至于管理内容庞杂，且多以微观管理为主；管理范围宽泛，政治、经济、社会、文化事务无所不包；管理方式简单，多是行政命令和行政审批。一方面政府机构越来越庞大臃肿，另一方面企业、社会深感受限太多，处处掣肘。于是，对政府该管什么、如何管，即政府的职能的重新认知、重新定位被提上了议事日程。在政府实践中渐渐达成的一种共识是政府要合理划定与市场、社会的权力边界，政府应该管理的领域在于市场、社会需要，对于公共事务，除了管理外，还应有服务的内容。

由此，在政府改革的展开阶段（1978—1988），改革的内容以权力的下放为重点，主要体现在扩大国有企业的自主权、农业的放权让利，以及实行中央与省、自治区两级财政新体制等领域①；面临的主要问题是如何在从计划经济向市场经济转型过程中建立起一种适应市场经济的政府。随着经济体制改革的展开，中国很多地方政府为了更好地为外商投资服务、为企业和社会服务，在实践中提出了加强服务的要求，建立了“外商投资服务中心”“政府办事大厅”等“一站式”服务机构，这可以说是最早的服务型政府建设实践了。

北京市外商投资企业服务中心成立于1988年，是经北京市人民政府批准成立的，为境内外投资提供全方位专业服务的机构。上海市外商投资服务中心，是上海市人民政府为改善上海市的投资环境、方便境外投资人、促进对外开放、促进浦东开发于1991年10月组建的综合性服务机构，直接接受上海市外国投资工作委员会的领导。福建省外商投资服务中心也成立于1991年，是福建省人民政府为改善投资环境、促进外商去福建投资而设立的省级投资促进、投资服务专业机构。武汉外商投资服务中心经武汉市人民政府批准，于1992年8月成立，隶属武汉市对外经济贸易委员会，为事业单位，其主要职能是为中外投资者提供各类综合性服

① 高小平、王立平：《服务型政府导论》，人民出版社，2009年，第16页。

务，包括投资咨询、项目代理、组织展销、开办培训班等。

考察这些早期的外商投资服务中心会发现，它们一般都具有丰富的社会资源和服务经验，汇聚了专业化的服务团队，通过向企业提供人事档案管理、人员招聘、人才引进、人才培训、外籍人士来华就业和居留服务，以及外资企业党/团组织建设、企业工会等多方面的专业服务满足了企业在人力资源外包服务、人才派遣、企业注册设立等各个方面的服务需求，为各地方的外商投资企业、内资企业和投资者提供专业、细致、周到、全程的服务。这些外商投资服务中心都是地方政府批准设立的，属于政府部门，行政级别比较高，服务中心人员身份，多为政府公务员。不同于其他经济管理部门，外商投资服务中心的核心理念是为经济、为企业提供服务，而非管理。与此同时，地方政府的实践经验也在向学术界扩散，行政管理学界开始对这些实践知识进行理论概化，有学者提出了"服务行政"的概念，并由此展开进一步的理论思考和研究。

从科学哲学的角度来看，伊姆雷·拉卡托斯（Imre Lakatos）在《科学研究纲领方法论》的导言中写到："许多哲学家试图按照下面的说法来解决分界问题：如果足够多的人足够强烈地相信一个陈述，那么，这个陈述就构成了知识。"① 服务型政府的知识扩散就是从学术界到政界到民众，越来越多的人"强烈地相信"政府的主要职责在于服务而非管理，服务居于主导地位，管理居于从属地位，管理也是为了更好地服务。服务型政府的建设事实上是服务理念一步步扩散、一步步取得政府核心理念地位的过程。服务型政府知识扩散过程也是服务价值的创造过程。服务型知识扩散过程是服务型政府理论知识与实践知识相互扩散、相互影响、相互建构的结构化过程。

二、服务型政府建设的起步阶段

野中郁次郎（Ikujiro Nonaka）认为知识是一种被确认的信念，通过知识持有者和接收者的信息模式和约束来创造、组织和传递，在传递知识的同时也传递着一套文化系统②。也就是说，知识与其产生的背景密切相

① 李勇坚：《知识与增长》，博士学位论文，中国社会科学院研究生院，2003 年，第 15 页。

② Ikujiro Nonaka, "A Dynamic Theory of Organizational Knowledge Creation," *Organization Science*, Vol.5, No.1 (Feb., 1994): 14-37.

关。服务型政府的实践知识是对服务型政府建设经验事实的知识转化，包括对政府改革情景信息的判断、行政洞察力、价值观的转变和前期政府改革经验的积累与继承。服务型政府建设实践扎根于当代中国政府改革的历史脉络和社会情境中，而社会情境最大的变化莫过于“建立社会主义市场经济”。因此，从20世纪90年代中期到党的十六大，在中国建设服务型政府的起步阶段，服务型政府实践知识的生产与扩散更多的是程序性知识、策略性知识的生产与扩散，主要特点是通过政府改革使行政管理体制适应“建立社会主义市场经济”的发展要求。

贯穿于服务型政府建设的主线就是对政府职能的重新认知，即政府从“管制”向“服务”的转变。与服务型政府建设酝酿期在经济领域面向外商开展的单项的局部服务不同，为了适应“建立社会主义市场经济”的发展要求，政府机构的服务功能大大增强，由单项服务向全面服务转变，并且找到了行政审批制度改革这个突破口。尤其是2003年《中华人民共和国行政许可法》颁布实施，使得政府的改革创新有了高位阶的部门法的支持，各地政府纷纷开展管理创新和服务创新，服务型政府建设在各级政府的创新浪潮中被推向新的阶段。“行政审批服务中心”“综合行政服务中心”纷纷建立，政府服务意识不断增强，服务方式有所创新，服务领域得到扩大①。服务型政府在各级政府以政府工作报告为主的政治话语中得到进一步扩散。

（一）省、直辖市服务型政府建设实践开始得比较早

在省、直辖市这一级，上海市、重庆市、北京市等不仅比较早地提出建设服务型政府，而且旗帜鲜明地把建设服务型政府作为政府建设的目标。之后，各自依据对服务型政府的理解，选择不同的建设重点，从不同的领域切入建设服务型政府。

上海市于2001年提出建立服务型政府的目标，把建设服务型政府的努力方向定位在“高效、精干”，要求广大政府工作人员“树立管理就是服务的思想”。各区或通过加强效能监察工作，或通过网上办事等进一步提高政府办事效率，转变政府职能。也许与上海市的经济中心地位有关，上海市服务型政府建设的工作重心还是放在了为中外各类企业提供良好的

---

① 高小平、王立平：《服务型政府导论》，北京：人民出版社，2009年，“绪论”第5页。

政府服务和安全维度的社会经济环境上。上海市服务型政府建设的另外一个突出特点是将服务的重点放在亲民、便民的社区服务上，形成了独具特色的社区服务超市和社区“一门式”服务。

上海市把政府服务重点放在社区服务上，是与经济体制的转变密切相关的，源于单位服务的社会化和社区服务的兴起。1978 年以后，我国开始从计划经济体制转向社会主义市场经济体制。在体制转变过程中，在城市，单位的生产与生活功能开始分离，单位逐渐解体。企业成为独立自主、自负盈亏的经济实体，开始专注于生产与经营。单位服务对于集体成员的保护作用发生了结构性变化，在此背景下，我国的社区服务全面兴起。上海市在全国省和直辖市中经济属于佼佼者，因此，其服务型政府建设重点放在了为企业、为经济发展提供更好的服务上就不足为奇了。

2003 年 1 月，当选重庆市长的王鸿举在政府工作报告中提出建设服务型政府的目标。2003 年 8 月 28 日，重庆市政府出台了《重庆市人民政府关于建设服务型政府的工作意见》，提出服务型政府建设的指导思想、总体目标和“一年重点突破，三年基本到位，五年规范完善”的要求，大力开展启动社会信用体系建设等六个方面的工作。同年，重庆市政府还印发了《重庆市 2003 年建设服务型政府工作要点》，该文件分为工作目标、工作任务、工作进程和工作要求四个部分，明确了 2003 年重庆市服务型政府工作的目标。

北京市委、市政府把服务型政府建设作为自己的工作目标。北京市作为全国政治中心，在服务型政府的建设上更多地关注政府信息公开和廉洁政府的建设。在 2003 年十届全国人大一次会议上，时任北京市委书记刘淇表示，使人民生活更幸福是政府工作的唯一标准。为此，必须建设一个服务型政府，要把转变政府职能作为核心工作，坚决改革行政审批制度。同时，还要在信息公开、高效和廉洁等方面下功夫；要接受更广泛的监督，包括人大和政协监督、舆论监督和群众监督。服务型政府应是更加透明、公开的政府，要利用现代电子政务技术来提高效率①。

---

① 高小平、王立平：《服务型政府导论》，北京：人民出版社，2009 年，第 42-43 页。参见薛晖：《北京审议政府工作报告　刘淇称建设服务型政府》，《北京晨报》2003 年 3 月 6 日。

（二）省辖市推进服务型政府建设的实践探索

相较于省、直辖市的大体量，省辖市的体量较小，更易感知环境的变化，在政府服务方式上更具创新性，开展服务型政府建设的实践也更早。

早在2000年，为适应即将加入WTO的挑战，南京市主要领导就明确指示，要把加入WTO与政府规则调整作为全市当年的重点课题进行专题研究。2001年年初，南京市在政府工作报告中提出“转变政府职能，建设服务型政府”的目标。在此基础上，南京市政府在2002年度的政府工作报告中第一次正式提出打造服务型政府的目标，把“切实加强服务型政府建设，主动适应加入WTO新形势”作为全市四大重点工作的首要任务来抓。2003年2月14日，南京市政府颁布了《南京市政府关于推进服务型政府建设的实施意见》，提出了“一年构建框架，三年初步完成，五年形成规范”的总体安排，并确定了服务型政府建设的主要任务和具体措施；同年3月，市政府又下发了《南京市政府关于2003年服务型政府建设目标任务分解的意见》，成立了由市政府主要领导挂帅的服务型政府建设领导小组，制定了服务型政府建设规划；同年9月，《南京市国家行政机关及其公务员公共服务行为规范试行规定》和《南京市政府关于进一步改善南京投资环境的若干意见》相继出台，这两项规定对于改进政府机关工作作风、打造南京市良好的软环境、提高城市竞争力具有极大的促进作用①。

成都市则把服务型政府建设目标设定为建设“规范化服务型政府”，为此，成都市政府在2001年年底正式委托四川大学课题组为其设计总体方案。在调研的基础上，2002年8月成都市政府确定在市工商局、市公安局和市政公用局展开试点、探索经验；之后，成都市在试点的基础上又于10月出台了《关于全面推进规范化服务型政府建设工作的意见》及八个配套文件，至此，成都市政府全面铺开规范化服务型政府建设工作。根据四川新闻网2003年11月的报道，“成都是在全国范围内最早提出规范化服务型政府的城市”。另外，成都市还积极探索，把改进公共决策机制，建立公共决策的调查制度、公示制度、专家咨询论证制度和优化政府服务流程，引进全面品质管理的理念，以及通过制定系统化的政府服务标准来

① 高小平、王立平：《服务型政府导论》，北京：人民出版社，2009年，第28-29页。

提高服务品质作为改革的重点和切入点。用制度的形式把政府服务的内容予以明确，这对公共服务型政府理论建设具有积极意义①。与其他省市不同，成都市服务型政府建设方案的形成与实施一直贯穿着政府与学术界的积极互动，互相听取意见，存在较为明显的理论知识与实践知识的相互构建、彼此补充和积极扩散。

广州市把实践重点放在了推进依法行政建设服务型政府上。广州市在建立办事高效、运转协调、行为规范、公正透明的行政管理体制方面做了积极探索，进一步促进了依法行政。其主要措施有 6 个方面。一是深化政府机构改革和行政审批制度改革，合理配置行政权力。二是大力推进政务公开，打造阳光政府。2003 年 1 月，广州市实施《政府信息公开规定》，这是我国地方政府制定的第一部全面、系统规范政府信息公开行为的政府规章，明确了政府信息原则上都要公开。其他四个方面分别涉及扩大立法的公众参与度、提高行政机关工作人员依法行政的自觉性、规范行政机关及其公务员的行政行为、完善依法行政的财政保障机制等②。与这一时期建设服务型政府的其他省辖市一样，广州市服务型政府的建设实践更多地放在了为市场主体服务和创造良好的发展环境上。值得一提的是，广州市还在这一时期开始探索使城市管理实现法治化、规范化的综合管理新体制，这为广州市政府提供更好的城市服务奠定了规范化的基础。

大连市的服务型政府建设实践主要为：一方面是推动行政审批制度改革取得实质性成效，行政审批服务中心对外办公；另一方面则是大力进行机构改革，对政府工作部门、内设机构和行政编制等进行精简。2001 年 10 月，大连市政府制定了《大连市人民政府关于建设服务型政府的意见》（大政发〔2001〕69 号），以转变职能、加强服务和提高效率为主要目标，提出从十个方面推进让市民满意的服务型政府建设进程。

珠海市将“万人评政府”活动作为建设公共服务型政府的突破口，突出抓好窗口服务和现场服务。珠海市于 1999 年推出了“万人评政府”活动，把对政绩的评判权交回到老百姓手中③。自 1999 年开始，每年由测评

① 高小平、王立平：《服务型政府导论》，北京：人民出版社，2009 年，第 27 页。

② 高小平、王立平：《服务型政府导论》，北京：人民出版社，2009 年，第 30-31 页。参见陈锦德：《广州市推进依法行政　建设服务型政府》，《中国行政管理》2004 年第 11 期。

③ 高小平、王立平：《服务型政府导论》，北京：人民出版社，2009 年，第 42 页。

团向社会发放万份测评问卷。珠海市是在开展了为期3年的以“高效率办事、高质量服务、让人民群众满意”为内容的机关作风建设的基础上，提出全面建设公共服务型政府的。

相较于省、直辖市较为宏观、笼统的服务型政府建设目标和方案，省辖市这一级的服务型政府建设目标较为明确，措施也较为具体，往往结合当时本地政府改革情境设定服务型政府建设的主要努力方向，以及尝试各自的服务型政府建设突破口和着力点。服务型政府建设实践同样也扩散到了县市级政府，县市级服务型政府建设与省辖市的服务型政府建设大同小异。

（三）地区一级的地方政府服务型政府建设创新实践

服务型政府在各级政府的建设实践中，通过“干中学”的方式得到层层扩散。在各级地方政府建设服务型政府的实践中，县级服务型政府的建设格外重要。县级政府作为我国的基层治理单位，是中央政府与基层政府的交通点，县级政府虽然在单个体量上远远小于省、市级政府，但在总体数量上却极具规模。县级政府既不像省、市级政府那般距离公民生活较远，又不像乡镇政府那样仅具备有限的政府职能，它是具备完整政府职能的基层政府①。县级政府服务型政府建设的成与败、好与坏直接关系着万千百姓所获得的政府服务状况和生活福祉。

在县级政府建设服务型政府的实践中，与其他县级政府或复制省、市级政府建设服务型政府的路径，或直接执行省、市级政府对建设服务型政府的政策建议不同，浙江台州温岭以公民参与为突破口建设县级服务型政府的路径选择颇具特色②。温岭市是浙江省的一个县级市，隶属台州市，毗邻温州市，凭借民主恳谈荣获“中国地方政府创新奖”的优胜奖。温岭市主要是通过民主恳谈的方式促进县级服务型政府的建设的。温岭市的民主恳谈会雏形是温岭市于1999年开展的农业农村现代化教育。2004年，温岭市出台了《关于“民主恳谈”的若干规定》，该规定对民主恳谈会的遵循原则、议题范围、基本议程、参加人员、讨论事项的实施和监督等方

① 吴玉宗、古洪能、张鹏：《沿海经济发达地区县级服务型政府建设研究》，长春：吉林大学出版社，2014年，第93页。

② 吴玉宗、古洪能、张鹏：《沿海经济发达地区县级服务型政府建设研究》，长春：吉林大学出版社，2014年，第94页。

面做了详细的规范。2005 年之后，民主恳谈会发展到参与式预算改革，温岭市成功地将民主恳谈会制度与人大制度相对接①。公民参与民主恳谈，与政府进行协商，影响政府决策。温岭市在推进服务型政府建设的进程中实际上寻求的是一条政府公开→公民参与→公民主导→民主政府的路径②。

小　结

总体看来，这一阶段的服务型政府建设最突出的方面是解决政府管制过多、服务不足的问题。管制过多最主要体现在行政审批方面，行政审批过多、审批条件不公开、程序不透明、程序烦琐和效率低下是我国久治不愈的顽症。办个审批，跑几十个政府部门，盖几十个甚至上百个不同部门的章，花几个月、一年，甚至更长时间，很多公民或企业都有切身的感受。服务型政府建设目标的提出，要求政府要减少管制，转向更多地提供服务，审批制度改革是重要的方面，它与机构设置和职能转变紧密相连。各地探索建设服务型政府，把重点放在转变政府职能、扩大基层经济社会管理权限、促进经济社会全面协调发展上，取得了显著成效。有关资料显示，各省向县（市）下放经济社会管理权限 600～900 项，占省直部门行使的经济社会管理权限 60%左右。一些阻碍经济发展的行政审批事项被取消。同时，还下放、取消、暂停执行了一批和审批连带的收费项目，扭转了“下面干活、上面收费”的不合理状况。

此外，政府社会管理和公共服务职能的弱化或不足，也凸显出各级政府机构服务不足的问题。我国政府从本质上来说是为社会和公民服务的，但在如何达成服务的途径和方法的选择上，各级政府机构一直存在着以“管理代替服务，以‘替民做主’代替‘人民做主’”的问题。如果说新中国成立初期是一种临时性的选择，那么后来就变成了规则、管理或理所当然，这也是提出服务型政府转变职能和管理方式的主要动因③。政府职

① 吴玉宗、古洪能、张鹏：《沿海经济发达地区县级服务型政府建设研究》，长春：吉林大学出版社，2014 年，第 94-95 页。

② 吴玉宗、古洪能、张鹏：《沿海经济发达地区县级服务型政府建设研究》，长春：吉林大学出版社，2014 年，第 94 页。参见吴玉宗：《服务型政府建设研究》，北京：经济日报出版社，2007 年，第 158 页。

③ 吴玉宗、古洪能、张鹏：《沿海经济发达地区县级服务型政府建设研究》，长春：吉林大学出版社，2014 年，第 163 页。

能的收缩为政府机构的改革和重组提供了条件。在转变政府职能的基础上，各地政府都增加了一些有利于为百姓服务的便民办事机构，政府的服务功能开始突出出来。创新行政管理方式最有代表性的是各地纷纷建立起了集中办理行政审批事项的政务大厅或行政服务中心。据全国政务公开领导小组办公室统计，截至 2005 年年底，全国已建立各类行政服务中心 13919 个，其中综合行政服务中心 2035 个（国务院部委 1 个，省、自治区、直辖市 6 个，地市级 342 个，县级 1686 个），各类专业行政服务中心 11884 个。省、市、县三级政务大厅体系基本形成。

“政务超市”“行政服务中心”“一站式服务”“联合办公”“套餐式服务”及“统一窗口”服务等政府服务方式创新不断涌现。从最基层的街道（社区）的政务超市、行政服务中心到区县政务中心，再到市政府职能部门的政务大厅、市政府的网上政务大厅等层面的面对面和不见面的线下、线上网上政府服务框架体系得以搭建。各地政务中心的设立和开始运行，虽然还存在一些问题，但是在方便群众、提高为老百姓办事的效率方面的作用还是应该充分肯定的。特别是政务超市的建立，让老百姓不用在各个政府机构中间奔跑劳累，也减少了政府部门中间踢皮球的官僚主义作风。这样，政府职能开始向为公民提供服务转化了。

虽然对行政审批制度进行了改革，各级政府都建立了政府服务大厅、审批大厅等政府公开化机构，简化了审批项目和环节、程序，但行政审批上存在的问题依然不能忽视。更为重要的是，此阶段的服务型政府实践扩散还多停留在地方政府层面的局部建设实践上，这种通过“干中学”的服务型政府实践知识的扩散广度和深度都还不够。对于中国这样一个民主集中制的国家来说，地方政府建设服务型政府的路径创新若无来自党中央和中央政府的肯定与支持，若无中央对服务型政府建设的重要性宣示，无论是关于服务型政府的建设经验还是实践知识都难得到更深、更长久的推广。中国政府改革何去何从，服务型政府建设路向何方，最终取决于中央对于中国政府改革和服务型政府的认知。也就是说，服务型政府的知识扩散必须由学术界和地方政府层面向中央扩散，得到中央政治话语的首肯，才能获得高位阶的知识势能，进而在各级、各界知识场中得以继续扩散。

第二节　高知识势能下的服务型政府建设实践

张黎（2005）等引入物理学中势能、势差、能量转换的概念建立知识扩散场，从知识扩散场的角度出发探讨知识扩散及其方式，探讨高知识势能系统向周边输送创新成果的过程，即知识扩散的方式。党兴华（2005）等认为，高位势知识主体与低位势知识主体之间由于位势差而存在着自然的知识流动①。中央政府历来是政府创新活动的发动机，地方政府应该按照中央政府的部署而行动。如果没有来自上级的支持，地方的创新往往无路可走，或至少走不远②。若学术界在学术话语论争中取得的关于服务型政府的共识，以及各级地方政府通过“干中学”摸索出的关于服务型政府的实践知识若无上级的保护和支持、中央政府的价值确认，地方政府的创新性政府改革实践则会因为缺少合法性和回旋余地而不了了之，引用老百姓的话就是“上面不喊了，中间不管了，下边就散了”。

一、服务型政府在政治话语中获得高知识势能

早期的服务型政府建设为服务型政府模式创新积累了实践经验基础上的实践知识。虽然各级地方政府相继提出了建设服务型政府的目标，出台了不少政策文件，采取了很多的措施，并在削减行政审批项目、简化政府工作程序和工作方法、实行政务公开、争取社会互动、建设电子政府方面取得了比较多的成绩，但服务型政府的知识扩散还缺少关键的一环，即中国党政高层的价值确认与选择。中国的服务型政府知识扩散至少需要三方主体在三个知识场域的扩散，以及他们之间的互相扩散、互相建构。一是学术主体在学术知识场域的理论讨论与学术建构，二是地方政府在地方场域的实践探索与总结，三是国家政策制定者的价值确认与选择。可以说，在地方政府与学术界的实践知识与理论知识的多年相互扩散之后，服务型政府第一次被写入执政党的指导性文件，完成了中国最高决策层对于服务型政府的价

---

① 李莉：《基于网络嵌入性的核心企业知识扩散方式对知识获取绩效的影响研究》，博士学位论文，西安理工大学，2008 年，第 36 页。

② ［德］韩博天：《红天鹅——中国独特的治理和制度创新》，石磊译，北京：中信出版社，2018 年，第 108 页。

值确认，同时中国最高决策层也赋予了服务型政府较高的知识势能，使得服务型政府的研究与建设进入一个大力推进及全面创新的阶段。

一般而言，中国最高决策层对于某种先期实验性的政府改革尝试的认可与价值吸纳，主要表现在诸如党和国家领导人在公开场合的重要性宣示、重要政治活动或重大政治事件中的表述，以及重要的政治文献中的表述和记载中。这些宣示、表述和记载最终汇聚为最高决策层政治话语，引领并推动着服务型政府的相关理论知识和学术知识在各场域继续得到更深、更广的扩散。

（一）政治话语开始重视公共服务职能

国家政策决策者对服务型政府的价值确认与目标选择不是一步到位的，而是经由了一个从“重视政府的公共服务职能”到明确提出“建设服务型政府”的认知过程。

虽然改革开放以来中国学术界一直在呼吁转变政府职能，党的十三大也做出了转变政府职能的决策，但巨大的制度惯性及社会稳定性考量使得政府职能转变的步伐异常缓慢。这种局面在中国加入 WTO 谈判的过程中得到改变。在加入 WTO 的谈判进入实质性阶段以后，为了争取进入 WTO，中国加快了政府职能转变的步伐。加入 WTO 以后，政府改革的步伐明显加快，因为在加入 WTO 时有解除经济管制、开放国内市场等在时间表上的庄严承诺。2002 年 11 月，党的十六大报告明确地将政府职能描述为“经济调节、市场监管、社会管理和公共服务”四个方面，明确提出要完善公共服务职能，将公共服务作为政府的四大重要职能之一，对改革开放后政府职能从“全能型”向“服务型”转变起到重要的指导作用。

2003 年春，非典型肺炎疫情蔓延，给国家和人民造成了很大损失，也暴露了中国在公共卫生方面的薄弱环节。农村医疗改革滞后受到公众的强烈批评，农村医疗改革被提上国家议事日程。政府公开承认之前所实行的农村个人负担医疗体制是不合理的。公众对“非典”肆虐的愤慨也促使中央改变政策。由中央政府参与资助的“新型合作医疗方案”成为众多大规模试点项目的内容①。以此为契机，党中央适时提出了科学发展的新理

① ［德］韩博天：《红天鹅——中国独特的治理和制度创新》，石磊译，北京：中信出版社，2018 年，第 90 页。

念，中央政府也认识到要更加注重政府的公共服务职能。以科学发展观和构建和谐社会目标的提出为标志，国家在市场、社会中的行为边界开始发生重大变化。2003 年党的十六届三中全会全面系统地提出了科学发展观，会上发布的《中共中央关于完善社会主义市场经济体制若干问题的决定》提出："深化行政审批制度改革，切实把政府经济管理职能转到主要为市场主体服务和创造良好发展环境上来。"该决定强调，增强政府服务职能，首要的是深化行政审批制度改革，政府职能从"全能型"转向"服务型"。

（二）国家政策决策者政治话语对建设服务型政府的重要宣示

在党和国家领导人对增强政府公共服务职能达成广泛共识之后，加上前期学术界对服务型政府的探讨，以及地方政府层面建设服务型政府的先期实践，对服务型政府的高层认可和顶层设计就变得水到渠成、顺理成章了。这种认可也经由了一个从国家领导人发出的号召到被写入执政党的指导性文件再到执政党的重大报告予以明确的层层拔高的政治扩散过程；另外一条扩散路径则是由政府话语向政党话语的扩散，政党话语对政府话语的吸纳与提升。

党和国家领导人中最早提出"建设服务型政府"口号的是国务院原总理温家宝。2004 年 2 月 21 日，温家宝总理在中央党校省部级主要领导干部"树立和落实科学发展观"专题研究班结业式上正式提出"建设服务型政府"的口号，并强调要"在继续改进经济调节和市场监管的方式方法的同时，更加注重履行社会管理和公共服务职能"。没过多久，2004 年 3 月 8 日，温家宝总理又在十届全国人大二次会议期间听取陕西代表团意见时提出：管理就是服务，我们要把政府办成一个服务型政府，为市场主体服务，为社会服务，最终为人民服务。该话语得到媒体的广泛宣传扩散。结合之前国内学术界的讨论和地方上的率先实践，服务型政府的理论研究和实践探索因为有了党和国家领导人的号召而得以突破地方局部建设从而在全国范围内开展起来，服务型政府也成为我国政府改革实践中的重大主题和国内学术界的热点话题。中国行政管理学会迅速做出反应，在 2004 年召开了 3 次关于服务型政府的全国性研讨会；中国行政管理学会课题组在调查研究的基础上，于 2005 年 10 月 28 日在《人民日报》发表了《服务型政府：我国行政改革的目标选择》一文。服务型政府在实践领域的扩散则表现为通过改革和创新，建立与社会主义市场经济、民主政治及和谐社会全面适应的以服务型政府建设为中心的能起到引领助推作用的行政管理体制。

地方政府建设服务型政府的实践也扩散到中央人民政府。2005 年年初，作为最高国家行政机关的国务院制定了《国务院工作规则》，该规则被认为是国务院自身建设成为服务型政府的重要举措。2005 年 3 月 5 日，温家宝总理在政府工作报告中再次明确提出要“努力建设服务型政府”。中央政府已经正式把建设服务型政府的目标具体化，提出了很明确的建设服务型政府的具体任务和要求。对此的阐释是：“创新政府管理方式，寓管理于服务之中，更好地为基层、企业和社会公众服务。整合行政资源，降低行政成本，提高行政效率和服务水平。政府各部门要各司其职，加强协调配合。健全社会公示、社会听证等制度，让人民群众更广泛地参与公共事务管理。大力推进政务公开，加强电子政务建设，增强政府工作透明度，提高政府公信力。”①

在学术界努力构建的关于服务型政府的理论知识与地方政府建设服务型政府的实践知识相互扩散中，形成了一股向中央人民政府扩散的关于服务型政府类型知识的知识力量，并成功扩散到了政府话语。政府话语继续向执政党话语扩散，并在 2006 年得以进入执政党话语。2006 年 10 月，中国共产党第十六届六中全会通过了《中共中央关于构建社会主义和谐社会若干重大问题的决定》，该决定进一步明确要求“建设服务型政府，强化社会管理与公共服务职能”，这是服务型政府第一次被写入执政党的指导性文件。该决定不仅明确要求“建设服务型政府”，而且把我国服务型政府建设的基本目标和主要任务加以细化，提到“把更多财政资金投向公共服务领域，加大财政在教育、卫生、文化、就业再就业服务、社会保障、生态环境、公共基础设施、社会治安等方面的投入”，形成了对我国应该构建何种模式、何种类型，以及何种内容的服务型政府的顶层设计。2006 年，中央利用其强大的财政实力，更积极地推动服务型政府的实质性的建设，地方政府通过政府改革创新的实践推动中央政府采取行动，服务型政府的建设进入多层次努力的局面。服务型政府的知识扩散进入学术界、地方政府、中央政府及执政党等多主

---

① 高小平、王立平：《服务型政府导论》，北京：人民出版社，2009 年，第 43 页。

体相互扩散、相互建构的层次。

2007 年 10 月 15 日，时任中共中央总书记胡锦涛在中国共产党第十七次全国代表大会的报告中提出“加快行政管理体制改革，建设服务型政府”。这是第一次在党的重大报告中明确建设服务型政府的重要任务，标志着建设服务型政府作为我国行政改革的目标得以确立。2007 年党的十七大将科学发展观正式写入中国特色社会主义理论体系，这标志着新改革战略的形成。与原有改革思路相比，科学发展观要求坚持经济与社会的协调发展，并且“更加注重社会发展”，它没有否定经济建设的重要性，但明显超越了以经济建设为中心的发展观，表明我国正式进入社会发展与经济发展并重的新时代。在以人为本科学发展观的指引下，公共服务领域进一步扩大，“学有所教、劳有所得、病有所医、老有所养、住有所居”的提出标志着我国服务型政府建设步入新阶段。

为了贯彻落实党的十七大的要求，2008 年党的十七届二中全会通过了《中共中央关于深化行政管理体制改革的意见》和《国务院机构改革的方案》。《中共中央关于深化行政管理体制改革的意见》是一个行政管理体制改革的规划性总体设计，是当时五年和今后七年行政管理体制改革的“顶层设计”。这是首次由党中央全会做出行政管理体制改革总体方案，提出明确的近期和中长期目标。这次改革，国务院经过充分调查研究，反复酝酿，广泛听取包括学术界在内的各界意见，提交党的十七届二中全会讨论研究后向全国人大提出建议，经十一届全国人大一次会议讨论通过①。依据该意见提出指导思想、总目标和主要任务。2008 年行政管理体制改革侧重强化政府的社会管理和公共服务职能，探索实行职能有机统一的大部门体制。这次改革的主要内容有：加强和改善宏观调控，明确以发改委、财政部、人民银行等组成国家宏观调控部门，发挥统筹规划、政策导向作用，同时建立健全了协调机制，形成更加完善的宏观调控体系；增强社会管理和公共服务职能，组建环境保护部、住房和城乡建设部等部门；实施大部门体制，在整合的基础上综合设置职能相近部门，如组建人力资源和社会保障部、工业和信息产业部等。改革后，国务院共设工作部

① 高小平：《从服务型政府建设的历程看行政管理体制改革的深化》，《中国发展观察》2008 年第 6 期。

门49个。

2008年2月23日，中共中央政治局进行第四次集体学习，就服务型政府建设进行专题研讨。时任中共中央总书记胡锦涛指出：建设服务型政府，是坚持党的全心全意为人民服务宗旨的根本要求，是深入贯彻落实科学发展观、构建社会主义和谐社会的必然要求，也是加快行政管理体制改革、加强政府自身建设的重要任务。

服务型政府建设目标还被纳入最高国家战略规划。2011年3月，“十二五”规划再次明确提出要“改善民生，建立健全基本公共服务体系”，从“提升基本公共服务水平”“实施就业优先战略”“合理调整收入分配关系”“健全覆盖城乡居民的社会保障体系”“完善基本医疗卫生制度”“提高住房保障水平”及“全面做好人口工作”等七个方面对如何建立健全基本公共服务体系进行了宏观规划与微观分解。事实上早在“十五”计划中，中央政府领导就已提出政府“不再是资源配置的主要力量”了，认为经济增长应建立在市场竞争基础之上。计划将重点从提出有限的量化增长目标，转向引导和协调结构性和实质性的经济和社会转型，比如发展服务业、推动内需、确保经济可持续性发展、促进城镇化及加快西部开发。此外，“十五”计划还把科技和人力资源视为中国赶超先进国家的决定性因素。参与制订“十五”计划的官员指出，这是20世纪90年代中期以来社会主义从短缺经济转为过剩经济的必然要求，计划体制必须从强调物质生产和实体增长转向更加广泛的以人为本的发展①。

由此，服务型政府在政府话语和执政党话语的反复言说及重要性宣示中，顶层设计有力开启，服务型政府知识系统获得了较高的知识势能，表现出巨大的知识力量，向学术界和政界扩散。学术界对于服务型政府的研究走向高潮，各级政府在中央政府积极建设服务型政府的行动带动下纷纷推动服务型政府建设全方位、多领域的展开。

二、服务型政府建设多领域、全方位的开展

最高层的政策制定者通过政府话语和执政党话语不仅对服务型政府建

① ［德］韩博天：《红天鹅——中国独特的治理和制度创新》，石磊译，北京：中信出版社，2018年，第117页。

设的总目标、指导思想和主要任务进行了规划，也为各级政府继续服务型政府建设的创新行动提供了合法性和回旋余地。服务型政府建设上升为国家战略，为服务型政府知识系统提供了最高阶的知识势能，服务型政府建设由此进入大力推进、全面创新的阶段，多领域、多层次地开展起来。何为服务型政府建设，人们有不同的看法，有的着眼于经济发展的角度考量，有的着眼于社会政策方面的分析，也有的着力于民主政治层面的研究。笔者认为，服务型政府是对“管制型政府”和“经济发展型政府”的超越，因此，一个基本的判断标准是如果政府对于经济、社会的治理工具的选择是突破原来的管制路径而更多地选择服务路径，政府在主要职能定位上在服务经济发展的同时，更多的是以社会需要为导向来提供社会服务，这就是在建设服务型政府了。

不同于早期地方政府试验性的、阶段性的和重点突破式的服务型政府建设行动，在服务型政府取得了政府话语和执政党话语的共同认可和顶层设计后，服务型政府建设得以多领域、多层次地全面推进。

（一）减少行政审批，转变政府职能

服务型政府对管制型政府的超越，最基本的是要把政府的职能从管制为主转向服务为主。我国政府对经济社会的管制又多是通过行政审批进行的，因此，服务型政府建设首要的是清理行政审批。事实上，我国服务型政府建设的开端是由清理行政审批诱发的。2001 年，中央成立全国行政审批制度改革领导小组，开始部署加入 WTO 后在法律、法规和行政规章方面与国际接轨的任务，对我国长期以来的行政审批制度进行改革。2001 年 10 月，国务院召开行政审批的电视电话会议，具体部署了行政审批制度改革的事宜，启动了第一轮行政审批改革。行政审批制度改革的实质是大量削弱和减少政府的审批事项和审批程序，给企业和公民自由从事经济活动的更大空间，以保证市场在社会经济活动中发挥基础性配置社会资源的作用。经过多轮取消和调整行政审批项目改革，到 2009 年年底，总共取消和调整了国务院各部门的行政审批项目 1 992 项，地方各级政府则取消和调整了 77 692 项行政审批项目。2010 年 7 月，国务院决定取消行政审批项目 113 项，71 项行政审批项目下放管理层级，并要求各部门和地方政府继续深化行政审批制度改革，进一步减少行政审批项目，规范审批流程，创新审批方式，健全行政审批制约监督机制①。

我们的政府长期习惯于依靠行政审批进行国家事务的管理，在大量削减行政审批事项以后，政府应该干什么呢？其职能是什么呢？这关系到政府存在的合法性问题。于是，政府服务自然就成为各级政府为自己寻找到的合法性依据。所以，自然就提出了政府从管制到服务的转型问题。

各地在服务型政府建设时仍然围绕着处理政府和社会、市场、企业的关系来进行，在厘清关系的基础上确定政府的角色和职能，再根据政府职能的需要来确定政府机构的设置、政府机构权力的配置和各个政府机构应该管理的事项。由于各级政府对政府和社会、市场、企业关系的认识有差别，在进行关系理顺的时候做法也有区别，精简机构的程度也有所不同，政府职能的转变力度也不一样。但是各级政府建设服务型政府均是循着这个方向进行的。自 2001 年到 2005 年 4 月，国务院部门共取消和调整审批项目 1 806 项，占项目总数的 50. 1%。为了适应市场经济的发展，实现政府角色和职能转变，中央政府不断调整组织结构和转变政府职能。国务院于 2007 年 10 月发布的《关于第四批取消和调整行政审批项目的决定》，其中紧紧抓住了转变政府职能这个关键。改革开放以来，我国行政管理体制经过多次改革，取得了很大成绩，突出的标志就是政府职能转变取得了积极进展。政府对微观经济的干预减少，以间接管理手段为主的宏观调控体系框架已经形成，市场体系基本建立，政府充分发挥对市场的培育、规范和监管功能，越来越重视履行社会管理和公共服务职能。政府管理经济的方式有了较大改变，依靠行政审批进行管理的模式正在转变，行政审批事项大幅度裁减，涉外经济管理与国际惯例接轨。

（二）构建基本公共服务体系，改革公共财政体制

联合国政府职能分类（COFOG）体系中将政府公共服务分为四个部分：一是普通公共服务与公共安全；二是社会服务，包括教育事务和服务、健康事务和服务、社会保障和福利、住房、供水、文化等方面；三是经济服务，包括燃油和电力、农林渔业、交通运输与通信等方面；四是未

① 吴玉宗、古洪能、张鹏：《沿海经济发达地区县级服务型政府建设研究》，长春：吉林大学出版社，2014 年，第 19-20 页。

按大类划分的支出，如政府间的转移支付等①。政府的公共服务有 3 种类型，其中第三类公共服务就是通常所谓的“基本公共服务”，包括教育服务、医疗服务、住房服务、就业服务和社会保障服务。

服务型政府突出了公共服务、社会管理等职能的重要性，但若缺乏制度、体制支撑，服务型政府建设就会沦为空谈。党的十六大以后，基本公共服务体系构建和公共财政体制改革等构成了服务型政府建设走向制度化的保障②。2003 年，我国政府的注意力从经济结构问题转向改善政府管理职能和提供公共服务方面。2003 年以后，以民生为导向的社会政策密集出台，构成了服务型政府建设的重要内容。特别是在应对 2008—2009 年全球金融危机的过程中，我国集中出台实施了一系列社会政策，如“新医改”方案、新型农村社会养老保险制度，2009 年也因此被誉为“社会政策年”。在此基础上，“十二五”规划纲要明确将“改善民生，建立健全基本公共服务体系”作为目标，着力提升基本公共服务水平，这标志着服务型政府建设进入一个新阶段③。

在我国服务型政府的建设中，基本公共服务被放在重要的位置，提供基本公共服务已成为政府的主要职能之一，“2020 年基本公共服务均等化总体实现”的目标也已确立。以社会保障体系的建设为例，政府加强了社会保障体系的建设，与我国社会生产力发展水平和各方面承受能力相适应的、“广覆盖、保基本、多层次、可持续”的社会保障制度框架，已经初步形成。构建社会保障体系是用经济的手段来解决社会问题，达至国家治理的目的。公平、公正作为核心价值理念，总是与社会分化的趋势和市场作用的方向相反。30 年来，我国出现“两个奇迹”：“经济发展奇迹”和“社保发展奇迹”。我国用了 30 年，创造了社保发展的“中国奇迹”，为我国改革和发展保驾护航，对经济改革和社会发展发挥出托底的作用，对经济改革和社会发展发挥出促进的作用。

在教育政策上，最浓墨重彩的一笔应是从 2008 年 9 月 1 日起正式实现城乡义务教育全部免费。“让所有的孩子都能上得起学，上好学”，是我

① 萨尔瓦托雷・斯基亚沃-坎波、丹尼尔・托马西：《公共管理支出》，张通译，北京：中国财政经济出版社，2001 年，第 77-78 页。

② 郁建兴、高翔：《中国服务型政府建设的基本经验与未来》，《中国行政管理》2012 年第 8 期。

③ 郁建兴、高翔：《中国服务型政府建设的基本经验与未来》，《中国行政管理》2012 年第 8 期。

国政府推进教育公平的坚定承诺。早在20世纪80年代，我国就提出国家对接受义务教育的学生免收学费，但由于政府投入不足，小学生和初中生仍需缴纳一定的学习费用。随着国家财力的增强，我国政府开始直面教育投入不足的问题。2006—2008年，政府坚定决心，加大投入，逐步完成了从农村到城市、从试点到推广，全面免除城乡义务教育学杂费的进程，迈出了具有里程碑意义的四大步。

医疗政策上，最为突出的是"新医改"意见的公布。2009年3月17日，中共中央、国务院向社会公布了关于深化医药卫生体制改革的意见。"新医改"实际上是从20世纪末启动的医改，到2009年"二次出发"，关乎13亿人的切身利益。这一轮的医改以"建立基本医疗卫生服务制度，全面加强公共卫生服务体系、进一步完善医疗服务体系、加快建设医疗保障体系、建立覆盖城乡居民的基本医疗保障体系"为主要内容，以期实现"有效减轻居民就医费用负担，切实缓解'看病难、看病贵'"的近期目标，以及"建立健全覆盖城乡居民的基本医疗卫生制度，为群众提供安全、有效、方便、廉价的医疗卫生服务"的长远目标。医改方案中还强调了8个机制的建设工作，简称"一个目标、四梁八柱"。这一轮的医改涉及面比较广泛，政府也是雄心勃勃。光是2009—2011年，国家就投入13800亿元，重申了政府在医疗卫生筹资和公共产品提供方面的主导作用。

住房政策上，国家大规模实施保障性安居工程。保障性安居工程包括4类。第一类是保障性住房建设，包括廉租住房、经济适用住房、公共租赁住房、限价商品住房；第二类是棚户区改造，包括城市棚户区、国有工矿棚户区、林区棚户区、垦区棚户区和煤矿棚户区；第三类是农村危房改造和游牧民定居工程；第四类是城镇老旧小区改造工程。保障性安居工程作为重要战略部署，是转方式、调结构、惠民生的重大举措。2007年，国务院发布《关于解决城市低收入家庭住房困难的若干意见》，提出进一步建立健全城市廉租住房制度，改进和规范经济适用住房制度，逐步改善其他住房困难群体的居住条件，等等。以此为开端，我国开始大规模建设保障性住房。随后，各项政策措施对保障房建设的相关问题进一步明确。

值得一提的是，"十二五"期间全国城镇保障性安居工程建设任务3600万套，是《国民经济和社会发展第十二个五年规划纲要》明确的约束性指标。2000年以来，我国的五年规划包含了不同的预测性指标（即政府希望实现的目标）及严格执行的约束性指标，这些约束性指标同时也是评估各级行政部门和考核干部的标准①。与以往计划经济中的指令性指标不同，约束性指标被视作“政府对社会的承诺”。约束性指标用来规范政府行为（而不是干预企业决定），约束的对象不再是企业，而是各级政府部门。这种转变是因为制订规划的官员逐渐认识到，如果国家规划仅仅局限在 1993 年的教条上，作为“战略性、宏观性和政策性”的指导方针，国家规划将失去公信力和有效性②。约束性指标在引进之初，曾经遭到许多市场派官员和学者的批评，但是制订规划的官员成功地说服了最高层的决策者，并让规划专家委员会里的市场派经济学家最终也接受了他们的建议，这种做法在环境保护和土地利用方面是合理与合适的③。约束性指标的确立使得保障性安居工程建设得以大规模开展。

基本公共服务体系得以构建，社会安全网的搭建，离不开公共财政强有力支持。服务型政府是对经济建设型政府的超越，当政府的价值目标以经济建设为中心时，政府的财政资金大量投资于经济建设；当政府的最高价值目标转向服务民众、改善民生时，政府的财政资金就会更多地转向投资于公共产品供给和服务。公共财政体制改革为服务型政府建设提供了坚实基础。

虽然早在 1998 年中央政府就提出了建立公共财政框架的要求，但公共财政体制的确立和完善却是党的十六大召开之后的事了，公共财政体系的确立和完善多体现为将新增财力主要用于民生建设。党的十六大召开之后，国家强调将更多财政资金投向公共服务领域。从 2003 年开始，国家逐步增加了财政资金对公共服务和公共产品的支出，明显向民生支出倾斜。2011 年全国人大会议期间，时任财政部部长谢旭人指出我国政府财政预算中用于民生领域的支出已达到三分之二。这里的民生范围比较广泛，包括维稳、支农等在内。如果按社会性公共服务供给计

---

① ［德］韩博天：《红天鹅——中国独特的治理和制度创新》，石磊译，北京：中信出版社，2018 年，第 7 页。

② ［德］韩博天：《红天鹅——中国独特的治理和制度创新》，石磊译，北京：中信出版社，2018 年，第 118 页。

③ ［德］韩博天：《红天鹅——中国独特的治理和制度创新》，石磊译，北京：中信出版社，2018 年，第 118 页。

算，2011 年我国用于就业、社会保障、教育、医疗卫生和住房保障等的财政支出已占总支出的 34.38%①，达到中等收入国家的最低水平。相比于过去，这是一个非常重要的变化，表明我国的公共财政体制建设日益向民生倾斜②。

（三）推进政府机构改革，加强公共服务部门

政府职能的转变必然倒逼政府机构进行改革，管制型的机构是无法履行服务职能的。政府机构改革一直是行政管理体制改革的重要组成部分，也是服务型政府建设的关键环节。改革开放以后至党的十九大召开之前，我国共进行了七次大规模的国务院机构改革。

1982 年，为了提高政府工作效率，干部年轻化的政府机构改革开始实行。1988 年，为了转变政府职能，适应社会主义有计划商品经济发展的需要而进行的政府机构改革实行。此次改革是在推动政治体制改革、深化经济体制改革的大背景下出现的，其历史性的贡献是首次提出了“转变政府职能是机构改革的关键”这一命题。改革弱化了专业经济部门分钱、分物、直接干预企业经营活动的职能，以达到增强政府宏观调控能力和转向行政管理的目的。此次改革为以后政府职能更多地向公共服务转变做了“转变政府职能”概念上的铺垫。1993 年，为了适应社会主义市场经济体制改革的需要而进行的政府机构改革实行。1998 年，为了消除政企不分的组织基础，推进社会主义市场经济发展而进行的政府机构改革实行。此次改革的历史进步是政府职能转变有了重大进展，撤销了几乎所有的工业专业经济部门，为后期改革增加公共服务职能和公共服务部门在组织方面扫清了道路。

2003 年的政府机构改革是一个转折点。2003 年以前的改革开放时期，政府既创造环境，又在直接创造财富。新的时代发展对政府提出的新要求是“政府创造环境，人民创造财富”。2003 年的政府机构改革是以科学发展观为价值导向，以建设服务型政府为目的，为了逐步形成行为规范、运转协调、公正透明、廉洁高效的行政管理体制而进行的政府机构改革。如

① 财政部：《2011 年公共财政收支情况》，http://gks.mof.gov.cn/zhengfuxinxi/tongjishuju/201201/t20120120_624316.html，访问日期：020 年 8 月 28 日。

② 郁建兴、高翔：《中国服务型政府建设的基本经验与未来》，《中国行政管理》2012 年第 8 期。

发展计划委员会更名为更具宏观调控特征和服务特征的“发展和改革委员会”，取消了其具有作为管制型政府机构根本特征的“计划”职能。国家计划生育委员会也进行了更名，增加“人口”二字，为的是通过政府力量提高出生人口素质、不断完善流动人口管理服务体系，以及积极应对人口老龄化问题。对经济极具管制功能的经济贸易委员会则被直接取消了。

另外，2003 年的政府机构改革还强化了政府的监管职能。国务院国有资产监督管理委员会成立了，中央银行分拆出另外一个“监督管理委员会”——“银监会”，加上原先已有的“证监会”“保监会”，形成了一个完整的金融监管体系。原有的国家药品监督管理局的职能和权限也得到扩大，把食品监管收归门下。原由国家经贸委管理的国家安全生产监督管理局升格为国务院直属机构。当政府不再当“运动员”时，就可以把更多的精力和财力放在为社会、经济提供更多公共服务和创造良好的发展环境上。

2008 年的国务院机构改革是深化行政管理体制改革的重要组成部分。此次改革是为探索大部门体制、建设服务型政府而进行的政府机构改革。这次改革的亮点在于加强和整合了以改善民生为重点的社会管理和公共服务部门。如新组建人力资源和社会保障部，除了更好地为实施人才强国战略服务外，该部门主要是在促进就业、维护劳动关系稳定和完善社会保障体系为核心的社会管理和公共服务领域发挥政府的调控服务功能。另外，国家环境保护总局升格为“环境保护部”，表明党中央、国务院对环境保护工作的高度重视，昭示了我们国家发展和前进的方向，表明环保工作进入了国家政治经济社会生活的主干线，为促进环境保护与经济的高度融合提供了高位阶的组织保证。新组建的住房和城乡建设部，其要承担的责任之一即保障城镇低收入家庭的住房，此外还有拟定住房保障相关政策并指导实施，会同有关部门做好中央有关廉租房的资金安排，监督地方组织实施。

2013 年国务院机构改革是以职能转变为核心，重点理顺职责关系，稳步推进大部门制改革，为全面建成小康社会提供制度保障而进行的政府机构改革。这次改革是在以往改革基础上进行的一次渐进整合式改革，表现为机构整合、职能整合、制度整合及技术整合四种改革战略。

我国政府机构“上下对口”的科层制特征，使得各级地方政府在国务院机构改革的推动下，也纷纷进行了多轮与中央政府相对应的政府机构改革。除此之外，沿海经济发达地区的少数地方政府也进行了富有地方特色的政府机构改革，如深圳的“行政权三分”（行政决策、执行、监督分开）模式、广东顺德的“党政联动”模式、浙江富阳的“专门委员会”模式等。

改革开放以来，政府机构改革演进的路径是，从改革应该解决的核心问题来看，经历了从机构和人员的增减演进到政府职能的调整，从政府改革的形式方面走到政府改革的实质方面；从政府职能转变的内容来看，经历了从搞阶级斗争到搞经济建设到提供公共服务两次大飞跃。总的趋势是从管制型的政府机构变革为服务型的政府机构。虽然 1982 年、1988 年、1998 年和 2003 年改革的指导思想是效率主义的，即以提高政府效率为目标来进行政府职能、政府机构、政府权力和政府人员的调整，在改革的指导思想上没有明确提出以服务为改革的指导思想，但是，在改革的过程中，改革已经开始触摸到服务的门槛，尤其是 2003 年的改革主要是加强政府的监管功能和强化政府的公共服务功能。2008 年和 2013 年的改革中表现出来的机构整合、职能整合、制度整合、技术整合改革策略则是为了实现服务型政府机构内部及机构间的合作与协调的功能。

推进政府机构改革、加强政府公共服务职能建设，与旨在通过服务型政府建设来提升全民共享的公共服务绩效机关效能建设同时进行，并成为服务型政府建设中组织建设的一部分。在效能建设的过程中，效能考核所依据的基本标准包括效率、满意度、服务质量、服务数量、回应、问责、廉洁、民主、参与、信任、透明、公平。至于说如何进行效能建设，各省的主要举措可归纳为三个方面：（1）通过各种手段，比如首问负责制、限时办结制、责任追究制、政务公开、阳光政务、透明行政、行政审批项目简化和流程优化、行政服务中心、规范自由裁量权和行政执法，限制公共权力的滥用和误用。（2）通过人力资源管理、信息技术管理、领导能力和组织体系等方面的革新，比如转变或改进工作作风、提升公务员队伍素质、加强行政队伍建设、提供信息技术支持（网站、信息化建设等）、建立效能办和效能投诉中心，加强政府能力建设。（3）通过绩效评估与考核、民主与社会监督等问责和激励手段，确保政府职员都有参与和推动绩效改进的动力和压力。

（四）强化行政责任与服务意识，引入被服务者的监督

想要造就服务型政府有效的知识，需要许多知识体系。一方面，要在减少行政审批事项、进行机构改革，以及改革公共财政体制、构建基本公共服务体系这些事关政府组织结构与功能的措施上下功夫，使得政府职能从管制向服务转变。另一方面，政府中最巨大的学习资源是那些最贴近行动的人。中国服务型政府建设离不开使政府运转起来的各级领导干部及政府工作人员，高层管理者还必须意识到，需要与那些为政府工作的民众共同合作，需要让这些人参与公共政策过程。这一存在于上层管理者和下属民众之间的持续互动和对话是公共组织发展的生命线，以创造视野更为广泛的社会知识体系①。

服务型政府建设只有通过官员内部强有力的管理，才能为公众提供更好的公共服务。在管制型政府下，各级政府及其负责人只对上级负责，对民众和社会的责任则多停留在口号上。负责人对民众责任的缺失，会造成领导干部责任意识和服务意识的缺失。这一局面在 2003 年“非典”蔓延时期被打破。从 2003 年“非典”事件开始，中央政府确立了行政责任追究的制度。从部局级干部到地市级主要官员都受到不同程度的行政领导责任追究，不少省部级领导干部因为领导不力而承担了领导责任。为了使问责制有规可依，国务院在 2004 年 4 月通过了《党政领导干部辞职暂行规定》，对“因公辞职”“自愿辞职”“引咎辞职”“责令辞职”做了严格规范。该规定明确指出，“党政领导干部因工作严重失误、失职造成重大损失或恶劣影响，或者对重大事故负有重要领导责任等，不宜再担任现职，本人应当引咎辞去现任领导职务”，并详细列举了 9 种应该引咎辞职的情形，使官员引咎辞职有法可依、有章可循。重庆市在 2004 年出台了《政府部门行政首长问责暂行办法》，规定了 7 类 18 种情况要问责。成都市对“不在状态”的庸官进行整肃，撤销其领导职务。沈阳市建立了行政过错追究制，河南安阳市实行了首问责任制、限时办结制、失职追究制。湖州市建立了首问首办制，特别重要的是在上级问责的过程中引入了民意的要素，这已经包含服务型政府应该有的一个根本要素。

---

① ［美］全钟燮：《公共行政的社会建构：解释和批判》，孙柏英、张钢、黎洁，等译，北京：北京大学出版社，2008 年，第 11 页。

领导干部的行政责任可以更多地通过法律规定、制度建设来强化，但服务意识在属性上更接近于行政伦理与道德，因其不可测量性，为“不可计量任务”。在现实行政管理情境下，很难对服务意识做出有关规定并考核。公务员由于注意力有限，有时会因为“时间紧、任务重”等情境，出现“可计量任务”驱逐“不可计量任务”，这也就不难理解暴力执法、野蛮执法的出现了。“现实”行政管理情境下的伦理和道德被认为是过时甚至是可笑的。时间压力、政治考量、底线要求、复杂性、来自主管的骚扰、顾客和公众的需求及媒体监督等，以上这些使行政管理者仅采用权宜之计，或者出现如赫伯特·西蒙（Herbert Simon）所说的“令人满意的”行为。日常行政管理决策对伦理的考虑，有时看来似乎是可悲或者愚蠢的。尽管在公共服务中，伦理具有复杂的天性，但是，行政管理者永远也不可能逃脱行政管理的伦理，因为他们对他们所服务的公众负有责任①。

政府提供的是服务还是管制，即服务型政府建设关键的一环在于政策输出链条的末端，即广大政府工作人员。服务水平如何，服务质量怎么样，服务态度好与差，都取决于直接面向老百姓提供服务的政府工作人员。政府工作人员应该提供比管制型政府更高质量、态度更好及更人性化的服务是服务型政府建设的应有之义。但因为“高质量、态度好、人性化”这些要求很难测量与界定，所以强化公务员的服务意识变得不具有可操作性。在建设服务型政府中，转变公务员的思想观念、熔铸起公务员的服务精神极具考验。

一方面，通过制定《中华人民共和国公务员法》（2005年）及各地方政府出台“国家行政机关及其公务员公共服务行为规范规定”等对公务员的服务行为和考核、惩戒制度等进行规范。通过赋予公民知情权及推行政府信息公开化，引导被服务者参与和监督服务型政府的建设。技术创新不仅让偏远地区的民众了解世界的变化，塑造充分知情的公民，而且作为一种有效的服务工具，它促进着公民接触，推动公民分享彼此的思想和生活体验②。国务院修订了《国务院工作规则》，实行科学民主决策程序、推

① ［美］全钟燮：《公共行政的社会建构：解释和批判》，孙柏英、张钢、黎洁，等译，北京：北京大学出版社，2008年，第138页。

② ［美］全钟燮：《公共行政的社会建构：解释和批判》，孙柏英、张钢、黎洁，等译，北京：北京大学出版社，2008年，第29页。

进依法行政、加强行政监督是国务院工作规则的重要内容和最突出的特点。其中特别突出的是强调了决策民主化的问题。国务院原总理温家宝认为，“实行科学民主决策，要完善重大问题集体决策制度、健全专家咨询制度，实行社会公示和社会听证制度，建立决策责任制度”。一些地方政府大力提高公众在政府决策和绩效考核等方面的参与力度，特别注意听取和吸纳社会公众的意见与建议，并尝试建立固定化的参与制度，推动社会公众全方位地参与政府建设。比如青岛市政府就将民意作为官员政绩考核的指标之一。浙江出台的省级机关国家公务员绩效考核实施办法，规定公务员如果一年被投诉两次，次年不得晋升，连续两年被投诉三次，将被辞退。

另一方面，则是通过“干部培训”这一颇具中国政府特色的“软性”手段，对各级党政领导干部进行系统培训，并结合领导人的号召等，培育各级党政工作人员的服务意识。中国在公务员选拔、录用、晋升中坚持德才兼备的原则，在公务员培训中坚持技术培训和政治学习相结合。如2005年11月1日，时任国务院总理温家宝在主持国务院举办的学习《中华人民共和国公务员法》讲座时指出：“公务员的权力是人民给的，必须对人民负责，接受人民监督。各级政府和全体公务员都要认真学习、坚决贯彻公务员法，忠于职守，依法行政，全心全意为人民服务。”社会人类学家弗兰克·派克（Frank Pieke）在云南省委党校的一项田野调查中发现，“党校的干部培训不仅提高了党员干部学习党中央政策、会议、文件的能力，还提高了干部超越辖区范围的组织归属感”①。在中国法律规则不够健全而经济激励使用领域有限的状况下，党员的组织忠诚和思想承诺一定程度上对委托代理关系中自由裁量权的控制发挥着积极作用。尽管一定的法律和规则对于组织运行不可或缺，然而对规则的过分崇拜也是致命的自负。随着人类步入后工业社会，可预见的、明确的规则在高度复杂性和高度不确定性的治理环境下还未完善，而组织忠诚和思想承诺则为人的主动性的发挥提供了空间，这也为服务意识的培育提供了很好的组织文化氛围。

---

① Frank Pieke. “The production of rulers: Communist party schools and the transition to neo-socialism in contemporary China”, *Social Anthropology* 17, No.1(2009):25-39.

小　结

这一阶段，由于国家政策决策层对服务型政府的认可，尤其是在党的十七大上，服务型政府作为我国行政体制改革的战略目标得以确立，使得服务型政府获得了较高的知识势能，从而在实践领域突破地方实践局限，扩散成为一场从上到下、从中央到地方的服务型政府全面建设运动，在政府职能转变、加强公共服务部门、构建基本公共服务体系、强化行政责任与服务意识等关键领域展开建设活动，但对服务型政府的知识发掘、理论创新、实践建设并没有止步于此。新一届领导班子的履职，开始了对服务型政府新的认知和知识求取，并赋予其新的政治理念和新的政治抱负。

第三节　“建设人民满意的服务型政府”话语的创新引领

服务型政府的提出是适应我国经济转型和社会转型的产物，是对实践的一种回应。党的十八大召开之前，服务型政府的知识扩散表明学术界和政界对服务型政府的认知取得了较多的共识，对服务型政府的逻辑和框架的认知已然明确，但认知的深度还不够。随着行政管理体制改革的推进，服务型政府如何对行政体制关键问题进行破解，服务型政府如何完善、如何落到实处、如何融合发展成为完善服务型政府知识体系建构面临的重大理论问题与实践问题。我国之所以能够旗帜鲜明地提出建设服务型政府，并将其作为一种新的政府类型进行知识上的求取，主要基于我国政府所秉承的基本政治理念“为人民服务”。“为人民服务”既是马克思主义政党的内在要求，也是中国共产党立党立国的基本原则，新时代则在“以人民为中心”的思想中得到升华。从国家治理的视野来看，由于党对政府的领导，政治对政府的引领是国家治理的关键。我国的政府形态和行动逻辑深受党的影响，建基于“以人民为中心”的政治理念，政府理论话语得以创新，提出了“建设人民满意的服务型政府”。在新的政府理论话语的引领下，服务型政府建设实践开创出新的局面，服务型政府知识体系建构得以继续向前推进。

一、建设人民满意的服务型政府：新时代政府理论话语的创新

中国共产党在成立之后，因为确立了最广泛的公共性（为人民）、最

崇高的使命感（服务人民）及最彻底的服务理念（全心全意）等价值，而成为新中国社会构成秩序的中心①。发展至今，“全心全意为人民服务”这一宗旨已经创造性地转化为中国式的行政体制理论话语，推动了服务型政府理论的形成与发展②。党对政府的领导，决定了服务型政府的知识依据在于中国共产党对人民政权性质的认知和治国理政的实践经验，服务型政府的知识创新也源自中国共产党对人民政权的性质认识的不断深化和对治国理政实践的不断探索。

（一）“以人民为中心”的政治理念

党的十八大以来，习近平同志提出的“以人民为中心”的发展思想，从政治上确认了“主人”与“仆人”的关系，就是对党的初心的确认，要求各级党组织与党员干部坚持人民的主体地位，当好“人民公仆”，更好地为人民服务。

改革开放以来，一方面，工人、农民、知识分子等传统阶层依然存在；另一方面，新兴阶层不断涌现。随着我国社会阶层结构的深刻变动，出现了诸如贫富差距扩大、利益分配矛盾明显等问题。在这种新形势下，能否把人民摆在中心地位，把人民的利益放在首位，成为执政党必须面对的一个重大现实问题。2012 年 11 月 15 日，习近平总书记在十八届中央政治局常委同中外记者见面时明确宣布：“人民对美好生活的向往，就是我们的奋斗目标。”党的十八大以来，以习近平同志为核心的党中央系统提出了“坚持以人民为中心的发展思想”，这一思想包含三个方面内容，即发展为了人民、发展依靠人民、发展成果由人民共享，分别回答了发展的根本目的、根本动力和根本价值问题，并明确指出“这是马克思主义政治经济学的根本立场”。党的十九大报告明确指出我们已经进入新时代，需要秉承“人民至上”的人民观，从人民群众中不断汲取智慧和力量，依靠人民群众再创新的历史辉煌。因此，党的十九大报告又把“坚持以人民为中心”上升到新时代坚持和发展中国特色社会主义基本方略的高度，其成为党的十八大以来以习近平同志为核心的党中央关于发展问题的重要创新

---

① 程倩：《从宗旨到行动：服务型政府叙事的话语分析》，《浙江学刊》2020 年第 4 期。

② 孔繁斌、郑家昊：《建设人民满意的服务型政府——中国共产党对行政体制理论的创新探索》，《中国行政管理》2021 年第 7 期。

性理论成果。“以人民为中心”思想强调发展的根本目的就是服务于人民，体现了发展主体与共享主体、发展目的与发展规律、发展价值论与发展方法论的统一，遵循了“依靠人民发展—发展服务人民”这一逻辑，体现出较强的务实性。

“以人民为中心”思想是对时代的回应。“以人民为中心”的思想形成于党的十八大以来的发展实践中，在党的十九大上成为指导习近平新时代中国特色社会主义建设的行动指南。新时代我国社会的主要矛盾已经转化为人民日益增长的美好生活需要和不平衡不充分的发展之间的矛盾。随着新时代社会主要矛盾的转化，人民群众在民主、法治、公平、正义、安全、环境等方面提出了更高的要求；随着公众政治素养的不断提高，个人在政治参与上有了更多诉求；目前改革已经进入深水区，面临着种种潜在的危险和困难。因此要想突破瓶颈，着力解决好新时代的发展问题，必须充分调动人民群众的积极性，依靠人民群众的力量，促进政治、经济、文化、社会、生态的全方位发展，实现国家治理体系和治理能力的现代化。这就要求执政党做到“以人民为中心”，坚持人民的主体地位，立党为公、执政为民，保障和落实人民的各项权利，更好地维护人民的根本利益。

（二）“建设人民满意的服务型政府”话语的提出

如果只关注政府或公共服务本身，忽视对“人民”和“社会”这一关键主体的考察；如果“公民本位”在服务型政府理论中只是一个分析视角或者一个虚拟对象，“社会本位”也被忽视，就可能忽视服务型政府建设的根本价值①。一般而言，政府有广义政府和狭义政府之分，广义政府是指国家公权力机构体系，狭义政府仅指国家行政机关。目前国内学术界关于服务型政府的研究主要指向的是狭义政府。仅就狭义政府而言，中国政府的组织特征与运作逻辑与韦伯官僚组织的差异是根本性的，即中国政府并非价值中立的技术系统，而是存在一种不同的特质——组织成员的组织忠诚和思想承诺，原因在于中国政治的高度稳定性和持续性、政府公务人员中共党员的高比例，以及政治学习产生的政治整合作用。

为了落实和实践“以人民为中心”的政治理念，基于中国政府的非价

① 谢新水：《从服务型政府到人民满意的服务型政府——一个话语路径的分析》，《探索》2008年第2期。

值中立性质，党的十八大以来建设服务型政府不仅没有被弱化，反而不断被强化，对服务型政府理论做出新的创新，提出“建设人民满意的服务型政府”。党的十八大报告指出：“要按照建立中国特色社会主义行政体制目标，深入推进政企分开、政资分开、政事分开、政社分开，建设职能科学、结构优化、廉洁高效、人民满意的服务型政府。”① 2016 年 1 月 18 日，习近平总书记在省部级主要领导干部学习贯彻党的十八届五中全会精神专题研讨班上的讲话中强调：“以人民为中心的发展思想，不是一个抽象的、玄奥的概念，不能只停留在口头上、止步于思想环节，而要体现在经济社会发展各个环节。”

2017 年，党的十九大报告指出：“带领人民创造美好生活，是我们党始终不渝的奋斗目标。必须始终把人民利益摆在至高无上的地位，让改革发展成果更多更公平惠及全体人民，朝着实现全体人民共同富裕不断迈进。”为了实现党的执政目标，报告同时指出了政府创新改革的方向即“转变政府职能，深化简政放权，创新监管方式，增强政府公信力和执行力，建设人民满意的服务型政府”②。这些话语既是对“以人民为中心”的发展思想的精确表述，也是推进建设人民满意的服务型政府的重要思想动力③。建设人民满意的服务型政府任务的提出，意味着服务型政府建设完全融合了政府为人民服务的宗旨④，将人民主体、人民利益和人民监督、人民满意等概念逐渐融入服务型政府的目标之中。

二、建设人民满意的服务型政府的路径探索

从“服务型政府”到“人民满意的服务型政府”是中国执政党对政府的人民性本质特质的深刻认知，并通过政治话语来充分彰显，也是政府

---

① 胡锦涛：《坚定不移沿着中国特色社会主义道路前进　为全面建成小康社会而奋斗——在中国共产党第十八次全国代表大会上的报告（2012 年 11 月 8 日）》，北京：人民出版社，2012 年，第 23 页。

② 习近平：《决胜全面建成小康社会　夺取新时代中国特色社会主义伟大胜利——在中国共产党第十九次全国代表大会上的报告（2017 年 10 月 18 日）》，北京：人民出版社，2017 年，第 39 页。

③ 谢新水：《从服务型政府到人民满意的服务型政府——一个话语路径的分析》，《探索》2008 年第 2 期。

④ 谢新水：《从服务型政府到人民满意的服务型政府——一个话语路径的分析》，《探索》2008 年第 2 期。

改革价值的迭代变化。不论是学术界还是政界，将服务型政府作为一个口号经常挂在嘴边的情况比比皆是，但要想形成真正理解和接受服务型政府的精神实质并以实际行动去践行的文化还有很长的路要走，要解决的核心问题，就在于反思和重构人民与政府（行政）之间的关系，服务型政府建设的关键路径还在于对“人民满意”的理解和实现。

（一）政府公务人员学习群众路线工作方法

中国政府组织的一个显著特征是政府公务人员中共党员的高比例。仅就狭义政府而言，中国政府的组织特征与运作逻辑与韦伯官僚组织的差异是根本性的，即中国政府并非价值中立的技术系统，而是存在一种不同的特质——组织成员的组织忠诚和思想承诺，原因在于中国政治的高度稳定性和持续性、政府公务人员中共党员的高比例，以及政治学习产生的政治整合作用。党员的组织忠诚和思想承诺一定程度上为委托代理关系中自由裁量权的控制发挥着积极作用，既为人的主动性的发挥提供了空间，也成为中国政府获得绩效的一项优势。

服务型政府的服务行政理念就是：政府乃民之公器，因此为民服务、对民负责、受民监督，就是理所当然的。服务型政府建设，就是要使政府行政按照这一理念来运作。这就是问题的关键。因此，要构建服务型的政府行政体制，政府机构改革就完全是次要的问题，怎样构建一种政府行政体制，使得政府行政能够真正为民服务、对民负责和受民监督，那才是真正重要的。所以构建服务型的政府行政体制，就绝不仅仅是政府单方面的事情，而必须把民众紧密联系起来，把民众也包括在内，必须在“人民—政府”这一范式中来考虑问题①。

党的十八大明确提出，围绕保持党的先进性和纯洁性，在全党深入开展以为民、务实、清廉为主要内容的党的群众路线教育实践活动，这是新形势下坚持党要管党、全面从严治党的重大决策，是顺应群众期盼和加强学习型、服务型、创新型马克思主义执政党建设的重大部署，是推进中国特色社会主义伟大事业的重大举措。从 2013 年下半年开始，按照党中央的部署，用了一年左右时间，在全党自上而下分批开展党的群众路线教育

① 吴玉宗、古洪能、张鹏：《沿海经济发达地区县级服务型政府建设研究》，长春：吉林大学出版社，2014 年，第 72-73 页。

实践活动。我国政府组织的一个显著特征是政府公务人员中共党员的高比例，这次党的群众路线教育实践活动也是对广大政府工作人员进行的一次群众路线工作方法的教育。群众路线是我们党以马克思群众观点为指导对我国传统民本思想的继承与超越，它与我国服务型政府以人为本的理念是根本契合的，所以群众路线的工作方法也是广大政府公务人员提供政务服务的工作方法。

南京大学林闽钢教授及其团队的一项研究表明，与预期相反，人均财政支出和地方财政自主性反而对养老服务满意度有反向影响。这与国内其他一些研究结论一致，认为财政自主性并不能增进地方政府对基本公共服务的投入，反而可能促进对基础建设等的投资对基本公共服务的投入产生资源挤占，也反映出尽管近年不断加大对基本公共服务的投入，但由于采取由上到下的供给主导模式，并没有很好地考察居民真正的服务需求①。事实上政府服务工作中因为没能很好地考察民众真正的需求而造成服务效果差强人意的领域还有很多，而政府工作人员通过学习群众路线的工作方法，尤其是“从群众中来的”工作方法，虚心向人民群众学习，面向群众做调查工作，倾听群众呼声，对政府服务偏航现象予以纠正，就能真正了解群众对公共服务的真实需求，真切地使人民满意。

（二）发展为人民群众参与政府决策服务的全过程民主

在政府改革理论中，如何处理好官僚制与民主的关系，如何通过民主行政模式去消解官僚制组织运转中的负面问题，一直是各国行政管理领域学者关注的理论议题。民主理念发展为一种制度形式，是当代世界政治的一项重要特征。根据西方代议制民主政治的逻辑，当每一个公民在选举投票中都被赋予同一化的权利时，人们就能在当家作主的过程中获得平等与自由的感知，民主追求的精髓就可以实现，至少以卢梭为代表的学者认为如此。

在民主理念的现实化过程中，一些核心的要素发生了置换：首先，“由人民来治理”转为“由人民批准治理”②。不同的政治家们依据自身的

---

① 林闽钢：《走向社会服务国家：全球视野与中国改革》，北京：中国社会科学出版社，2020年，第285-286页。

② ［美］约瑟夫·熊彼特：《资本主义、社会主义与民主》，吴良健译，北京：商务印书馆，1999年，第364页。

施政纲领争夺代理权，代表“人民的意志”的政治家将顺理成章地赢得民意、代理事务。其次，“公意”达成的过程被置换为选举机制。卢梭论述的“公意”达成的过程被简化为选民投票决出政治代理人的过程①，平等、人民主权等理念被约化为公民在选举过程中同一化的普选权，即“一人一票”。最后是民主概念的重塑。在新的理解中，民主政治并不一定意味着人民的统治，这种古典价值理念被视为具有欺骗性的、无法落实的虚妄概念。相反，民主的形式程序则被看作达到一种现实可行的、相对正确的民主的契机。这样一来，民主的实质定义与形式定义被抽离开来，民主被理解为一种通过投票活动来表达民意、挑选民意代表和政治家的程序和方法，是一种技术性的手段。

随着西方民主政治实践逐渐显现其形式化弊端，基于形式民主产生的西方政府也正在失去对整个社会的控制。当前，西方公民的政治冷漠，以及愈演愈烈的社会抗议、社会运动，诸如 2011 年美国声势浩大的“占领华尔街”运动与 2018 年的法国“黄马甲”运动，都让社会陷入极度的危机与动荡中，从而推动学者们开始重新思考民主的本质问题。针对西方民主制度本质上的缺陷，托克维尔曾预言，“拥有一定自主权的多元社会将是保障自由和民主的最后也是最强大的屏障”②，博克斯提出的“规模原则”也从实践层面讨论了公民参与的政治益处。这基本概括了后期民主理论的转型思路。随后，区别于精英民主对公民的排斥，参与式民主、协商式民主及社会主义民主等反思性的民主理论都倡导在民主程序中融入公民自由，以挽救西方民主的制度危机。不过囿于参与可能引发的低效率、高成本等问题，学者思考和设计参与治理时，多数情况下只把可参与的行政事务局限在较小范围甚至是封闭的讨论圈内，例如社区、村庄、小型城镇等。

在反思西方代议制民主政治实践的基础上，同时扬弃西方协商民主、参与民主等批判性民主理论，结合人民主权的制度基点及我国群众路线的资源特征，我国成功发展出了具有中国话语特色的协商民主实践。在长期

---

① 郇雷：《协商民主对票决民主的改造和完善》，《上海师范大学学报（哲学社会科学版）》2016 年第 5 期。

② 潘小军：《从托克维尔到哈贝马斯：探寻法治的社会基础》，《法学论坛》2005 年第 3 期。

的探索与实践中，作为民主理念现实化的另外一条路径，我国特色社会主义协商民主的独特优势逐渐显现①。在中国，社会主义协商民主倡导必须树立一种命运共同体的观念②，实现以“个人权利为中心”的社会基点向以“为了人的共生共在”的社会基点的转型，我国以公有制经济为核心的经济建设和相应的法律制度等措施为其提供了制度保障。此时，个人与他者、个人与社会之间是共生共在、相互依存的关系，这种命运共同体的观念强调个人与整体的利益彼此关联。由此诞生出的民主权利与民主制度才会排除个体性和排他性的权利意识，在公共意识和公共责任的基础上展开协商与合作。

因此，完善民主协商制度，建设人人有责、人人尽责、人人享有的社会治理共同体，成为探索建设人民满意的服务型政府的重要路径。服务型政府的职责担负和履行，最终要能够让人民满意，一条重要的规则就是贯彻党的群众路线、尊重人民首创精神、发展全过程人民民主，尤其是在社会治理过程中保障人民群众通过多种途径和形式参与决策、监督实施过程、评估服务成效③。2019 年 11 月，习近平总书记在上海长宁虹桥街道古北市民中心考察时指出，我们走的是一条政府特色社会主义政治发展道路，人民民主是一种全过程民主，所有的重大立法决策都是依照程序、经过民主酝酿，通过科学决策、民主决策产生的。在庆祝中国共产党成立 100 周年大会上的讲话中习近平总书记再次指出，“践行以人民为中心的发展思想，发展全过程人民民主”。

全过程民主是与人民满意的服务型政府相适配的一种制度形式，其核心机理是广泛的民主协商，是将治理过程嵌入协商民主中。在中国特色实践中的协商民主并非作为选举民主的补充而存在的，社会主义协商民主与选举民主能够化解根源上的冲突，共同组成内容更广泛、层次更丰富的人民当家作主④。在具体实践中，人民通过人民代表大会制度直接、定期地

---

① 房宁：《我国社会主义民主政治的特有形式和独特优势》，《人民日报》2018 年 11 月 25 日第 5 版。

② 赵学琳：《人类命运共同体的文化理念》，《探索》2019 年第 2 期。

③ 孔繁斌、郑家昊：《建设人民满意的服务型政府——中国共产党对行政体制理论的创新探索》，《中国行政管理》2021 年第 7 期。

④ 董学宾：《习近平总书记关于政治建党的重要论述的鲜明特征》，《学习论坛》2019 年第 1 期。

行使民主选举和民主监督等权利，协商民主从微观上对选举民主进行补充完善，二者在实践中相得益彰，共同构成了公民参与公共事务的重要机制①。例如，我国基层党组织和政府部门不断创新社会治理方式，近年来“村级民主协商群言堂”“民主恳谈会”“五议决策法”等协商治理创新项目遍地开花，各式各样基层公共事务的协商平台不断涌现。通过基层协商民主的实践，人民群众实实在在地成为社会主义协商民主的重要参与主体，使得“人民当家作主”不再仅仅是一句口号②。

（三）拓展政府职能体系与创新政府履职模式

政府职能转变是当代中国政府改革的主要目标，也是建设人民满意的服务型政府的关键路径。一定意义上，职能转变和机构改革都已成为具有中国特色的治理工具，政府职能及其转变也成为行政管理学研究的基础性议题。总体而言，改革开放以来的政府职能转变，服务于中国特色社会主义建设的根本任务，主要表现为政府职能体系的拓展和政府职能履行方式的创新③。

我国政府职能体系不断适应中国特色社会主义的发展要求，范围从“经济调节、市场监管”逐步扩展为“经济调节、市场监管、社会管理、公共服务和生态环境保护”。不同于政府早期履行经济调节和市场监管等经济属性的职能，人民满意的服务型政府建设过程中，政府把更多的注意力和资源投入社会管理、公共服务和生态环境保护等具有鲜明的民生属性的职能上，继续推进政府职能向维护公平正义、提供优质公共服务、创造良好发展环境的根本转变。以政府在公共服务职能上的拓展为例，各级政府从国家《“十三五”推进基本公共服务均等化规划》出发，结合国家关于“2020年基本公共服务体系更加完善，体制机制更加健全，基本公共服务均等化总体实现”的总目标，紧扣基本社会服务供给数量不充分、供给需求结构匹配度低及区域城乡服务供给发展不均衡的主要问题，将基本

---

① 申建林、蒋田鹏：《中国民主政治发展的“协商”与“选举”之辩——兼评“协商民主优先论”》，《武汉大学学报（哲学社会科学版）》2014年第1期。

② 汪家焰：《中国特色社会主义协商民主的发展历程与逻辑探究》，《河南社会科学》2019年第3期。

③ 孔繁斌、郑家昊：《建设人民满意的服务型政府——中国共产党对行政体制理论的创新探索》，《中国行政管理》2021年第7期。

社会服务的总体发展目标设定为：实现基本公共服务在城乡区域及人群的均等化，同时基本公共服务可及性和可得性得到显著提高，贫困地区实现基本社会服务达到国家“十三五”基本公共服务领域的主要发展指标，形成基本社会服务的新型管理体制和运行机制①。

建设人民满意的服务型政府除了政府拓展民生属性职能外，还需要政府创新履职方式，以提高政府的治理能力和治理效能。在全面深化改革的新时代，面对公共事务和公共问题的复杂性和不确定性的增加，以党的全面领导为统率，中国行政体制尝试了纵向贯通、横向协同的政府合作履职模式②。政府合作履职的创新的组织基础是融党的领导和政府职能优化于一体的第八次机构改革。2018 年，我国开启了改革开放以来的第八次机构改革。前七次机构改革以适应经济改革需求、推进行政管理有序运行为主线，2018 年开展的第八次机构改革通过对党的领导地位的加强，将机构改革提升到新的高度，即将党的领导和政府职能优化紧密结合，进一步凸显“以人民为中心”的价值理性，意味着我国的机构改革已经超越工具理性范畴，进而推动了我国政府运行系统的变革。新修订的党章明确指出党是领导一切的，新修改的宪法也把“党的领导”明确写入宪法正文之中。2019 年 1 月 31 日发布的《中共中央关于加强党的政治建设的意见》明确指出了国家机关政治属性，认为行政机关本质上是政治机关，要在党的领导下依法实施经济社会管理活动。因此，我国无论是中央政府还是地方政府，都必须接受中国共产党的领导，都必须以服务人民为最高政治准则，这就是中国政府的特质。政府机构改革与党的机构改革，能够更好地发挥党政一体化的制度优势，助推人民满意的服务型政府建设。

第四节 “放管服”改革：服务型政府建设的全新推进模式

建设人民满意的服务型政府这一理念的提出，是党的十八大在总结多年来推进服务型政府建设经验的基础上，将人民满意作为新时代服务型政

① 林闽钢：《走向社会服务国家：全球视野与中国改革》，北京：中国社会科学出版社，2020 年，第 289-290 页。

② 孔繁斌、郑家昊：《建设人民满意的服务型政府——中国共产党对行政体制理论的创新探索》，《中国行政管理》2021 年第 7 期。

府建设的价值取向，明确地将“人民满意”作为服务型政府建设的核心指向和动力源泉来加以强调，是纲领性的、原则性的。如何建设人民满意的服务型政府，如何落实，则是需要中央政府和各级地方政府在实践中发挥智慧、不断创新的。

一、“放管服”改革的提出

建设人民满意的服务型政府的行政体制改革整体优化的目标已经明确。推进人民满意的服务型政府建设，必然要求以满足人民群众日益增长的物质文化需求为导向，把保障和改善民生作为做好政府工作的出发点和落脚点，以精简效能、权责一致为原则，全面正确履行政府职能。如今，始于沿海、最后蔓延至内地的经济下行现象引发全国的关注，在全球经济明显减速、国内面临诸多挑战的背景下，面对中美贸易摩擦等一系列风险挑战，中国经济能否保持平稳较快的发展，也是摆在各级政府面前的当务之急。这就要求政府改进管理方式，更好地为经济发展服务，为社会公众服务，管理体现在服务之中，将管理与服务统一起来。持续多年的“放管服”改革成为实现人民满意的服务型政府目标的全新推进模式①。

首先，“简政放权、放管结合、优化服务”不是一开始就被完整地提出来的，而是逐步完善的。最开始主要强调简政放权。2014 年，李克强总理在政府工作报告中提出“进一步简政放权”。在简政放权发展到一定阶段后，事中事后监管就成了一个突出问题，因此补上了放管结合。在 2015 年的《政府工作报告》中，李克强总理再次提出“加大简政放权、放管结合改革力度”。简政放权和放管结合都是手段，行政改革的真正目的和价值在于优化服务，真正让老百姓受益，最后又把优化服务的目标也完整地提了出来。2016 年的《政府工作报告》则表述为“推动简政放权、放管结合、优化服务改革向纵深发展”。2016 年 5 月 9 日，李克强总理在全国推进简政放权放管结合优化服务改革电视电话会议上指出：“‘放管服’改革实质是政府自我革命。”这是“‘放管服’改革”一词第一次被提出。紧接着，2016 年 5 月 23 日国务院下发了《国务院关于印发 2016 年

① 孔繁斌、郑家昊：《建设人民满意的服务型政府——中国共产党对行政体制理论的创新探索》，《中国行政管理》2021 年第 7 期。

推进简政放权放管结合优化服务改革工作要点的通知》（国发〔2016〕30号），至此，人民满意的服务型政府建设具化为推进各级政府简政放权放管结合优化服务改革工作的行动路径。“放管服”改革内容的不断充实完善从一个侧面说明了党和政府对服务型政府的认知一直是一个动态的、开放的过程，在已有的理论认知和实践经验总结的基础上，不断地对服务型政府产生新的理解，进而探索新的建设路径。“简政放权、放管结合、优化服务”被循序渐进地提出，也反映了“放管服”改革本身的复杂性和艰难性。

其次，新一轮的“放管服”改革着重彰显优化服务这一行动目标。今天，民众的需求不仅体现出多样化特征，对公共服务质量的要求也日益提高，期盼有更好的教育、更稳定的工作、更满意的收入、更可靠的社会保障、更高水平的医疗卫生服务、更舒适的居住条件、更优美的环境、更丰富的精神文化生活。公民、企业、社会组织对于公共产品和政府服务有着更多的新期待和更高的新要求，政府如何整合和调动各类资源优化服务是新形势下建设人民满意的服务型政府的最终目标，不管是简政放权还是放管结合，最终的落脚点都是优化服务。改革成效不再是计算精简了多少个机构，而是落脚于市场主体和群众的幸福感、获得感的提升，这就将政府组织内部的改造与现实更好的服务贯通起来。实际上，“放管服”改革的一系列创新阐释，其理论贡献突出表现为打破了传统科层组织的管理本位，进而在数字治理时代探索了服务本位这一新的行政组织形式①。“放管服”改革结合了以民众需求为导向的新理念与数字政府治理的新形态，推动建立一种“回应性简政”，成为政府组织“简约化革命”的新起点。

二、“放管服”改革在具象实践层面的扩散

与探索阶段的服务型政府建设的区域创新、由点到面的平行扩散不同，在建设人民满意的服务型政府创新话语引领下的“放管服”改革是一场自上而下的实践扩散。党中央提出建设人民满意的服务型政府的目标，国务院负责制定工作要点和组织落实。这场改革由中央政府发动，各级地

① 孔繁斌、郑家昊：《建设人民满意的服务型政府——中国共产党对行政体制理论的创新探索》，《中国行政管理》2021 年第 7 期。

方政府落实执行的过程也伴随着政策的创新扩散。在扩散过程中，政策理念、领导体制、运行流程、技术基础、工作机制等方面存在许多相似之处，这里面既有基于政策学习产生的政策趋同现象，也有地方结合各自不同的地方情境而采取的多种政策形式，在一定程度上进行着政策再生产。

国务院的顶层设计尤以《国务院关于印发 2016 年推进简政放权放管结合优化服务改革工作要点的通知》（国发〔2016〕30 号）为典型。在这份通知里，国务院共做出了“持续简政放权，进一步激发市场活力和社会创造力；加强监管创新，促进社会公平正义；优化政府服务，提高办事效率”三大块部署，并给出了涉及继续深化行政审批改革等十五个方面的具体改革内容。为了保障落实到位，这份通知还规定了具体的牵头部委和分工负责的部门。依据这份通知，各级地方政府纷纷结合本地实际情况，出台了相关的推进“放管服”改革的方案。

（一）持续简政放权，进一步激发市场活力和社会创造力

中国的改革经历很少具有整体配套的特征，更多的是分期分批的改革过程，这种改革方式的好处不在于统一性而在于开放性，意料之外的、试验性的政策解决方案一旦出现就被立刻抓住①。“简政放权、放管结合、优化服务”不是一开始就被完整地提出来的，而是逐步完善的。

简政放权主要是继续深化行政审批制度改革。行政审批制度改革一直是服务型政府建设的重要内容，早在 2001 年，我国就启动了行政审批制度改革，但前期改革在取得良好成效的同时，也存在权力边减边增、审批流程不够合理、群众满意度不高等问题，因此需要进一步转变治理理念，以壮士断腕的勇气，将改革不断深化。为此，国务院给出的工作要点是：“继续加大放权力度，把该放的权力放出去，能取消的要尽量取消，直接放给市场和社会。”各级地方政府纷纷结合本地情况，出台细则，贯彻落实。

以南京市为例，首先是江苏省人民政府结合江苏省“不见面审批（服务）”改革实际，下发了《江苏省人民政府办公厅关于印发进一步推进“互联网+政务服务”深化“不见面审批（服务）”改革工作方案的通

① ［德］韩博天：《红天鹅——中国独特的治理和制度创新》，石磊译，北京：中信出版社，2018 年，第 103 页。

知》(苏政办发〔2018〕96号)。南京市为了贯彻落实国家和江苏省有关行政审批制度改革的决策部署，把行政审批制度改革放在全市综合改革的首要位置，结合南京市实际，综合施策、多方联动、系统推进，切实改变政府职能，着力构建具有南京市特点的行政审批服务体制机制。在新一轮行政审批制度改革中，南京市根据新形势、新要求，坚持市场导向、问题导向、法治导向、服务导向，抓住清理、精简、下放、规范、严控、监管等关键环节，确定了建立行政审批事项清单、大力精简工商登记、“前置审批”事项、实行投资项目“并联审批”、出台政府购买服务政策、建立行业事业性收费清单、推进诚信体系建设等六个方面共计23项具体改革任务，实行挂图作战，逐项、逐部门抓落实，取得了一定的成果。如建立行政审批事项清单这一项，南京市通过部门自查和组织普查核对，对市级56家政府机关与直属单位的行政许可项目、非行政许可审批项目、初审项目等进行全面调查，形成市级部门行政审批事项清单194项，全部为行政许可事项，占部门上报的全部审批事项的18.6%；非许可审批事项全部取消。对政府现有行政权力进行事项全面梳理、清理，建立行政权力清单，初步梳理出行政权力事项涉及8类总计4 173项。通过承接国家和省取消下放的行政审批事项，南京市厘清行政审批事项，2014年共取消109项行政审批事项，下放104项审批事项，承接88项行政审批事项，转移到中介机构6项。

早期的行政审批改革主要解决“一长四多”的问题，即审批时间长、盖章多、收费多、材料多、中介服务多，因此各级政府纷纷建立政务中心或政府办事大厅，实行“一门式”服务，初步解决了办事群众“多地跑”的问题，但单纯的物理整合无法从根本上解决审批中的问题。行政服务中心是政府的派出机构，对外并不具备行政主体资格，对内缺乏行政协调监督权，更像是“收发室”。以往政府改革更多以部门为主体推进，改革更加侧重部门权力的梳理、清理与简化，但始终没有围绕民众的实际需求来实现行政流程的重构。改革周期结束后，行政权力依旧会分散在各职能部门之中，民众仍然需要根据自身实际的办事需求前往各职能部门。因此，在新一轮的“放管服”改革中，行政审批改革继续深化。如海门市成立了“行政审批局”。2016年6月，海门市政务服务中心迁入新大楼。原本由住建、环保、市监等10个部门行使的82个审批事项划转至行政审批局，实行“一枚印章管审批”。至此，该市的行政审批在体制上实现了由“分散、重复”型旧模式向“集中、高效”型新模式的华丽转身①。

再如浙江省“最多跑一次”改革在整体性政府理念之下，要求各部门打破“山头主义”，以“一件事”为核心重新整合自身与其他部门之间的行政权力与流程，确保民众只需找到牵头办事机构，就能一次性办成政务服务的具体事项。

（二）加强监管创新，促进社会公平正义

在这方面，国务院给出的工作要点为“实施公正监管、推进综合监管、探索审慎监管以及促进各类市场主体公平竞争”。考察各级地方政府在这方面的具体落实则是重点放在了建立权责清单上，进行信用监管，以“双随机、一公开”为抓手，以综合执法为支撑，构建以线上线下制度链为保障的严格有效监管机制，确保事中事后监管方面。行政检查权集中下移到街道，将分散在街道的执法力量集中下沉，明确区政府各部门行政处罚权力清单，明确街道行政检查权力清单，有效破解街（镇）“看得到、管不了”，区级部门“管得了、看不到”等问题。

如南京市在加强信用监管方面，依托“智慧南京”推进跨部门、跨领域、跨区域数据共享整合，不断完善自然人和法人信用信息账户，累计汇集信用信息 14 亿条。南京市信用信息归集系统已覆盖 45 个市级部门、11 个区及其相关部门，实现近 24 万家市场主体信用信息有效归集，开发了“联合信用奖惩支持系统”和“联合信用插件系统”，把信用奖惩嵌入各职能部门的业务办理系统，参与线上信用联合奖惩的单位达 625 家。南京市在质监、住房、建设、食品药品管理等领域开展信用承诺和联动惩戒，“红黑名单”动态发布，对全市 1.4 万家企业实行信用审查，对失信企业一票否决，有效形成了“一处受罚、处处受限”的信用监管局面。

在积极推行综合执法改革方面，推行区、镇（街）“两权分离、工作融合、信息共享、重心下移”的执法机制［即行政检查权与行政处罚权相对分离，区、镇（街）执法人员统一管理，审批监管信息互联互通，执法重心下沉一线］。在技术层面上，加强线上线下同步监管。运用大数据、

① 张利萍：《深入推进“放管服”改革　加快基层服务型政府建设进程》，《领导科学论坛》2019 年第 5 期。

云计算等信息技术，通过与网格化信息指挥平台、综合执法平台的对接，形成线上线下服务互补、审批监管协同推进、社会公众参与监督的综合保障机制，每月结案率、处置率提升了近20%。积极构建“1+5+X”权力运行监管体系，在投资管理、市场公平、食药品安全、安全生产、环境保护5个重点领域分别制定了专项事中事后监管办法，其他审批部门针对许可事项逐项制定事中事后监管措施，在实施运行中，还对每一项监管措施进行跟踪了解、检查落实，着实减少监管空白和盲点。

（三）优化政务服务，提高办事效率

在这方面，国务院给出的工作要点是“提高‘双创’服务效率，提高公共服务供给效率，提高政务服务效率，加快推动形成更有吸引力的国际化、法治化、便利化营商环境”。地方政府的措施则多为诸如行政审批标准化，审批服务便民化，全面推进“一门式、一网式”政务服务模式，完善网上服务办事大厅建设，以及进一步转变政府职能、提高政务服务效能、打造最优营商环境，更好地服务于企业发展，激发市场活力和创新动力。

2016年5月，《政务服务中心运行规范》等7项国家标准正式实施，对我国政务大厅等服务中心“运用标准化手段，进行服务规范化建设，实现政务服务的系统化、透明化和常态化”进行了有效的规范。其“以标准化促规范化”的方针既保障了政务服务的质量，也提升了政府的公信力和执行力。推动服务重心向基层下移，面向个人的服务事项原则上全部下沉至街道、社区办理。建设统一的政务服务大数据库、电子证照库，构建市民办事统一身份认证体系，强化跨部门、跨层级、跨区域数据共享，打破“信息孤岛”和数据壁垒，实现数据信息互联互通。强化“一门式、一网式”政府服务效能监督，推动深圳市政务服务统一申办受理平台与效能监督系统无缝对接，建立全程留痕、过往可溯、进度可查的办事记录与督查机制。在医疗、教育、就业和社会保险等领域，试点推进部分公共服务事项的同城通办、就近办理、一证通办。

以优化营商环境为例，国外学术界对于营商环境的研究主要在营商环境评价领域。世界银行最早系统研究“营商环境”，并从2001年开始成立营商环境小组构建营商环境指标体系。2003年以来，世界银行每年发布全球营商环境年度报告，目前含开办企业、办理施工许可、获得电力、登记财产、纳税等10项一级指标、41项二级指标，为评价各国和地区营商环境竞争力提供重要参考。根据世界银行的报告及国内学术界对营商环境的研究，营商环境可以界定为伴随企业活动的整个过程（包括从开办、营运到结束的各环节）的各种周围境况和条件的总和。具体而言，营商环境包括影响企业活动的社会要素、经济要素、政治要素和法律要素等，是一项涉及经济社会改革和对外开放众多领域的系统工程。营商环境贯穿于企业整个生命周期，直接影响着企业的经营状态，进而对区域内的经济结构、产业结构、就业结构、社会发展等产生重要影响，最终决定一个国家或地区招商引资的数量和质量。“经济社会发展的动力，源于市场主体的活力和社会创造力，这在很大程度上取决于营商环境，营商环境是发展的体制性、制度性安排，其优劣直接影响市场主体的兴衰、生产要素的聚散、发展动力的强弱。”①

我国各级政府积极推动营商环境建设，使得我国营商环境总体建设水平不断上升。以南京市为例，近年来在优化营商环境这一政策目标指引下，南京市委、市政府对标世界银行营商环境指标体系，于2018年9月3日发布《南京市优化营商环境100条》（宁委发〔2018〕31号），这是我国地方政府层面采取的较具系统性的优化营商环境举措。《南京市优化营商环境100条》以世界银行关于营商环境的指标体系为基础，在一级指标上增加了“全程兜底服务”这一一级指标，共有一级指标11项；在二级指标上对41项二级指标进行细化，并且在“全程兜底服务”这一一级指标下设置了5项二级指标，使得二级指标总数达到100条。

改革开放以来，尤其是自贸区建设以来，我国政界与学术界经历了由“投资环境”到“营商环境”的话语转换。“投资”主要限于企业的经营行为，而“营商”则涵盖了更加宽泛意义的基础建设、企业运营、法治保障等要素。因此，从“投资环境”到“营商环境”的转换体现出政府对其职能更为精准的自我定位。遵循“走向从实践出发的社会科学和理论”这一理论与研究范式②，基于典型实践范例提炼出关于中国营商环境及其

---

① 李克强：《在全国深化“放管服”改革优化营商环境电视电话会议上的讲话》，《中国行政管理》2019年第7期。

② ［美］黄宗智：《中国研究的规范认识危机——社会经济史中的悖论现象》，《史学理论研究》1993年第1期。全文转载自《长江》，有删节。

自贸区治理的制度逻辑、行动逻辑与话语体系。作为经济大省，近年来江苏省各级政府高度重视营商环境建设。《2019 中国城市营商环境指数评价报告》中，南京市位列全国大中城市第五位。江苏自贸区获批建设为进一步优化营商环境提供了良好的契机。南京自贸片区应恪守治理现代化理念，对标营商环境指标体系，在充分利用现代科学技术的基础上，实现政府管理体制与运行机制创新，产出更多制度创新成果，从而为自贸区建设提供制度保障，进而构建关于治理的中国话语体系。

三、“放管服”改革实践扩散的特点

（一）“放管服”改革实践扩散路径为“自上而下”

服务型政府建设进入“放管服”改革阶段后，改革路径发生了改变。我国早期的服务型政府建设最初是地方政府酝酿和发动的。前面我们探讨过，改革开放初期，地方政府为了增强本地区的竞争力，为了更好地招商引资、服务社会和企业，纷纷建立诸如“外商投资服务中心”“政府办事大厅”等“一站式”服务机构。随着地方政府实践卓有成效，加上中国加入 WTO 和应对“非典”等大事件，中国服务型政府建设迎来了政策窗口期，地方政府率先实践的政府服务理念被国家政策决策层吸纳并引入顶层设计，国家政策决策层进而提出建设服务型政府的总目标，政策形成的路径是“自下而上”的。之后，中央政府以其强大的政治动员能力推动着服务型政府建设不断向前。随着中国政府改革进入深水区，面对新环境、新问题，政府改革该何去何从，服务型政府建设又将朝哪个方向发展，这些事关全局的问题，就不是地方政府基于一时一地所能回答的了。于是中央政府审时度势，提出“放管服”改革，并连续发布相关政策文件对各级政府进行引导，不同于之前的“自下而上”的改革路径，这次改革路径是“自上而下”的。

服务型政府建设是转型升级式的改革，不是修复式的改革。中国政府依据现实的发展基础，谋求更大的发展，中央政府必然是最重要的领导者、推动者。与“自下而上”的改革实践扩散路径相比，由中央政府首倡的“放管服”改革，以其较高的政治势能，加快了其在全国范围内自上而下、由点及面辐射推广开来的进程，使得其在各省（自治区、直辖市）落地、实行与变迁。自上而下的垂直层级扩散模式，其背后的机理在于现行政治体制下的政府行政行为具有明显的层级化和集权化特点，在“中央—省—市”三级政府结构中，具有刚性的“自上而下”的制度场域特征，上级政府掌握了资源配置的决定权，对下级政府具有较强的制约力。中央政府政策话语的输出及政策信号的释放因为行政权力命令与服从的关系，各级地方政府往往会直接通过政策落实和政策执行等方式，使得“放管服”改革得以迅速扩散。

（二）“放管服”改革的技术基础是中国的进一步信息化

从历史上来看，科技进步和发展乃是推动社会变革的主要力量之一。从20世纪80年代开始的现代通信技术革命，特别是互联网的发展和普及对人类社会产生了革命性的影响，它不仅改变了生产方式，也改变了人类的生活方式和交往方式。人类社会进入了网络社会和知识经济的时代，这一时代呈现出了与传统时代不同的特质，如数位化、全球化、虚拟化、去密集化、动态化、即时性、流动空间等。在网络化的社会中，知识已经成为经济活动的根本生产要素，成为国家创造持续经济增长、形塑竞争优势、积累附加值的主要驱动力。网络社会和知识时代的兴起，改变了政府施政的外部环境，动态、复杂、多元的环境，对政府的职能和角色、政府的组织形态与结构功能，以及政府的运行方式提出了新的要求。同时，新的信息和通信技术革命，也为政府治理创新提供了新的技术和手段，催化着新的治理方式，成为推动政府改革与创新的最佳媒介与策略动力，为建立以服务民众为中心的、灵活、高效、透明的政府创造了可能性①。

依托中国信息化的发展，各级政府渐渐实现了跨机关政府整合服务。以国家政务服务平台为例，国家政务服务平台由国务院办公厅主办，国务院办公厅电子政务办公室负责运行维护。国家政务服务平台作为全国政务服务的总枢纽，重点发挥公共入口、公共通道、公共支撑等三大作用，为全国各地区各部门政务服务平台提供统一政务服务门户、统一政务服务事项管理、统一身份认证、统一电子印章、统一电子证照、统一数据共享等“七个统一”支撑服务，实现支撑一网通办、汇聚数据信息、实现交换共享、强化动态监管等四大功能，解决跨地区、跨部门、跨层级政务服务中

① 张成福：《政府治理创新与政府治理的新典范：中国政府改革40年》，《国家行政学院学报》2018年第2期。

信息难以共享、业务难以协同、基础支撑不足等突出问题。为民众提供进入平台的方式达6种之多，如可以通过电脑浏览器直接检索“国家政务服务平台”进行访问，也可以在各大手机移动端市场搜索“国家政务服务”下载国家政务服务移动端App等。截至2021年1月31日，国家政务服务平台总浏览量达133亿次，注册总数为2.02亿人①。

国家政务服务平台提供统一的身份认证、证照、事项、用户、搜索服务，实现“一次登录，全国漫游”，解决群众在不同平台反复注册、重复登录，以及进多站、跑多网等问题。支撑跨地区跨部门电子证照互认共享，解决办事中需要重复提交纸质证照等问题，为群众办事减证明、减材料、减跑动提供有力支撑。推动全国政务服务事项名称、编码、依据、类型在国家、省、市、县“四级四同”，支撑不同地区服务事项无差别办理和全国范围内“一网通办”。为企业和群众建立专属的个人空间，实现用户证照、办件、投诉、评价等信息的一网汇聚。便于精准定位用户需办理的事项服务，实现全国范围内政务服务资源的“一键查找”。民众还可以在国家政务服务平台统一投诉建议，即统一受理和处理全国用户与政务服务工作相关的实名和匿名投诉和建议。“统一好差评”，即让群众对各地方部门提供的办事服务进行满意度在线评价。服务内容涉及切换各地方热门服务，不仅告诉大家事项哪里办、怎么办，还能网上办、掌上办；查职业资格、查学历学位、查出入境记录、查信用信息、查残疾人补贴申请、查交通违章；注册登录，就能知道自己有多少证、在办哪些事；只要实名登录，查教师证、查普通话成绩、查学历学位证书、查四六级成绩……全部一键搞定；从残疾人证件的申请、查询到等级变更和注销，再到残疾人两项补贴的申请和查询，足不出户体验线上办理；不管是对地方还是对国务院部门，不管是匿名还是实名，只要有意见，就可以在这里提交，从收集转办到回复评价，都完全透明。平台建立的电子证照共享服务系统，已汇聚证照类型近1000种，供各地区各部门调用，为电子证照跨地区互认、“减证明、减材料”提供了数据支撑。2020年12月初上线的“跨省通办”

---

① 郝菁：《2亿人注册，2亿次点亮！国家政务服务平台持续“上新”用户数再创新高》，https://baijiahao.baidu.com/s? id = 1690642266621223381 & wfr = spider & for = pc，访问日期：2021年2月3日。

服务专区，接入了住房公积金异地转移接续、失业登记等近50项“跨省通办”高频事项和190多项在线办理服务，方便企业和群众“网上办、就近办、一地办”①。

在地方政府层面，得益于国家信息化发展，各级地方政府也纷纷上线政务服务网，提供“一网通办”服务，提出“网上随时办、大厅就近办、无差别受理、同标准办理”，详细列出政务服务清单、收费清单、中介清单等。中国信息化、网络化的进一步发展，使得“互联网+政务服务”模式得以形成和推广，再加上之前已经建立和推广的线下实体的地方服务大厅、行政审批中心，中国各级政府为民众提供服务的方式发生了很大的变化，跨机关、跨层级、跨区域的整合性、高效率的便民化新服务模式已经形成。面向社会需求和公共问题，服务社会和民众的整体性政府正在慢慢呈现。

（三）“放管服”改革使服务型政府建设走向精细化

不同于早期服务型政府建设多在机构改革、政府职能转变等大的政策议题上下功夫，此次“放管服”改革表现出精细化的一面，表现出政府改革和服务型政府建设上的“绣花”功夫。

在政府改革目标方面，不同于以往的只专注于政府自身的、大的、宏观的改革议题，此次改革更多地关注民众需求的满足。在政府自身的改革目标设置上，主要集中在机制创新、放管服、服务型政府、简政放权、效率、行政效能等方面；在民众需求目标上，集中在便民、公信力、满意度、方便等方面；从改革的侧重点来看，改革目标越来越侧重于民众需求，逐步体现出以民众为中心的改革方向和建设人民满意的服务型政府的价值诉求。

在政策工具的使用上，更加注重政策工具的组合运用，工具类型日趋全面和完善。所采用的政策工具既包括之前诸如政府信息公开、政府业务流程再造这些传统政策工具的升级，也包括新创的政府技术平台提升与整合、政府督查和政府服务模式创新等新开发的政策工具。具体而言，此次改革运用的政策工具有事项清单、共享、精简流程、公开、督查、办事指南、集成服务、网上办、咨询、举报平台、信用、培训、标准化、异地办

---

① 郝菁：《2亿人注册，2亿次点亮！国家政务服务平台持续“上新”用户数再创新高》，https://baijiahao.baidu.com/s?id=1690642266621223381&wfr=spider&for=pc，访问日期：2021年2月3日。

理、评估、综合受理、个性化服务、限时办结等。此次“放管服”改革政策工具运用方面的一大亮点在于互联网技术的运用。行政审批部门依托政务服务网和数据共享，实行一套标准、一网通办、一站服务，为群众提供人性化、个性化的服务，极大地提高了政府行政效能和群众满意度。在政府业务流程再造方面，此次改革限制了行政部门的自由裁量权，使办事流程更加规范和标准化。

对政府提供服务部门的区分和关键概念的置换，也体现出服务型政府建设越来越趋向于精细化。如对政务服务中心和便民服务中心的区分，由于政务服务中心与便民服务中心二者的服务对象不同，因此，二者的发展定位也不同。政务服务中心的工作主要是一些服务企业发展的生产经营活动审批、投资审批、资质资格许可认定，以及社会管理领域的审批，涉及的行政权力主要是行政许可，其中工程建设项目审批是重中之重；便民服务中心则主要负责方便老百姓办事的政务服务类事项，涉及的行政权力主要是各级政府部门机关事业单位的公共服务事项和部分社会管理领域的审批事项，如户口、社会救助、社会医疗保险办理。这种情况就决定了政务服务大厅与便民服务中心在建设和发展方向上应该分别设置，且功能上不能雷同，应该各有侧重点。

再比如在政府改革话语里“营商环境”对“投资环境”的置换。根据世界银行及国内学术界对营商环境的解读，营商环境可以理解为伴随企业活动的整个过程（包括从开办、营运到结束的各环节）的各种周围境况和条件的总和。具体而言，营商环境包括影响企业活动的社会要素、经济要素、政治要素和法律要素等，是一项涉及经济社会改革和对外开放众多领域的系统工程。营商环境贯穿于企业整个生命周期，直接影响着企业的经营状态，进而对区域内的经济结构、产业结构、就业结构、社会发展等产生重要影响，最终决定一个国家或地区招商引资的数量和质量。改革开放以来尤其是自贸区建设以来，我国政界与学术界经历了由“投资环境”到“营商环境”的话语转换。“投资”主要限于企业的经营行为，而“营商”则涵盖了更加宽泛意义的基础建设、企业运营、法治保障等要素。因此从“投资环境”到“营商环境”的转换，体现出政府对其职能更为精准的自我定位。事实上，新时代的中国正在发生一场伟大变革，立足中国改革实践构建中国话语体系是时代的强烈呼唤。

第五章

服务型政府知识的传播：创新扩散的观点

第一节　从服务型政府的创新认知属性看服务型政府的传播

传播指的是参与者为了相互理解而发布和分享信息的过程。传播是双向趋同的过程，而不是某个人为了达到某种效果进行的单向、线性输出过程。扩散是特殊类型的传播，指的是创新在特定的时间段内，通过特定的渠道，在特定的群体中传播的过程，扩散的信息与新观点有关①。人们对新观念的扩散、拒绝抑或采用会导致社会体系和结构功能的变化，扩散会导致社会变革。很多时候，人们谈论的创新多指技术创新、硬件层面的创新，因为其易被观察和追踪。但创新也可以只由信息构成，例如马克思主义的政治哲学、宗教的宗教思想、地方性的限塑令或新闻报道等，这些软的创新大家也在研究。随着生产的非物质化（即创造的每价值单位的能量含量逐渐减少，其信息含量逐渐增加），人们再也不能把信息仅仅看成对经济活动及国家发展的一种外部支持，恰恰相反，信息正成为主要推动力量。现代国家核心竞争优势聚焦于谁能更好地创造和分享新信息。政府仍然是主导社会发展的决定性力量，政府模式的选择关乎国家发展的成败。成功的政治知识化需要有漫长的积累，一般包括政治理念提炼（哲学化）、政治制度与方法验证（科学化），以及政治知识与技能传播（社会化）三个基本环节②。由于政府模式的创新属于软的创新，在方法论方面不易被观察和追踪，因此对政府模式创新的扩散研究相对较少。

一、政府模式的创新：服务型政府

大致在 20 世纪 80 年代初，西方国家为应对经济停滞与通货膨胀，以及政府本身的低效与高财政赤字，纷纷进入以市场化和私有化为主要特征的政府改革季，新公共管理理论为其主要理论指导。20 世纪 80 年代末 90 年代初东欧剧变、苏联解体，冷战的国际态势结束，美国的自由民主观念在全球攻城略地。然而，2008 年全球金融危机爆发，之后欧洲爆发债务

① ［美］E. M. 罗杰斯：《创新的扩散》，唐兴通、郑常青、张延臣译，北京：电子工业出版社，2016 年，第 7 页。

② 曹沛霖：《制度纵横谈》，北京：人民出版社，2005 年，第 254 页。

危机，美国爆发“占领华尔街”运动，显示西方政府长期奉行的边际改革策略陷入失灵境地，也终结了“自由民主意识形态取得最后胜利”的论断，寻求新的政府治理模式也再次摆在世人面前。

在西方国家进入政府改革季时，中国正在进行改革开放。我们曾有个两千年不变的文化定型，但在鸦片战争之后维持不下去了，从“千年”不变到“十年一变”，连变二十变①。20世纪80年代以来，中国政府的改革和建设可以说是中国社会的主旋律，成为中国社会、经济全面发展的强劲引擎。中国犹如一只“红天鹅”，对现有的社会学理论提出了挑战。中国共产党执政的政治韧性，加上快速增长的、具有国际竞争力的、融入全球分工体系的国民经济，使得中国成为一个非同寻常的、难以预测的重要案例。中国潜在的巨大冲击不仅会影响世界政治和经济实力的分配，也会影响全球关于发展模式的讨论②。中国道路的观测点应聚焦于中国政府改革，因为在中国崛起的进程中，中国政府根据国际、国内环境的变化表现出令人惊讶的适应性与灵活性，展现出与其他社会主义国家截然不同的国家行动力和成就。中国近几十年持续进行的服务型政府建设则为解释当代中国政府改革提供了一个开放的、动态的视角。

早在改革开放之初，响应大刀阔斧的经济体制改革，地方政府在实践中为了更高效、更好地服务于外商投资、企业和社会，纷纷建立初级版的“一站式”服务机构，如“外商投资服务中心”“政府办事大厅”等，这被认为是早期服务型政府的雏形，可以说是服务型政府的1.0版本。之后，得益于中国行政管理学科的恢复与重建，学术界提出并论证了“服务行政”的概念，并由点到面进行了持续深入的理论思考与创新性研究。1992年，党的十四大正式确立我国经济体制改革的目标为建立社会主义市场经济体制，中国进入“后市场经济”时代，改革开放得以加速推进，政府改革也进入了一个新的阶段。1998年，以“机构改革”为名义的行政改革开展起来，政、学两界纷纷探寻应当建立一个什么样的政府领导中国特色社会主义事业，服务型政府的概念应运而生。地方政府中较早提出

① 唐德刚：《从晚清到民国》，北京：中国文史出版社，2015年，第95页。

② ［德］韩博天：《红天鹅——中国独特的治理和制度创新》，石磊译，北京：中信出版社，2018年，第16-17页。

建设服务型政府目标的有上海、南京、成都、重庆等地的政府。2004 年，时任国务院总理温家宝在中央党校省部级主要领导干部“树立和落实科学发展观”专题研究班上提出了“努力建设服务型政府”的历史任务，这是中央高层领导首次明确指出建设服务型政府。2005 年，“服务型政府”首次被写入《政府工作报告》。2007 年，党的十七大报告首次将建设服务型政府设定为行政管理体制改革的目标和价值取向。2012 年，党的十八大报告将“建设服务型政府”升级为“建设人民满意的服务型政府”。2017 年，党的十九大报告提出，“增强政府公信力和执行力，建设人民满意的服务型政府”。与此同时，我国已经在 2008 年、2013 年和 2018 年分别又进行了三次大规模的以建设服务型政府为总目标的国务院机构改革，大部门体制、协调小组等合作行动机制在机构改革中得到广泛应用。之后，通过服务价值社会化，治国理念即政府改革目标被具化为“放管服”改革的行动话语。由此可见，以“服务型政府”叙事为样本，超大国家治理话语与西方治理话语截然不同①。

服务型政府作为一种理想的政府形态，以及中国实践建设中的行政管理模式，不同于西方零散的政府改革，而是政府自身的深刻革命的成果，具有创新性。然而，开创一项新的政治制度绝非易事，想得到广泛的传播与认可，进而被采用，则难之又难，往往要历经数十年之功，甚至更长，成果需用年代来衡量而不是年。决定创新扩散的变数有很多，但创新的认知属性是最重要的变数之一。

二、服务型政府的创新认知属性

影响创新扩散的四大要素分别是创新、沟通渠道、时间和社会体系。这里我们重点探讨服务型政府的创新认知属性，因为根据扩散学者的研究，人们采用创新与否的一半原因可归结为创新的认知属性②。

（一）相对优势

相对优势是指创新相比被其取代的现有观念或技术优越的程度。服务

---

① 程倩：《从宗旨到行动：服务型政府叙事的话语分析》，《浙江学刊》2020 年第 4 期。

② ［美］E. M. 罗杰斯：《创新的扩散》，唐兴通、郑常青、张延臣译，北京：电子工业出版社，2016 年，第 231 页。

型政府的相对优势横向上是相对于同时期的西方典型的管理型政府而言的，纵向上则是相对于中国之前的管制型政府而言的。

西方典型的管理型政府的社会基础是一个由资本主义逻辑整合的西方现代社会，政府理论的基石为权力与权利的关系，内核为“委托—代理”理论，外显为“无代表不纳税”，以及权力制衡，社会的治理建立在刚性的规则、制度之上，呈现的是“‘创制秩序——理性官僚制’的知识叙事”①。服务型政府的元逻辑为“群体秩序——合作制”②，建立在“集体行动”基础之上，外显为群体首位、“集体领导”、政府主导政治变迁。政府不仅政治动员能力强，还能够制定和实施具有前瞻性的、灵活多变的治理策略以应对“人事无穷而法律有限”的治理困境。西方管理型政府往往从市场交易的角度理解政府，将公民与政府的关系比拟为顾客对企业，导致公务员所应具有的面向全体公众的“公共责任”可能沦为一种面向少数富人的“职业道德”③，因而丧失公共性。当代政府所奉行的无论是传统的政治统治理念还是当今主流的管理行政理念，既与变化迅速、信息化、个性化、多元化、符号化、虚拟化的社会不相适应，也不符合人类在经历了两次世界大战后，在反思“社会达尔文主义”的基础上认识到合作优于竞争、人类应共生共在的历史潮流。服务型政府建设是一项既回应当下社会转型，又面向未来的战略性目标，它的内核是“服务理念”，这种理念不同于统治型政府的“政治统治理念”，也不同于管理型政府的“管理理念”。无论是“政治统治理念”还是“管理理念”都隐含着政府对社会的控制导向，而“服务理念”是对这种控制导向的颠覆。服务型政府的“服务理念”并不能被简单等同于管理型政府向社会提供公共服务的“形式化服务”，而是一种建立在承认治理主体多元化基础上的“实质化服务”④。

新中国的成立基本解决了晚清以来中国面临的严重社会秩序问题，但不稳定因素仍然存在，国际形势也相对较为紧张，中国共产党不得不进一步整合社会。中国早期的行政管理体制模式借鉴的是苏联的模式，政府职能的设计适应计划经济，政府权力边界不清，管理内容庞杂，突出特征是

① 孔繁斌：《服务型政府在社会治理中的知识扩散》，《中国人民大学学报》2014 年第 2 期。

② 孔繁斌：《服务型政府在社会治理中的知识扩散》，《中国人民大学学报》2014 年第 2 期。

③ 丁煌、张雅勤：《公共性：西方行政学发展的重要价值趋向》，《学海》2007 年第 4 期。

④ 郑家昊：《引导型政府职能模式的兴起》，北京：中国社会科学出版社，2013 年，第 256 页。

对社会经济的全面控制，政府是全能主义的管制型政府。在这种政府模式下，行政主体为行政首长和管理干部，强调的是行政本位和部门利益，奉行规则。这种政府模式对于快速恢复国民经济确实起到了积极作用，但也存在管理的滞后性和僵化性问题。尤其是随着时代的变迁，中国政府的政治生态也大为改观，国际上，冷战结束，经济迈向全球化和市场化，政治则表现为多极化和民主化。国内，中国在 2001 年加入 WTO 后开始融入全球分工体系；2003 年“非典”疫情暴发，政府有效应对公共危机的能力受到拷问，民生问题凸显。中国经济实力高速增长的同时，城乡差别、东西部差距等社会撕裂性问题亟待解决，因此，转变政府职能、放松管制、加强服务成为中国政府的改革方向。在中国学术界与政界不断探索与实践的基础上，这场政府改革的目标被确定为“建设服务型政府”，强调服务本位、社会本位、民众本位，鼓励创新。

（二）兼容性

兼容性是指创新和目前的价值体系、过去的经验及潜在采用者的需求相一致的程度。一项创新越具备兼容性则越容易被采用①。

中国特色社会主义下服务型政府建设的话语体系与中国共产党从建党之初就奉行的马克思主义思想相兼容，政府服务理论渊源为马克思主义的“公仆论”。毛泽东在党内最早明确提出“为人民服务”这一命题，党的七大把“为人民服务”写入党章，以此作为对全体党员和党的各级组织的根本政治要求。中国共产党成为执政党后，又把“全心全意为人民服务”扩大为对政府及其工作人员的内在要求，各级政府高悬“为人民服务”的匾额，以示治国理政的基本政治诉求。中国共产党历届领导人不断丰富其内涵。新时期，政府服务论与时俱进为“始终全心全意为人民服务，始终为人民利益和幸福而努力工作”。可见，“政府服务”理念正是因为与马克思主义思想相兼容，才会在中国政府建设的实践中被一以贯之地落实与执行。

服务型政府锐意创新的精神和中国“改革开放”的观念兼容。能不能和现行的观念兼容，决定着创新被接受的快慢。改革开放 40 多年来，中

① ［美］E. M. 罗杰斯：《创新的扩散》，唐兴通、郑常青、张延臣译，北京：电子工业出版社，2016 年，第 45 页。

国取得巨大成就，从贫弱之国跃升为世界第二大经济体，成功的密钥恰在于“解放思想”。对内，中国政府厉行改革，经济领域中资源配置从纯计划向市场为主转变，经济体制逐步与国际接轨；政治和社会领域中，从全能型的管制行政逐步走向民主与法治，并强调以德治国。对外，无论是中国加入 WTO 还是建设“一带一路”，都展现了中国改革与合作的决心。40 多年的改革开放历程使得中国人民对变革、创新习以为常，当“建设服务型政府”的政府改革目标被提出之后，其亲和力使得民众自然而然地接受并投入极大的热情自觉探索具体实践路径。另外，服务型政府建设还回应了公众日益增长的对公共服务的多样化需求，以及地方政府求新求变的强烈愿望。

（三）复杂性

复杂性是指理解和使用某项创新的相对难度。任何新想法都可以依据其复杂程度来区分。某些创新对采用者来说意义明晰，而有些则相反①。混沌理论表明，任何系统的发展潜力最终和以随机性或“杂音”为代表的微观自由的存在相联系。混沌在自然界是普遍存在的，是一种非线性的表现。仔细考察一下，大部分现象都是非线性的，这是一个应当引起我们对我们生活的世界比以往任何时候都要更加深入思考的发现②。

就服务型政府的创新扩散来说，对于服务型政府复杂性认识的不足阻碍了服务型政府的传播及社会化。在服务型政府知识扩散过程中，存在着核心概念不明、理论体系不完善等问题，如学术界至今仍存在建设“服务型政府”还是“公共服务型政府”的争论。理论研究缺少共识导致学术界无法形成合力，也延缓了服务型政府研究范式的生成。理论指导不足也导致了实践中地方政府对建设服务型政府简单化、片面化的理解，或认为服务型政府建设就是送温暖、救济贫困民众，或认为服务型政府建设就是改善服务态度、改进工作方式、增加服务项目、增设服务窗口等。对服务型政府建设的复杂性、长期性认识的不足，导致有些地方政府认为三年五

---

① ［美］E. M. 罗杰斯：《创新的扩散》，唐兴通、郑常青、张延臣译，北京：电子工业出版社，2016 年，第 270 页。

② ［英］马克斯·H. 布瓦索：《信息空间——认知组织、制度和文化的一种框架》，王寅通译，上海：上海译文出版社，2000 年，第 17 页。

载就可以建成服务型政府①。运动式的突击建设屡见不鲜，主要措施也局限于行政审批事项改革等技术性的行政行为上。

服务型政府是全新的政府模式，既着眼于现实又面向未来，不可能毕其功于一役。服务型政府建设受政府生态影响，关涉政府的政治理念、决策模式、运行机制及传播扩散等全方位的创新，而不只是政府行为方式的改变。单就政府理念的转变、服务行政文化的形成而言，由于文化的惰性，因而需要数代人坚持不懈的努力。相比地方政府，中国中央政府对服务型政府建设复杂性的认识较为理性，从未提出建成服务型政府的时间表，而是从“服务型政府”到“人民满意的服务型政府”再到“‘放管服’改革”，通过服务价值社会化，一步步探索着服务型政府建构路径。

（四）可试性

可试性是指创新可以在有限的基础上被实验的程度②。人们会更容易地接受能够进行阶段性试验的创新。纳西姆·塔勒布（Nassim Taleb）认为，一个国家创新能力的高低不能简单归结为体制（市场或计划，民主或专制）原因，而是取决于这个国家是否能够为“最大限度的反复试验”提供机会。如果政策制定者愿意放手让基层去摸索创造，非民主国家内也能提供丰富的试验机会③。

改革开放极大地释放了中国民间和地方政府的潜能，尤其是地方政府不断涌现的局部性、区域性政策创新，很多后来上升为国家政策并持续不断地推进国家治理转型。服务型政府的传播肇始于中国地方政府以行政实践主体身份为了更好地发展地方经济、为企业和外商服务，创造性地建立的“外商投资服务中心”“政府办事大厅”等服务机构。由于这种减少行政审批、简化办事程序、建设政务服务中心、推行政务公开、强化政府工作人员服务意识的政策工具简单易行且卓有成效，因此，很快在地方政府

---

① 南京在2003年《南京市政府关于推进服务型政府建设的实施意见》中做出“一年构建框架，三年初步完成，五年形成规范”的总体安排。重庆市政府也在2003年的《重庆市人民政府关于建设服务型政府的工作意见》中将总体目标定为“一年重点突破，三年基本到位，五年规范完善”。

② [美] E. M. 罗杰斯：《创新的扩散》，唐兴通、郑常青、张延臣译，北京：电子工业出版社，2016年，第271页。

③ [德] 韩博天：《红天鹅——中国独特的治理和制度创新》，石磊译，北京：中信出版社，2018年，第107页。

层面扩散开来。服务型政府建设在地方政府层面改革和试验的成功，又促使其经历了一个自下而上的扩散过程，被最高决策层采纳并对其进行再创新和顶层设计，赋予服务型政府新的诠释，吸收到国家政策中，推广到全国。在服务型政府扩散中所体现的这种“由点到面”“自下而上”再“自上而下”的特殊的政策试验、扩散过程，对中国1978年以来经济社会的发展极为重要，因为“它为身处庞大复杂的行政管理体系内的行动主体提供了许多难以想象的机会”①。

（五）可观察性

可观察性是指创新成果被其他人看到的程度②。正如社会体系成员所觉察的那样，显而易见的创新成果很容易被传播出去，而那些很难向他人描述或被人觉察的创新往往也很难被传播开来。能量守恒但信息不守恒，信息具有流动性与共享性。当代世界，信息借助科技、传媒、市场三大强势力量，“在人类头顶笼罩了一层传播文化的网膜，造成了一种比实态真实还要强大的拟态真实”③。

公众、学者、传媒、地方政府及中央政府等多元社会主体间的互动使得“服务型政府”成为当今中国社会的一个主流话语，使得建设服务型政府具有明显的可见性。公众对政府“公共服务”的期待经过学者不断的言说，以及大众传媒的聚焦传播而逐渐成为一种“公共舆论”，一些地方政府率先进行政府服务的政策工具创新，以回应公众期待和公共舆论。这里需要强调的是，中国执政党和中央政府对于服务型政府的认可、重视及号召是使服务型政府具有高度可见性的关键一环。从行为主体的动力来分析，最早进行服务型政府实践探索的地方政府并没有足够的动力向外传播其实践经验，往往依靠媒体的报道或政策创新论坛（如中国“地方政府创新奖”）进行传播。然而，媒体的报道多粗描淡写不够深入，地方政府创新论坛则往往会忽略负面信息。与之相反，执政党和中央政府凭借超强的政治动员能力，通过引导主流媒体进行广泛、集中、深入的报道，举办高

---

① ［德］韩博天：《红天鹅——中国独特的治理和制度创新》，石磊译，北京：中信出版社，2018年，第5页。

② ［美］E. M. 罗杰斯：《创新的扩散》，唐兴通、郑常青、张延臣译，北京：电子工业出版社，2016年，第272页。

③ 肖云儒：《大众传媒与文艺新变》，《人民日报》2006年9月14日。

规格的经验交流会，以及组织地方政府间的参观互访活动，对服务型政府的理念和建设经验进行推广，并号召更多地区学习仿效。最重要的是，还可以通过各级党校、行政学院将中央对服务型政府建设的决心通过培训的方式传递给广大党员和各级政府官员及工作人员，通过国家力量使“服务型政府”具有了高度的可观察性。

通过以上对服务型政府的五个创新认知属性的分析可以看出，服务型政府相对于西方典型的管理型政府和中国之前的管制型政府而言是具有优势的，又兼容了马克思主义思想和改革开放的观念，中国独特的“由点到面”的政策扩散机制给予地方政府在建设服务型政府上较大的可试空间，执政党和中央政府对服务型政府的认可、重视又赋予了服务型政府可观察性，这些都是有利于服务型政府传播的。但是，地方政府与学者对服务型政府建设的复杂性认识不足，则大大阻碍了服务型政府的传播。对于服务型政府的传播而言，我们每个人都是行动者。

第二节　服务型政府实践知识与创新扩散之间的张力

一、同质性沟通障碍

影响服务型政府传播的除了服务型政府的创新认知属性以外，同质性沟通成为服务型政府在社会体系中创新—扩散的最主要的无形障碍。创新观念通常由地位较高和创新性较高的成员引入社会体系中。高度的同质性沟通，意味着创新只在这些社会精英之间流传，无法扩散到非精英族群中去。也就是说，同质性扩散的模式会导致创新呈水平方向的推广，而不是垂直方向的发展。同质性沟通因此减慢了体系内扩散的速率①。服务型政府的传播到目前为止，多表现为同质性沟通，即政府内部的传播。

（一）政界与学术界实质性沟通阙如

探索阶段的服务型政府建设的最大特征就是学术界的呼吁与理论建构及地方政府的率先实践。驱动力主要来自两个方面。一是加入 WTO 的外

---

① ［美］E. M. 罗杰斯：《创新的扩散》，唐兴通、郑常青、张延臣译，北京：电子工业出版社，2016 年，第 326 页。

力推动，这主要是由中央政府启动行政审批制度改革引发的。过去人们对加入 WTO 促进地方经济发展的期望值比较高，所以努力进行政府创新。但是，从加入 WTO 后的实际情况来看，其对地方政府的影响却非常小。WTO 对政府的冲击主要是对中央政府的冲击，所以加入 WTO 的外在驱动政府创新的力度慢慢减弱了。一是地方政府领导的政绩驱动。政府服务态度好，可以为本地经济建设吸引更多的投资，以增加自己的政绩；同时服务型政府建设的大力宣传和鼓噪，可以吸引媒体的眼球，获得社会和舆论的追捧，能够为自己塑造有创新能力的领导的形象。但是随着时间的推移，服务型政府建设不再是吸引社会舆论和媒体的热点问题了，社会关注程度降低，地方政府的领导就会把注意力投到另外的地方。

地方政府是服务型政府建设的主力，但政府官员和学术界在建设服务型政府方面的沟通和交流却不够，表现出学术界和政界的脱节。一方面，功能主义关于人的概念是将人假定为消极的和反应的客体，容易受环境的影响，例如组织、经济、政治和社会的因素；另一方面，解释学理论家关于个体的概念则是将他或她看作一个积极的、有目的的、创造的主体。解释学观点强调，在界定个体义务和行动的客观方式中所缺失的恰恰是从主体自己的角度来理解日常世界的问题。例如学者们大多认为服务型政府的根本特征是民主的政府，主要表现特征是回应性政府。但是，各地在民主的制度创新和增加政府对公民的回应机制上却没有采取实质性的措施，当然更谈不上将其制度化，而是根据自己的需要和理解，注重管理技术层面的建设。

公共行政的相关研究文献显示，人们做了大量的尝试和努力，通过对变革过程中宏观与微观公共事务的综合分析，来讨论现实发生的具有动力的变革。这些研究的努力以作者们使用的一系列术语体现出来，包括雇员参与、公民参与、顾客服务、授权和咨询等。但是，这些术语常常显得有些空洞，即没有和现实发生的行动联系起来。由此导致的结果是这些社会现象也成为概念抽象化的对象。那些试图描述公共参与的语言也倾向于将参与的现象抽象化。理论认识和实践的互动也没有有效开展起来，没有达到彼此促进认识深化的效果。各地政府往往没有在实践探索的基础上加强理论研究和总结，更没有和学术界进行深入沟通和交流，未能在服务型政府建设的理论和实践方面不断深化，真正实现理论指导实践前进、实践又推动理论进步的良性互动。这种状况到建设人民满意的服务型政府和“放管服”改革阶段就更严重。这一阶段的服务型政府建设，主要是中央高层的号召和顶层制度设计，地方各级政府落实，学术界对服务型政府的研究多停留在合理性论证上，很少看到学术界进行预见性的、有前瞻性的理论贡献，更谈不上与各级政府的深入沟通与交流了。

（二）政府与民众异质性沟通乏善可陈

服务型政府的核心应该是以民众为焦点的，应该建立政府依公民的意志而行动和公民依法向政府问责的制度。政府的行动路径应该是由外而内的。即公民的期望决定政府政策设计的蓝图，公民的需求决定政府公共产品和服务的供给内涵，公民的满意度决定政府政策执行的成效，公民的评价决定政府政策变迁的方向。我国政府体制自上而下的特点和服务型政府要求的自下而上是相反的政府运作模式，会使政府及其领导者丧失很多的资源支配权，也会造成利益上的损失。这种“内部人主导型改革”使得政府与公众对于如何建设服务型政府也会较少沟通，因此会阻碍服务型政府建设的制度创新能力的提升。

服务型政府传播在政府组织内部、一些主流媒体上是广泛的，但是民众知道得较少，出现了“政府热、公民冷”的现象。考察我国的现状，服务型政府建设主要是政府的事情，平常百姓不但很少参与，甚至了解不多。吴玉宗教授曾对成都、南京两个较早进行服务型政府建设的城市就服务型政府的传播情况进行随机调查，发现除了少数曾与政府工商、税务部门打过交道的市民知道服务型政府外，其余均回答不知道①。服务型政府沟通的同质化导致重大决策的听证会有名无实，政府门户网站往往更新不及时，市民论坛回复不及时，信息公开不及时等。深层次上，“政策制定者会长期迷信远离现实的数据模型”②。比如在解决就业问题上，到目前为止，人们依然会更重视正式就业和固定就业，对非正式、非固定就业则重视不够，诸如城管驱逐流动商贩的问题迟迟得不到解决，似乎城管与商贩之间只能是一进一退的零和博弈，没能持续地、令人信服地把处于弱势

① 吴玉宗：《服务型政府建设研究》，北京：经济日报出版社，2007 年，第 111 页。
② ［德］韩博天：《红天鹅——中国独特的治理和制度创新》，石磊译，北京：中信出版社，2018 年，第 111 页。

地位的庞大失业人口融入社会。“两利相遇取其重”，失业人员生存问题的解决应优于城市美观。

高层管理者必须意识到，他们需要与那些为他们效力工作的民众共同合作，需要让这些人参与公共政策过程。这一存在于上层管理者和下属民众之间的持续互动和对话是公共组织发展的生命线。探索超越简单管理的更智慧的服务方式在于加强政府与民众的异质性沟通，服务型政府的传播必须透过“走出办公室”的面向民众的异质性沟通才算大功告成。如果组织成员和社区公民不能充分认识改革的含义和意义，不能支持变革的进程，任何一次由组织高层管理者发起的创新运动都将难以推行。同时，问题的另一方面也是正确的，即如果没有组织权威层的接受认可，任何发自基层民众的变革思想也不可能有什么结果①。行政组织是以社会的方式建构的，用以提供服务、维持社会秩序和向公众学习②。

临界大多数，也叫临界质量点，在物理学里是指要维持核连锁反应必须存在的放射性物质的最低量。临界大多数这个概念也可以解释大多数的人类行为，因为个人行为的抉择常常受到其他已接受这个行为的人数的影响（Schelling，1978）③。当交互式创新的采用者达到临界大多数，之后的扩散便会自行发展下去。因此，我们可以把临界大多数看作扩散过程的引爆点（Gladwell，2000），或者说是社会门槛。一旦达到了引爆点，社会体系规范就会鼓励其体系成员接受创新④。服务型政府的传播要想达到引爆点，除了在创新的属性上下功夫外，加强异质性沟通和构建服务型政府的共享知识是未来努力的方向。尽管公共行政和公众存在于不同的社会空间之中，但是，如果公共行政不能与公众联系在一起，那么，它或许就只能服务于官僚体系的目标，从而丧失了改进其内部局限性的任何机会。没有有效的公共行政，公民就不可能享有良好的公共服务。总之，将公民排除

---

① ［美］全钟燮：《公共行政的社会建构：解释和批判》，孙柏英、张钢、黎洁，等译，北京：北京大学出版社，2008 年，第 12 页。

② ［美］全钟燮：《公共行政的社会建构：解释和批判》，孙柏英、张钢、黎洁，等译，北京：北京大学出版社，2008 年，第 26 页。

③ ［美］E. M. 罗杰斯：《创新的扩散》，唐兴通、郑常青、张延臣译，北京：电子工业出版社，2016 年，第 371 页。

④ ［美］E. M. 罗杰斯：《创新的扩散》，唐兴通、郑常青、张延臣译，北京：电子工业出版社，2016 年，第 374 页。

在外，我们就不再能理解公共行政；而将有效的行政管理排除在外，公民也无法获得良好的公共服务（Ventriss，2002）①。

二、基层服务型政府建设困境多、推广不够

从法理上来说，我国1982年宪法规定乡镇是基层政府，但乡镇政府的职能不完善，机构设置也不完善，相应的权力也不完整，责任不清晰。根据《中华人民共和国地方各级人民代表大会和地方各级人民政府组织法》对各级地方政府职能的界定，县级政府是职能最完整的最低层级政府。现实中县级政府机关是我国目前拥有完备政府职能且具备相应财政支持的最低层级政府机关。因此，本研究中的基层政府指的是县级政府和乡镇政府。中央政府所有的大部分职能最终都要落实到县级政府上，政府的公共服务状况最终体现在中基层政府的公共服务供给上，政府公共服务的职能最终由基层政府去履行，老百姓也主要是从基层政府提供的服务方面感受政府公共服务的程度。经济学的普遍假设是，由于信息优势等原因，较低层级政府在提供公共服务时能够具有更高的效率和效益，所以服务型政府的推广很大部分取决于基层政府的努力情况。但是考察服务型政府建设历程，会发现基层服务型政府建设遭遇的困境较多，致使服务型政府的推广颇多艰难。

（一）发展型政府逻辑难超越

近20年来，建设服务型政府一步步成为当代中国政府的改革目标。但是发展型政府却迟迟不肯退场谢幕，仍然顽固地发挥着作用。已有研究表明，地方政府参与经济建设的具体行为方式虽然有所变化，但在决定其发展战略时，力求抓住经济发展主动权的基本原则却没有发生本质性的变化②。这就是说，科学发展观明确提出了经济社会协调发展的要求，但政府特别是地方政府在日常实践中仍受到“以经济建设为中心”的发展主义意识形态影响，公共服务、社会管理职能依旧居于从属性的、次

① ［美］全钟燮：《公共行政的社会建构：解释和批判》，孙柏英、张钢、黎洁，等译，北京：北京大学出版社，2008年，第30页。

② 曹正汉、史晋川：《中国地方政府应对市场化改革的策略：抓住经济发展的主动权——理论假说与案例验证》，《社会学研究》2009年第4期。

要的地位[1]。诚然，经济发展和较高的GDP经济增长率可以为服务型政府建设提供更雄厚的财力和物质财富基础，也是服务型政府建设不可或缺的。问题在于政府的精力是有限的，资源也是有限的，政府把过多的精力、资源投入经济建设中，那么在公共服务和社会管理等领域的投入则会较少。

我国在改革开放之初，遵循“效率优先，兼顾公平”的原则，“以经济建设为中心”，鼓励一部分人和一部分地区先富起来，希望先富带动后富，最后实现共同富裕。现实是确实有一部分人和一部分地区先富了，但东西部差距、城乡差距、贫富差距也日益加大，基尼系数也居高不下。“正义”是一个主观性很强的哲学范畴，不同的阶层、社会集团甚至个人在不同的历史时期都会有不同的正义观。在当代中国，公共政策的正义性必须体现在有利于实现最广大人民群众的利益上，必须体现在有利于实现地区之间、城乡之间等的统筹发展上。如果我国改革在处于“增量阶段”时所实施的“效率优先，兼顾公平”的政策具有正义性的话，那么，当我国改革处于“利益分配”阶段时，“公平优先，兼顾效率”的政策无疑具有其正义性。这也是服务型政府逐渐成为政府改革目标的原因。但现实中考察政府的基本逻辑依然是发展型政府的，社会政策仅仅是促进经济发展的工具。

一方面是各地上演的“抢人大战”，为了争取高学历、高技能人才，各地政府纷纷出台引进高级人才的优惠政策，内容涉及落户、购房、子女入学等，公共服务选择性供给问题更加突出，在地方发展逻辑指引下，使得原本就严重的公平问题进一步加剧。人们形容人才从不发达地区流入发达的东部地区为“以前是孔雀东南飞，现在是连麻雀都东南飞了”。另一方面则是对失业人群的关注还不够。

计划体制持续推行的几十年间，地方政府很难发展其自主治理的能力。一方面，中央要求政策必须通过地方管辖权力的合作得到推行，省、市、县、乡（镇）和村的公务员和公民必须回应中央政府的命令；另一方面，地方很难有发展自身财政的能力和表达自己需求或利益的机会、自治

---

① 郁建兴、高翔：《中国服务型政府建设的基本经验与未来》，《中国行政管理》2012年第8期。

与自由①。地方政府缺乏自主治理所必需的财政工具②。

（二）基层政府财政能力弱，事权与财权不匹配

改革开放后，中国参考西方发达国家的现代政府体制逐渐建立并完善了自上而下的科层制结构，地方政府成为中国政府职能的实际履行者和政府责任的主要承担者。尤其是县、乡两级基层政府，作为与广大民众有着广泛、直接联系的一级政府，是中国政府大政方针、政策制度的主要执行者。无论是旨在促进增长的经济政策、产业政策，还是巩固和维护国家统一的社会管理、公共服务政策，除了仅涉及高层级政府内部治理改革的制度设计之外，大多都需要由基层政府最终落实③。

从严格的意义上讲，乡镇政府不是一级完整的基层政府，因为乡镇政府职权少，本身没有自己的下属执法部门和机构，很多驻在乡镇的机构都是县级政府部门的下属机构，乡镇对其没有管理权限。现实工作中，乡镇政府的权力是极其有限的，而责任却又是无限的。乡镇政府的责任和提供的服务无限增加，既要发展镇域经济，又要加强公共事务管理，还要应对民生改善、维护社会稳定等种种压力。对乡镇政府来说从一起地界纠纷事件到一个村的整体发展规划，从一条村级道路的硬化到全镇的基础设施建设，从一家低保户的审批到一个农业项目的跑办落实，从一个企业的落地投产到产业园区的规划建设，都需要其提供相应的服务。同时，信访维稳、安全生产等工作实行的“一票否决制”，使乡镇政府的责任越来越大，乡镇干部身上的担子也越来越重。

20 世纪 90 年代以来，伴随着城市化和国有企业改革的持续推进，社会稳定成为中国政府社会治理的核心任务之一，随之建立的“一票否决”“稳定压倒一切”的管理逻辑，使得政府在社会管理领域的支出大大增加，尤其是一些地方政府为了实现刚性的维稳目标，不计成本地运用各种手段“摆平”社会问题。在公共服务领域，中央政府减少公共服务支出，将公

① ［美］全钟燮：《公共行政的社会建构：解释和批判》，孙柏英、张钢、黎洁，等译，北京：北京大学出版社，2008 年，第 19 页。

② ［美］全钟燮：《公共行政的社会建构：解释和批判》，孙柏英、张钢、黎洁，等译，北京：北京大学出版社，2008 年，第 19 页。

③ 郁建兴，等：《“最多跑一次”改革：浙江经验，中国方案》，北京：中国人民大学出版社，2019 年，第 10 页。

共服务职能大量下放给地方政府，而地方政府因为发展阶段、经济基础、人口结构等不同，在公共服务供给意愿、供给能力、供给范围、偏好方式等方面均存在诸多差异，从而形成了高度碎片化的公共服务供给状况，给民众的自由迁移和流动增添了非常多的制度性壁垒，也给公共服务供给的系统化改革造成了诸多障碍，显著提高了体制成本①。

没有中央政府的支持和批准，地方官员很难解决当地问题。财政不独立和征税权的缺乏，使得地方官员很难真正获得地方自治或自我管理的机会。如果地方官员处于被动的状态，那么，在机构高层与低层间实行的没有分享权力的分权则仅仅是一次结构重组，它可能导致无效率。当中央权威机构将职能委派给地方权威机构但没有提供足够的资源时，地方权威机构就完全受到中央的支配和掌控。中央政府机构改革与地方政府机构改革如果没有很好地统筹结合，对地方政府机构改革指导不够，就不能充分发挥地方政府在机构改革方面的积极性和创造性。

40 多年来，一些地方政府进行了机构改革方面的尝试，但由于纵向体制上的“职责同构”的压力，不少又退了回去。在法治统一的总原则下，强调政府机构改革要有领导、有步骤地自上而下进行，都是自然的，应当肯定。但是，如果地方政府不方便参与，只能被动等待，就会使改革的效益递减；改革的整体性不足，也会使公众感到他们日常所接触到的政府改变不大，使公众难以对政府机构改革产生好的评价。

乡镇政府不仅面临着权力有限和责任无限的困境，更艰难的是还要面对财力不足的问题，财权与事权不对等。目前，乡镇政府财政体系实行的是“乡财县管”，但县级财政本身就不充足，财政能力弱成为基层政府为民众提供优质公共服务的最大限制。我国沿海经济发达地区的县级政府财政能力比其他地区强，但仍然有不少县还是吃饭财政，不发达地区的县级政府财政状况就可想而知了。沿海经济发达地区前些年主要依靠土地出让收入补充财政收入，现在土地收入式微，举债成了县级政府运行的主要财力支撑。在财力不足、上级政府任务不断加码的情况下，县级政府要真刀

① 郁建兴，等：《“最多跑一次”改革：浙江经验，中国方案》，北京：中国人民大学出版社，2019 年，第 18 页。

真枪地提高公共服务的质量和水平是不现实的①。由于乡镇政府的上级政府财力弱，再加上上级政府有时可能对市场影响、产业发展状况等因素考虑不够周全，因此预算有可能不足。

脱贫攻坚工作所需要的大量物质条件和公共服务主要由乡镇政府来提供，但是由于对乡镇的财权进行了束缚，限制了乡镇政府使用资金的权力，造成财权与事权的不匹配，从而使乡镇政府无法为公共服务工作投入相应的资金。在现行的财政管理体制下，乡镇政府只能“有多少钱办多少事”，公共服务和社会管理职能不能充分实现，这也直接影响到了创建乡镇服务型政府的积极性。基层政府遭遇的权限小、责任大、财力弱的困境，就如同让小马拉大车，严重阻碍了基层服务型政府的建设和推广，使得服务型政府在传播链条的最末端想达到引爆服务型政府传播的临界点难之又难。

第三节　“最多跑一次”改革：基于数字治理的回应性简政

将“科层制”概念应用于复杂的人类组织时，会出现不少问题②。中国政府在服务型政府建设中面临诸多困难，在机制层面，还未能真正实现从“掌舵”到“服务”的根本性转变。更为重要的是，政府本位的治理逻辑与服务者的角色存在严重的紧张关系③。虽然人们对分权化和公民参与还有不少争议，有人指责它们内在的分割化性质，但是，当前的社会走向和趋势已经为社会建构方式赋予了一种潜质，这种潜质可以改进公共服务，并形成、发展成为更富回应性的公共行政④。后现代理论最重要的贡献就在于，它坚守着人类社会体验的多元性和复合性，以及差异化和区别

---

① 吴玉宗、古洪能、张鹏：《沿海经济发达地区县级服务型政府建设研究》，长春：吉林大学出版社，2014 年，第 2 页。

② ［美］全钟燮：《公共行政的社会建构：解释和批判》，孙柏英、张钢、黎洁，等译，北京：北京大学出版社，2008 年，第 4 页。

③ 郁建兴，等：《“最多跑一次”改革：浙江经验，中国方案》，北京：中国人民大学出版社，2019 年，第 22 页。

④ ［美］全钟燮：《公共行政的社会建构：解释和批判》，孙柏英、张钢、黎洁，等译，北京：北京大学出版社，2008 年，第 10 页。

的观点①。碎片化和多样性能够提升创造力，中国地方政府间的府际竞争，使得一些地方政府率先开始了对服务型政府建设的反思进程，其批判性设问成为进一步探索改进服务型政府建设可能性的开始。

一、“最多跑一次”改革：服务型政府建设的典型案例

中国实行改革开放后，市场化进程的持续推进构成了中国政府改革创新的重要动力来源，最终确立了建设服务型政府的政府改革目标。功能主义者强调行政单位间机构、结构和功能的协调性，也强调组织对其环境的适应性②。社会建构途径声称，社会知识广泛分布在组织、社区和世界上的每个地方。社会知识反映的社会（或组织）环境大多是充满动荡、多样和不断变化的，社会知识是对现实进行社会建构的基础③。服务型政府建设的成功很重要的一点在于政府通过改革既能适应现实的环境，又能回应民众的需求，为此，服务型政府建设的知识求取不仅要关注良好的理念和恰当的实现路径，还要寻找到有效的政策工具。在这方面，始于浙江、燎原于中国的“最多跑一次”改革因其致力于以“群众感受的‘小变化’造就政府运行的‘大变革’”④ 而颇具典型性。

（一）“最多跑一次”改革缘起

变革来自反思式行动。自 1992 年开始，浙江省各级政府从重构纵向政府间的行政权力、创新行政审批的工作机制、规范职能部门的权力行使等不同的视角切入，较为有效地回应了不同时期经济社会发展的客观需要。不过，这些改革仍然有着较强的政府中心主义特征，与民众的异质性沟通不足导致对社会需求的回应性不够，改革成果较难转化为民众的获得感。2016 年年底，浙江省领导提出了“最多跑一次”改革的倡议，要求树立“以人民为中心”的改革新理念，以群众感受倒逼政府改革。与中国

---

① ［美］全钟燮：《公共行政的社会建构：解释和批判》，孙柏英、张钢、黎洁，等译，北京：北京大学出版社，2008 年，第 43 页。

② ［美］全钟燮：《公共行政的社会建构：解释和批判》，孙柏英、张钢、黎洁，等译，北京：北京大学出版社，2008 年，第 36 页。

③ ［美］全钟燮：《公共行政的社会建构：解释和批判》，孙柏英、张钢、黎洁，等译，北京：北京大学出版社，2008 年，第 45 页。

④ 车俊：《坚持以人民为中心的发展思想，将“最多跑一次”改革进行到底》，《求是》2017 年第 20 期。

之前的政府改革类似，“最多跑一次”改革也是一场由高层顶层设计开启的政府改革，只不过此次是地方高层。韦斯特·丘奇曼（West Churchman）称，“设计，恰如其分地看来，它是一种知识智力精神的巨大解放，因为，为了不受限制地思考各种可能性，它试图挑战这种精神”①。如果说此前浙江省服务型政府建设中的行政审批制度改革的各个阶段都是聚焦于某个环节的专门改革，那么，“最多跑一次”改革则是从结果倒推的系统再造②。

“最多跑一次”是指“群众和企业到政府办理‘一件事情’，在申请材料齐全、符合法定受理条件时，从政府部门受理申请到做出办理决定、形成办理结果的全过程一次上门或零上门”③。以前，行政服务中心尽管较好地回应了民众关于优化政务服务质量、提高政务服务效率的诉求，但始终没有能够彻底清理大量不必要的、重复的行政审批事项，始终难以实质性地降低民众获得政务服务的成本，如在政府服务过程中出现的“证明你是你”的悖论现象。已有规则往往是含混不清或有着不同解释的，行政学理者及工作人员的行为从程序上看也许是正确的，但是结果显然是有严重缺陷的。自我省察能够促使行政管理者更具批判性、富有责任感和做出符合伦理的行为。

埃里奇·詹斯奇（Erich Jantsch）把设计描述为“一个持续的学习过程，通过大量互动反馈关系，把我们及我们观念的世界与现实联系起来”。通过提升开放性交流、拓展社会关系和参与，民主能够开始更好地从政治和经济角度来理解问题，包括可能性和限制性。如果以社会性为基础的变革策略得以实施，行政管理者就必须扮演促进推动者的角色④。始于浙江、燎原中国的“最多跑一次”改革秉承“以人民为中心”的发展思想，以理念革新为先导，以民众的获得感和满意度为目标和宗旨，通过创新体

① ［美］全钟燮：《公共行政的社会建构：解释和批判》，孙柏英、张钢、黎洁，等译，北京：北京大学出版社，2008 年，第 60 页。

② 郁建兴，等：《“最多跑一次”改革：浙江经验，中国方案》，北京：中国人民大学出版社，2019 年，第 49 页。

③ 郁建兴，等：《“最多跑一次”改革：浙江经验，中国方案》，北京：中国人民大学出版社，2019 年，第 48 页。

④ ［美］全钟燮：《公共行政的社会建构：解释和批判》，孙柏英、张钢、黎洁，等译，北京：北京大学出版社，2008 年，第 62 页。

制机制、广泛运用新技术等方式，有效改变了政府中心主义的治理逻辑，实现了从政府改革向政府革命的颠覆性转变，为求解包括中国在内的全球公共管理理论与实践的重大问题，提供了可能的思路、新方法和新经验①。

（二）政府的自我革命

当下中国的改革发展，政府改革肯定不是全部，但政府改革是突破口。通过政府自我革命，进而撬动经济社会各领域的改革，是全面深化改革的主要内容和方式②。“最多跑一次”改革撬动“治权”革命，重塑政府内部治理结构，把权力关进制度的笼子，是一场深刻的政府自我革命，大大推进了政府治理现代化。

1.“最多跑一次”改革把“以人民为中心”作为指导理念

今天，绝大多数民主社会中的组织都不像卡夫卡所描述的那样。然而，大型组织的成员和顾客正在日益感到边缘化和非人性化。组织功能的有效性大大依赖于组织成员的学习能力（William，1982）。当组织成员深思熟虑，重新考虑和建构现存的程序、步骤和任务，创造其工作场所新的内涵时，学习在以民主方式设计组织的时候就成为一个有意识的创造过程③。“平衡性回应”是一种解决问题的方法，例如，进行回应性的决策制定，这就意味着“寻求关怀和道德取向，而不是工具性和决策规则取向”④。浙江省“最多跑一次”改革的经验表明，政府可以通过赋权民众，为不敏感的大型组织构建一个直观、可测量的结果指标，由此倒逼各级政府实质性地推动政府治理现代化。以往的政府改革大多从政府自身逻辑出发，改革的动议者、执行者、评价者，是政府，也仅是政府。“最多跑一次”主语是民众，核心也是民众，具有显著的“需求导向”“问题导向”

① 郁建兴，等：《“最多跑一次”改革：浙江经验，中国方案》，北京：中国人民大学出版社，2019年，第24页。

② 郁建兴，等：《“最多跑一次”改革：浙江经验，中国方案》，北京：中国人民大学出版社，2019年，第18-19页。

③ [美] 全钟燮：《公共行政的社会建构：解释和批判》，孙柏英、张钢、黎洁，等译，北京：北京大学出版社，2008年，第47页。

④ [美] 全钟燮：《公共行政的社会建构：解释和批判》，孙柏英、张钢、黎洁，等译，北京：北京大学出版社，2008年，第49页。

"效果导向"的特征，致力于让政府的公共服务供给与民众真实需求相匹配①。

以市民、个体工商户和企业办事人员的实际需求为出发点，倒逼各级政府及其职能部门推进、深化"放管服"改革，是浙江省"最多跑一次"改革的核心理念。在实践中，浙江省各级政府建立了一系列旨在识别并回应民众需求的机制：借助技术手段分析以往政务服务的实际发生频率，由此确定政府改革具体事项的优先次序和服务资源配置；发挥一线窗口部门的信息优势，发现在实践中需要继续优化的政务服务事项；建立了面向市民、个体工商户和企业办事人员等办事主体的反馈机制，查漏补缺，帮助行政服务中心发现改革中尚未涉及的重要内容。通过在行政过程中引入多种形式的"回应机制"，浙江省较好地建立了识别民众实际办事需求的工作机制，形成了一种新型的民众参与模式。这一模式的核心是实质性的需求发现机制，它并不仅仅依赖于民众的需求表达②。

2. 探索整体性政府的实现路径

埃里奇·詹斯奇解释了三种类型的系统的使用过程，这三种类型的系统分别是机械系统、适应性系统和创造性系统，它们以自我组织行为和与环境互动的模式存在。机械系统有着刚性的组织结构，拒绝内在的变化；适应性系统用弹性的组织形式适应环境的变化；创造性系统"根据它们内部意欲改变自己环境而产生的信息来变革组织的结构"。可见，组织的结构是更加复杂、更加多样化的③。政府不是铁板一块，如何将权力分散的政府体制与高度分散的市民、个体工商户和企业办事人员连接起来，是各级政府及其职能部门面临的一大挑战。

以往，行政服务中心的出现缩短了民众在部门之间奔波的物理空间距离，但民众仍然需要在多个部门间反复办事。在一些情况下，由于行政流程中存在互为前置等条件，民众不仅需要反复提供性质相似的各类材料，

---

① 郁建兴，等：《"最多跑一次"改革：浙江经验，中国方案》，北京：中国人民大学出版社，2019年，第25页。

② 郁建兴，等：《"最多跑一次"改革：浙江经验，中国方案》，北京：中国人民大学出版社，2019年，第57页。

③ [美] 全钟燮：《公共行政的社会建构：解释和批判》，孙柏英、张钢、黎洁，等译，北京：北京大学出版社，2008年，第65页。

还可能被困在多个部门之间举步维艰。为了解决这些问题，浙江省在“最多跑一次”改革中明确提出了整体性政府的改革理念，强调政府作为一个整体组织的责任，要求以民众只跑一次为目标，以部门间的协调来代替民众在部门间的奔波①。

改变一个组织是最困难的事情之一，因为组织变革不仅要有资源，更重要的是要求人们共享知识、学习，并对变革计划做出承诺，因而参与者就需要发展出一种通过变革他们要达到什么的全新理解。为了推进以“一件事”为载体的行政流程重构，浙江省机构编制委员会办公室（省跑改办）主持牵头了“最多跑一次”改革工作，组织协调各部门加快推进“最多跑一次”改革相关工作。2018 年 10 月 4 日，党中央、国务院批准同意《浙江省机构改革方案》。在该方案中，对应中央改革任务要求，浙江省委全面深化改革领导小组改为浙江省委全面深化改革委员会，并单独设置浙江省委全面深化改革委员会办公室，划入“最多跑一次”改革、行政审批制度改革的牵头协调职责，对外加挂浙江省“最多跑一次”改革办公室牌子，目的之一就是加强省委对全面深化改革工作的领导和统一部署，继续在更宽领域更深层次推进“最多跑一次”改革。

在改革过程中，浙江省多个行政服务中心逐渐从分部制的“淘宝”模式转变为与整体性政府相匹配的“京东”模式②。行政服务中心的角色变化是碎片化行政体制向整体性政府治理转变的重要表征。在“淘宝”模式中，民众需要分别前往职能部门窗口办理；在“京东”模式中，行政服务中心承担了跨部门政务事项的协调工作。如围绕“一件事”的要求，行政服务中心可以系统梳理该政务事项所涉及的行政流程，提出行政流程再造、部门间新型流通共享和权力重构的建议方案，召开专门的跨部门协调会议。在较好地协调各部门工作后，行政服务中心就可以依托浙江政务服务网研发网上审批和数据共享模块，确保民众提交的材料能在各部门之间以电子文档的形式实时互动、共享，也授予了各职能部门在网上审核民众提交材料的权限。

---

① 郁建兴，等：《“最多跑一次”改革：浙江经验，中国方案》，北京：中国人民大学出版社，2019 年，第 57-58 页。

② 郁建兴，等：《“最多跑一次”改革：浙江经验，中国方案》，北京：中国人民大学出版社，2019 年，第 59 页。

二、服务型政府实践创新多样化的可能性

地方创新是中国政府改革活力与智慧的重要来源。试点与地方创新是中国体制适应性的两个重要面向。试点主要代表高层级政府自上而下的改革逻辑，更多地属于“顶层设计”。地方创新主要是指地方政府或市场、社会组织根据地方事务治理的特征探索出新的政策设计与制度安排，可以理解为广泛的“地方探索”①。自党的十六大将“创新”一词写入政治报告以后，高层级政府出台了一系列鼓励地方探索创新的政策文件，地方创新在过去近20年中逐渐成为中国国家治理不可或缺的重要组成部分，也为服务型政府实践创新的多样化源源不断地提供着灵感和可能性。

（一）从“政务服务+互联网”到“互联网+政务服务”

行政管理者是对有意义的行动感兴趣，并且想尽其可能以道德和人道的方式完成工作的。他们能够反省自己，能够解释他们生活的世界，能够培养批判意识，理性的政策分析者在开发政策选择方案中提供专业知识。随着政府组织引入新信息技术，在某种程度上，政府面向公民的服务已经变得更有效率、更透明和更民主了。雅克·埃吕尔（Jacques Ellul）在《技术社会》一书中，将“技术”（技术或技术工具）看成理性化、热爱秩序和热爱清晰化的人类意识的必然产物。

以往，政务服务网是传统政府行政体系的增加项，即“政务服务+互联网”模式，主要提供政务咨询等服务，民众仍然需要依据行政流程跨部门流动办事。2017年，浙江省明确提出了“让数据跑代替老百姓跑”的口号，明确把基于互联网的信息技术作为推进、巩固改革的重要工具，通过建立在线政务服务系统有效整合跨部门事务的行政流程，通过推进跨部门的信息共享大大减少政务事项办理中要求民众提交的材料数量。现在，政务服务网已成为政府的“大脑”，民众在办理事项时只要到责任部门“一窗受理”，即可享受后台各部门间数据共享、系统对接后提供的“集成服务”，实现了从“政务服务+互联网”到“互联网+政务服务”的转变。行政服务办事大厅、政府服务网、自助终端机及政府服务App，成为

① 郁建兴，等：《“最多跑一次”改革：浙江经验，中国方案》，北京：中国人民大学出版社，2019年，第16页。

政务服务与民众的接口和桥梁。

在改革中，浙江省建立了数据资源管理局等专门从事跨部门信息整合的机构，突出了行政服务中心的信息化职能，也提高了电子政务中心在政府职能部门中的重要性。截至 2018 年 8 月，浙江省大部分设区市都成立了功能类似的机构，只不过名称上大同小异：杭州市成立了数据资源管理局，宁波市成立的是大数据管理局，温州市则为大数据管理中心，嘉兴市命名为城市大数据中心，而金华市则称为大数据公司，不一而足。绍兴市、舟山市和衢州市尽管尚未成立正式的数据资源管理机构，但在实践中主要由统计局或行政服务中心承担事实上的数据整合与管理、运用工作。

在已有工作基础上，浙江省于 2018 年 7 月正式启动了政府数字化转型工作，在省政府发布的《浙江省数字化转型标准化建设方案（2018—2020 年）》中，明确提出打造智慧政府的新目标，即政府将更多借助大数据、互联网、云计算、人工智能、区块链等现代化信息技术，不仅为整体性政府的建构提供技术支持，也助力政府优化决策，继续深化"最多跑一次"改革。建立在数字治理基础上的服务型政府建设具有强有力的技术知识影响力，既能大大简化行政手续和程序，又能够更快捷、更有效地回应民众的需求。通过反思和行动，服务型政府建设的组织情境经历一个"解放的实践"，使得服务型政府建设在实践中不断创新实现路径。

（二）"最多跑一次"政策创新扩散中的政策再生产

"最多跑一次"改革始于浙江，又不限于浙江。2018 年年初，中央全面深化改革领导小组专门听取了《浙江省"最多跑一次"改革调研报告》，建议向全国推广。之后，"最多跑一次"被写入 2018 年《政府工作报告》，跃升为具有较高显示度的"顶层设计"。经过近两年的实践探索，这场改革已从"区域创新"扩散为"全域改革"，展现了"由点及面、平行扩散、中央采纳、辐射全国"的中国政策创新扩散轨迹。这场改革由浙江省首创，发展到全国 29 个省（自治区、直辖市）采纳实施。

政策学习也被称为经验借鉴，是政策创新形成扩散的主要机制之一，政策扩散机制除政策学习外还有竞争、模仿和强制等情况。政策扩散强调影响政策背后的经验、观点、知识的教训吸取与社会学习行为[1]。相当一部分地方创新通过制度化的渠道逐渐上升为国家制度，在全国层面得到了推广和扩散。试点和地方创新，构成了中国改革开放以来制度建设与政策变革的两种最为核心的机制，为建立现代化的国家体系、提升中国国家治理能力，提供了重要的实践探索和经验支持[2]。“最多跑一次”改革在扩散过程中，由于地方政府在政策理念、领导体制、运行流程、技术基础、工作机制等方面存在许多相似之处，从而出现了基于政策学习的政策趋同现象。

与此同时，一些政策扩散跟随方在政治、经济、社会、文化等因素作用下，形成了结合不同地方情境的多种政策形式，从而在一定程度上实现了政策再生产，如“不见面审批”“马上办网上办一次办”“一门式一网式”“一枚印章管审批”等。2018 年 5 月，中共中央办公厅、国务院办公厅印发了《关于深入推进审批服务便民化的指导意见》，附件中列举了 5 个地区审批服务便民化的经验实践，分别为《浙江省人民政府关于印发加快推进“最多跑一次”改革实施方案的通知》《江苏省人民政府办公厅印发关于全省推行不见面审批（服务）改革实施方案等四个文件的通知》《中共武汉市委、武汉市人民政府关于印发〈武汉市推行审批服务“马上办网上办一次办”实施方案〉的通知》《广东省关于在全省推广一门式一网式政府服务模式改革的实施方案》《天津市人民政府关于印发天津市加快推进“多证合一”工作实施方案的通知》。

江苏省开创的“不见面审批”政策工具更强调政府信息平台技术提升和整合，以及数字治理，借助互联网手段，通过一站式在线审批，打造网上办、联合审、并联审批、预审代办、限时办结、加强监管等行政审批网上全程办理模式。“不见面审批”政策目标除了强调政府简政放权和提升群众满意度外，更加注重营造良好的市场环境，激发市场活力，注重通过行政效能提升来降低企业的交易成本。广东省制定的“一门式一网式”政策，在政策内容上将“互联网+技术”作为创新实践的必备要素，在政策

---

① 郁建兴，等：《“最多跑一次”改革：浙江经验，中国方案》，北京：中国人民大学出版社，2019 年，第 152 页。

② 郁建兴，等：《“最多跑一次”改革：浙江经验，中国方案》，北京：中国人民大学出版社，2019 年，第 16 页。

工具方面提出了多项结合广东实际的创新组合措施，如“强市放权”“减证便民”“多帽合一”“双随机、一公开”等。天津市的“一枚印章管审批”政策采取的则是行政审批局模式，在物理层面上实现了集中模式，但有别于“最多跑一次”政策的业务流程再造的扁平化模式。

“最多跑一次”政策扩散采纳主体结合自身的地方情境做出不同程度的变更，部分政府在政策实施中更具灵活性和动态性。“最多跑一次”政策创新扩散中所表现出来的趋异与政策再生产说明了服务型政府建设是可以通过开发多样化的政策工具，进而在实践中不断创新实现路径的。

第六章

服务型政府知识扩散路径再讨论

第一节　完善特殊知识：服务型政府的知识更新与实践创新

既有知识分为共享知识和特殊知识。人类处于大的历史转型期，当共享知识不能满足描述、解释现实，为社会发展提供支持时，知识的更新必然会被提上日程。共享知识的更新往往会以特殊知识的更新为突破口，需要特殊知识的建构。因而，会存在新旧知识的冲突、共享知识与特殊知识的冲突，但是如果放弃特殊知识，则会缺乏对时代的关照。特殊知识会寻求与共享知识的结合点，一步步扩散开来，最后特殊知识成为新的共享知识。长期以来政府议题备受关注，人们将西方现代政府叙事话语奉为圭臬，其成为关于政府的共享知识，但现在的问题是西方现代政府模式不是万能的，有其历史局限性，尤其是在20世纪中后期遭遇了种种治理危机。服务型政府是源于中国的关于政府改革的创新经验、实践智慧和知识更新，是以中国为中心的政府叙事话语，是中国政府正在探索的一种新的政府模式，也是关于中国政府的特殊知识，这种特殊知识的完善在某种程度上能为建构关于新政府模式的共享知识提供灵感。中国对于服务型政府知识的探索一直在进行中，关于服务型政府的理论知识和实践知识都有待完善，需要学术界、政府、公众共同努力。

一、服务型政府特殊知识建构中存在的问题

在理论知识层面，存在着理论研究不深、缺乏整体设计的问题。虽然学术界对服务型政府的核心价值及其作为中国政府改革的目标模式达成了基本共识，但对服务型政府的理论研究还不够深入，一些基础问题悬而未决。如关于服务型政府要建设的政府究竟是广义的政府还是狭义的政府这个问题还不清楚，建设服务型政府的举措基本是在狭义的政府概念下进行的，导致的结果就是在现有的行政体制框架内进行的修修补补。服务型政府建设不仅关涉政府创新，也关涉政治创新，所以必须将其放在整个政治系统中进行设计和规划。然而，当前中国的服务型政府建设，还是局限于被纳入行政系统来进行考虑，而没有和整个政治系统的改革结合起来。

理论研究还有碎片化的问题，服务型政府的理论研究与建设实践还没有很好地结合起来。一方面，关于服务型政府建设的研究，总体上没有形

成系统而完善的理论体系，比如关于服务型政府的概念与特征、价值与意义、目标与方向、流程与制度、体制与机制、考核与问责等问题。对服务型政府理论如果有总体性认识的话，就可以通过结构的途径寻找新的视角，没有总体性认识的关照，现有的认识往往是片面的、模糊的。另一方面，现有的研究主要局限于现象和经验的描述，缺乏理论框架，而且多为应然研究，理论建构的研究没有达到应有的水平。如服务型政府的核心特征是什么，怎么界定；服务型政府要超越的是发展型政府、管制型政府还是管理型政府；服务型政府建设的关键因素是什么；服务型政府是对现有政府的一种优化还是面向未来的一种前瞻性设计；等等。这些都是这个领域需要回答的基础性、概念性的问题。

理论研究不深，使得实践也是浅尝辄止。中国的服务型政府建设，特别是在地方上和基层，总体上还处于脱离理论指导的盲目发展状态，也缺乏接受理论指导的自觉性，通常领导意志就是服务型政府建设的依据，所以这种建设比较缺乏可行性、稳定性和连续性。只有继续深入对服务型政府研究所关注的基本问题的探讨，才能逐步建构统一的话语体系。如果在关于服务型政府研究的一些基础概念、基本问题上无法达成共识、分清分歧要点，就无法形成在共识基础之上的理论交锋，进而促进理论的进步和提升，也就无法进一步建构关于服务型政府研究的理论体系。在研究方法上，是以西方政府叙事话语为中心还是应该大胆创新，建构起以中国为中心的政府研究叙事话语，以及服务型政府应该是实践中客观存在的政府还是观念中人们认知的政府，抑或二者的结合，也是研究服务型政府绕不开的。

在实践经验层面，主要表现为对社会的过度管理和对公共服务的相对放任。在社会领域，20 世纪 90 年代以来，“稳定压倒一切”的管理逻辑使得政府在社会管理领域的支出大大增加，尤其是一些地方政府为了实现刚性的维稳目标，不计成本地运用各种“手段”摆平社会问题。在公共服务领域，则是过度地方化。中央政府将公共服务职能大量下放给地方政府，为的是减少中央政府的公共服务支出。地方政府因为发展阶段、经济实力、人口结构等不同，在公共服务供给意愿、能力、范围、偏好、方式等方面均存在诸多差异。高度碎片化的公共服务供给状况，显著提高了体制成本，如民众的自由迁移和流动就存在着非常多的制度壁垒，也给公共服务供给的系统化改革造成诸多障碍。

服务型政府建设中的深层次问题在于始终无法摆脱政府中心主义的治理逻辑，政府本位的治理逻辑与服务者的角色存在严重的紧张关系。政府改革多从自身逻辑出发，首先考虑的是固守甚或扩张自我利益。改革的概念大多来自生产部门，而非服务部门。这就造成政府虽然提供了越来越多的公共服务，但公共服务的质量却存在差强人意的情况。于是出现诸如政府出资改善农村卫生服务状况，施工者却将马桶修得对着住家灶台的咄咄怪事。再如“窗口腐败”问题，不动产登记中心存在办证效率低时间长、工作人员与代办“黄牛”勾结不当牟利的事也非个案。在各地深化“放管服”改革的大背景下，窗口前权力和金钱的对接竟然能如此流畅，究其原因，在于仅把公共服务看作生产而非服务的过程。

二、完善服务型政府理论知识的关键点

人们支持这样一种观点，即把变革看作一种意识变革的结果。任何政府形态的变化，都根源于政府核心行政理念的变革，服务型政府建设基于服务行政理念。服务型政府理论知识的建构主观上需要紧紧锚定服务行政这一核心理念，客观上则需要通过组建研究团队、搭建研究平台、进行跨学科合作与交流，并通过出版有分量的集刊和丛书等途径在服务型政府研究上进行深耕。

（一）服务型政府核心理念的锚定

中国行政改革曾出现过几种思路，如法治的思路、组织的思路（精简机构）等，但这些都是制度性的、保障性的；再有就是提出构建服务型政府的思路，本质上是政府再造，是革命性的模式转变。而构建服务型政府的思路又存在着“巴别塔”问题，服务型政府的概念从产生之日起就是个“多维度概念”，它的意义因人而异、因时而异。关于服务型政府的研究也一直存在着话语冲突，有人认为西方的现代政府就是服务型政府，也有人认为对官僚制政府进行一些边际改进，“好政府”就是服务型政府。建构服务型政府代表着人类社会治理的未来方向，要解决服务型政府建设中的“巴别塔”问题，在理论研究上，需要以服务行政为核心理念，以此为轴心向各个方向扩散，进而实现理论增长，使服务型政府建构的核心学术理念服务行政从抽象走向具体，走向大众化。

与此相呼应，在实践中建设服务型政府首先要树立服务行政的科学理念，通过宣传教育使其深入人心，再通过一系列的制度变革使其成为政府工作人员的行为指导，从而一步步落实服务行政理念。针之所以能够刺破衣物，是因为将所有力量集中于针尖一点，太阳能能将水烧开也是因为将热量聚焦于一点，服务型政府建设的聚焦点正在于服务行政理念能否成功树立。服务型政府并不是一种既有的政府形态，而是一种发展方向。从人类社会治理的一般发展过程来看，如果说在农耕时代，社会治理的形式是统治型行政的话，那么工业时代到来后，社会治理就越来越倾向于采取管理型行政的形式。现在人类已经开始步入后工业社会的关口，今后人类社会治理的形式还要进一步转变为合作式的服务型行政。从中国自身的发展来看，我们已经经历了从政治统治型政府到经济建设型政府的转变，今后也要朝服务型政府方向转变。

这些政府形态的变化，并不简单是政府架构或者技术手段的变化，这些只是表层现象，从根本上说，是政府行政理念变革的结果。政府行政理念是任何一种政府形态的灵魂，没有一种行政理念的树立，就绝不可能形成相应的政府形态；同样，行政理念没有转变，政府形态也是不可能发生根本性变化的。如统治型行政的理念，是把国家或政府看成统治者的私产，因而政府行政是以统治者为本位的，是为统治者服务的。管理型行政的理念则奉行价值中立原则，只以提高执行效率为宗旨。经济建设型政府实际上也是一种管理型行政，只不过奉行经济中心主义的理念，更注重追求经济发展的效率。

当我们在探讨服务型政府建设所要确立的基本目标时，需要促使政府树立和贯彻服务型政府的行政理念。只有政府树立并且贯彻服务型政府的行政理念，服务型政府才可能出现，否则服务型政府建设就只能是做一些表面文章而已。从知识论的角度而言，服务型政府追求的价值应该是多元的，不是一元的，这些多元价值是构成一个价值体系的，它们不是孤立存在的，而是围绕一个核心价值形成结构体系。这些是服务型政府的价值目标，却不是服务型政府的核心价值理念。因为前面的所有提法，应该说都是现代民主社会中政府的基本价值追求，对于社会主义社会的政府来说，更是要秉承这些价值理念去行政，但是作为人类治理文明发展方向的服务型政府，其核心价值理念应该既包含这些价值，又代表着未来的发展趋向。这个核心价值理念就是服务行政理念。可以说，服务行政已经包含了以人为本、公民本位、公共性、民主法治、公平正义等内容，当服务型政府建设不知该何去何从、迷失方向时，服务行政理念将引导服务型政府建设走向正确的方向。

（二）服务型政府知识的生产与更新

中国学术界对于服务型政府的研究早在地方政府率先实践之前就已经开始了。在研究之初，先是公共管理和政治学界借用行政法学领域的“服务行政”的概念，之后提出了“服务行政模式”，在此基础上，进一步提出“服务型政府”的建构，成为一个研究领域。从 20 世纪 90 年代中后期学术界开始向服务型政府研究进军，到现在已历经将近三个时代了，但是服务型政府研究的散与浅的问题依然存在。在经历了早期的研究热潮之后，很多人退出了该领域的研究，中国服务型政府研究也逐渐进入了低潮期和瓶颈期，寻找新的知识增长点和增强研究的规范性日显重要。

一个研究之所以能够持续深入，往往与一个颇具规模的研究平台分不开。这个平台至少包括如下关键因素：恢宏的研究计划、杰出的领军人物、出色的研究团队、可行的理论方案、稳定的交流阵地、丰富的资料来源。反观中国服务型政府研究，到目前为止，多是一些学者按照各自的理解，对一些关于服务型政府的知识点进行单兵作战式的探讨，有以师生为纽带的微型研究团队，但无基于共同学术志趣组建的大型团队，从事大型团队研究的基本条件也不具备。对服务型政府研究的基本旨趣在这个领域刚刚兴起时缺乏共识可以理解，但服务型政府的研究和实践都已经持续 20 多年了，到现在依然是零打碎敲的状态，不能不说是中国服务型政府研究的一大缺憾。服务型政府的知识扩散要想持续下去，就必须依靠大规模、长时间的团队合作进行关于服务型政府的知识生产和知识更新，以期改变服务型政府研究碎片化的现实情境。

服务型政府的知识生产还迫切需要一个宏大而可行的研究计划将研究者整合起来。在中国，对服务型政府进行研究的学者不可谓不多，但过于分散，大多数研究者只是匆匆过客，很难产生学术累积效应。目前关于服务型政府的研究主要还是以政治学界和公共管理学界为主，经济学界、社会学界、传播学界很少涉足，也缺乏跨学科之间的合作与交流，这就导致服务型政府的研究视角不够多维，研究视野狭窄。另外，一个新的知识领域或分支学科的出现，通常需要一份专门的学术刊物作为发表和交流的阵地，在中国，关于服务型政府的研究成果如学术论文、研究报告、专著等在数量上还是很可观的，但分量厚重的研究成果还比较少。

三、服务型政府在社会治理实践中的创新

服务型政府的知识扩散要想持续下去，除了学术界不断进行理论知识更新之外，更需政界以实践主体的身份不断进行社会治理实践的创新。中国语境下的社会治理面对的现实情境是中国社会转型时所提出的复杂的、综合的、全面的，以及具有前瞻性的变革要求。

（一）克服“内部人主导型改革”，增加异质性沟通

中国服务型政府建设之初是比较强的外驱力推动的结果，如中国加入WTO及“非典”疫情暴发等，政府被动应战。之后到建设人民满意的服务型政府的提出，以及“放管服”改革实践，政府则是主动出击，依据新的发展形势，自上而下主动变革。中共中央运用其强大的号召力和政治动员力推动着服务型政府实践不断向前纵深挺进。但不管被动应战也好，主动引领也好，中国服务型政府建设本质上仍然是“内部人主导型改革”。“内部人主导型改革”是指掌权者在改革中在没有约束条件的情况下容易倾向于按自己的方式和利益偏好进行改革。在没有强大社会压力和严重的内部危机的情况下，内部人主导的改革很难进行大的制度创新，现有改革多为修修补补地维持现状。服务型政府建设不能局限于行政系统内部，要从政府的广义内涵出发去理解服务型政府建设，我国的服务型政府建设要与中国共产党的自身建设、人民代表大会、政协、司法机关、事业单位的改革配套进行，只有从政治体制改革的高度去建设服务型政府，才能取得突破和进展。

服务型政府还需要进行整体上的规划和制度上的设计。诚然，当前各地政府所进行的行政审批事项的改革，以及行政服务中心的创设、政府门户网站的建立都属于服务型政府建设的有机组成部分。只不过这是服务型政府建设中最为基础、最为简单的部分，属于技术层面的改良、操作层面的创新。2003—2005年，中国服务型政府建设出现一波高潮，2006年开始从浪峰滑入一个低谷，已经显示出服务型政府的建设曲线路径。我们知道，在解决一些技术层面或者操作性层面的问题时，很容易走一段平坦的

直线，但是，当改革管制型政府遇到深层次的制度性破坏而服务型政府建设需要深层次的制度创新的时候，就会比较困难，来自政府和社会的阻力都会使服务型政府建设的路径有时出现低潮，出现停滞，有时还可能有短暂的后退。所以，服务型政府建设会是一条曲线路径，不会是直线式的路径。

社会事务的复杂化使得政府难以独立承担社会治理的重任，社会治理主体多元化趋势要求政府进行自我革命。服务型政府建设需要政府与其他社会治理主体一道在协同治理和合作治理的视角中去进行具体的探索。所有改革方案的思考和建议又都需要扣住公共性的问题，应当被放在公共性增长而不是受到削弱的方向上。关于服务型政府建设的探索和思考，也只有在公共性得到增强的路线中才能获得政府能力与国家治理能力的提升①。

（二）未雨绸缪，促进社会公平和社会包容

多年来中国的服务型政府建设在改善民生、提高公共服务水平等方面确实取得了不小的成绩。但到目前为止的服务型政府建设及成绩的取得都是以中国经济保持持续增长和社会稳定为前提的。如果事情一成不变或者至少按照人们预期的那样去发展，也就不会产生任何需要进行决策（即制订一项新计划）的新问题了。服务型政府同样绕不开的问题是如何进行更优良的制度设计，以便更好地将秩序与正义结合在一起。

作为一种既面向中国现实又面向未来的新的政府形态，服务型政府除了思考在当前如何提高公共服务水平之外还要未雨绸缪，思考当面对破坏性经济打击，当遇到经济持续低迷期，以及要应对社会分化、环境恶化和人口老龄化等长期挑战时，政府应该如何应对。政府如何建立起一套制度促进社会公平和社会包容，进而重建社会契约以平衡物质财富增长、经济增长、社会包容和生态的可持续发展之间的关系，支持弱势群体，这是服务型政府的职责所在。也就是说，服务型政府要有长期维护社会公平的能力，即使是在压力重重的时期，也要因为在促进社会公平、社会包容上的超前设计而能在困难时期维护民众的尊严，保持政治经济的稳定。

---

① 张康之、姜宁宁：《公共管理研究的热点与重心——基于人大复印报刊资料〈公共行政〉2014 年收录文章的预测》，《中国行政管理》2015 年第 7 期。

社会保障的本质是维护社会的公平正义，在促进社会稳定发展的同时，也能帮助政府应对经济低迷和社会不稳定，社会保障体系考验着一个政府的良知，也是服务型政府实践的压舱石。社会服务是一个广泛的行政体系，政府被认为有义务提供全面的服务，而且人人有权利享受这些服务。从东亚国家和地区，特别是从中国香港地区的发展经验来看，香港地区确立了社会服务的基础性地位和作用，并通过直接社会服务（direct social services）与现金支付的结合，在社会保障体系上可以提供一个更灵活的组合框架①。香港地区在没有健全的社会保险制度情况下，发达的社会服务达到了一种意想不到的“替代效果”，由此可以避免现金给付的刚性增长，超越传统福利国家的保险模式和弊端。

随着中国人口红利的减退，近年来，中国政府开始一改多年来计划生育政策中的“一胎”化，逐渐放开“二胎”“三胎”，但社会响应并不热烈。很重要的一个原因在于在当下中国，养孩子的成本较高，以及社会竞争激烈化。为了鼓励生育，中国政府采取了给予收费较高的私立幼儿园以补贴，助其向收费较低的普惠幼儿园转型，以及限制校外培训机构的方式，减轻父母养育孩子的压力，但鼓励收效并不明显。究其原因，养育孩子不只是费用的问题，还有照顾的问题。随着家庭的小型化，丈夫和妻子一起进入劳动力市场，社会进入双职工养家的时代，工作—家庭的平衡（work-life balance）已成为全球性的社会问题。以性别平等为基础，构筑以工作为中心的新社会服务体制，发展更多的儿童照顾服务，在实现社会投资的同时，帮助女性平衡工作与家庭，成为社会服务国家发展的方向。

导致工作—生活冲突的因素源自社会经济环境的变迁，以及社会服务体系发展滞后等，凭借个人和家庭等的力量显然是不能很好地应对这种挑战和风险的，为此，需要政府推出整体性政策——家庭友好型政策体系，立足于长期解决所面临的瓶颈问题。服务型政府提供的社会服务应针对每个人的全过程服务，不再仅仅关注人生的低谷和尾声，而是扩展至人生的所有阶段，即在不同的生命阶段依赖不同的社会服务支持：幼年需要儿童照顾，上学后需要良好的教育服务，有子女后需要儿童照顾服务，老年需

---

① 黄黎若莲：《香港社会福利的模式及其对内地的启示》，载岳经纶、刘洪、黄锦文主编《社会服务：从经济保障到服务保障》，中国社会出版社，2011 年。

要养老服务，诸如此等。政府提供社会服务的作用就是在生命转折时期提供支持，为人们在转换工作、参与就业、照顾家庭等转型过程中提供非现金支持。

（三）县级服务型政府建设是我国服务型政府建设的基石

县级政府介于省市政府与乡镇政府之间，起着承上启下、上情下达的重要作用，是连接中央政府与基层政府的纽带。考虑到县级政府是地方政府中具有完备职能的最低层级政府，县政改革可能是推动政府转型的重要突破口①。县级政府面向农村社会，面对广大农民，县级政府的管理方式和服务水平影响着农民的满意度，关乎着农村社会的稳定。正如亨廷顿所言："农村的作用是个变数：它不是稳定的根源，就是革命的根源。"② 为此，加快县级服务型政府建设，既是时代的呼声，又是现实的需求，具有重要的政治意义和社会价值。县级政府在我国属于职能最为齐全的基层政府，直接面对广大基层民众，与人民群众联系密切，是服务型政府建设的基石。要合理调整府际关系，公平看待央地政府。服务型政府建设最终能否成功还得取决于基层服务型政府建设的效果。为此，调整府际关系，赋予地方政府更大的自主权和自治权是政府创新的动力所在。

其一，合理划分中央与地方政府间的职责权限，赋予地方政府更大的自治权。中央政府与地方政府之间的职权分工要科学合理，可以通过立法的方式详细规定中央与地方政府的权力范围、职责任务。中央政府主要通过设计项目和划拨财政资金来发挥公共服务制度中的行政领导作用，地方政府则应在项目管理和财政资金的使用上拥有自主权，可以根据实际情况灵活地进行处置。中央政府主要承担宏观的经济调控，国防安全，以及涉及全国性的、广覆盖的公共服务职能。地方政府尤其是县级政府应该负责提供与民众生活息息相关的公共产品和公共服务，如基础教育、交通管理、环境保护等。只有政府间分工明确，才能达到管理有度、服务有序之效。

考虑到地方政府尤其是县级政府更接近当地民众，更了解当地民情，

① 郁建兴、高翔：《中国服务型政府建设的基本经验与未来》，《中国行政管理》2012 年第 8 期。

② 吴玉宗、古洪能、张鹏：《沿海经济发达地区县级服务型政府建设研究》，长春：吉林大学出版社，2014 年，第 181 页。高小平、林震：《澳大利亚公共服务发展与改革》，《中国行政管理》2005 年第 3 期。

地方政府在公共产品和公共服务的供给中具有更重要的作用，在掌握当地民众的偏好信息方面较之中央政府更显优势。为此，除了一些广覆盖的公共服务和全国性的公共产品之外，公共服务和相应的公共支出责任应该尽可能由基层政府承担，赋予地方政府更大的自治权。在维护中央权威的前提下，赋予地方更多的事权、更多的财权、更大的自治权，有助于地方政府在开展服务型政府建设中发挥地方特色，创新行政管理体制，为当地民众提供更适宜的公共产品和公共服务。在建设县级服务型政府的过程中，中央赋予县级政府更多的自主权，有利于加快实现城乡基本公共服务均等化的目标，削弱城乡二元结构体制带来的影响，促进社会的公平正义，维护农村社会的稳定。这样一来非但不会削弱中央政府的权威，反而使社会公众对县级政府的好感增加，进而加深对中央政府的认可，间接加强和巩固了中央的权威。

其二，开展县级政府财力与事权相匹配的改革，调整公共财政支出结构。光有合理的职能分工而没有相应的财力支持是远远无法建成服务型政府的。为此，一定要建立起县级政府财力与事权对等的机制，充实县级政府的财政收入。一方面，要加大中央财政和省级财政对县级财政的直接转移支付力度。中央和省级财政直接划拨给县级政府，可减少中间层级政府的经手环节，避免出现层层截留的现象，确保资金全数到达县级政府手中①。公共财政支出结构是否合理直接影响着社会的公平正义，决定着县级服务型政府的建设。沿海经济发达地区在县级服务型政府建设中必须逐步加大对社会管理和公共服务领域的财政资金投入，尤其是要把财政资金更多地投入关系广大老百姓切身利益的基本公共服务领域。在有限的财政资金中，进一步压缩行政管理和经济建设的费用，更多地提供公共产品及公共服务，把资金用在刀刃上，用好纳税人的每一分钱，办好纳税人的每一件事。当前，沿海经济发达地区的县级政府在财政支出方面应主要向教育、医疗卫生、社会保障倾斜。

服务型政府范式的形成是我国改革开放以来政府行政改革的经验总结，是社会主义政治文明的集中体现。我们期待着在不久的将来，一个

---

① 吴玉宗、古洪能、张鹏：《沿海经济发达地区县级服务型政府建设研究》，长春：吉林大学出版社，2014 年，第 184–185 页。

“向人民学习，为人民服务，请人民评判，让人民满意”的政府将伴随着中国的和平崛起而成为政府改革的典范①。服务型政府构建不仅是一次深刻的行政改革，也是一次深刻的政治改革，其目的是要在行政上实现善治，在政治上真正实现以人民为中心。

第二节　构建共享知识：全球化维度中的服务型政府知识扩散

异质性沟通在传递创新信息方面起着非常重要的作用。虽然同质性沟通是频繁的，但它在扩散中的重要性却比不上出现次数少的异质性沟通。同质性沟通虽然加速了扩散的过程，但也限制了扩散的对象。当我们批判性地审视全球化时，全球化不仅可以被描述为适应国际环境的过程，也可以被描述为通过社会文化、经济、政治和技术领域的人际互动发掘创造的可能性。与现代化的设计思路不同，“全球化则充满了不确定性和模糊性”②。服务型政府的知识如果仅作为一种特殊知识在本国内扩散，并不算大功告成。服务型政府除了在完善特殊知识上下功夫外，还要摒弃无谓的意识形态争论，着力解决服务型政府建设实践与知识在国际上低曝光率的问题，寻求在国际范围内的异质性沟通。而这种异质性沟通成功的关键在于当世界各国都在探寻政府改革新路时，服务型政府能给世界各国带来怎样的启示。如果没有广泛代表性的行动者之间的参与性话语和对话，经济理性主义不仅不够完善，同时也不能为促进“全球性”而清晰地形成“公共逻辑”，也就是说，人类互动和集体行动将伴随着全球化的力量③。就方法论立场来说，服务型政府如果能化约为与后工业社会共同秩序相使用的一套知识学陈述，并且能够使这套知识学陈述清晰、完善，形成气质、秉性独特的排他性政府范式的话，服务型政府则有望成为关于新的政府类型的共享知识在国际范围内得到更广泛的扩散。

---

① 高小平、王立平：《服务型政府导论》，北京：人民出版社，2009 年，第 55 页。

② ［美］全钟燮：《公共行政的社会建构：解释和批判》，孙柏英、张钢、黎洁，等译，北京：北京大学出版社，2008 年，第 53 页。

③ ［美］全钟燮：《公共行政的社会建构：解释和批判》，孙柏英、张钢、黎洁，等译，北京：北京大学出版社，2008 年，第 54 页。

一、服务型政府面向后工业社会的基质

后工业化、全球化、信息化是勾勒后工业社会的三个维度，社会变得愈加支离破碎，充满了模糊性和高度不确定性。科学、道德、法律和艺术领域已经制度化，与普通人的“生活世界”的经验相隔绝，并被控制在像公共行政人员那样的专家（Habermas，1970）的手里。技术培育了一种工程心态，它侵入我们的私人生活并决定有关政治、家庭、教育、休闲活动乃至我们的心理问题方面的重要决策。官僚制使人们丧失个性，使人们的行为成为可预测的（Hummel，1994）。丹尼尔·贝尔（Daniel Bell，1976）在现代社会看到的享乐主义、不服从、自恋及社会认同的缺失，远不是启蒙运动的合理性信念所以为的整体。相反，社会支离破碎①。面对支离破碎的社会，面对宏大叙事的失落，需要寻求一种新的社会治理范式、新的政府模式。

（一）着重于战略方向把握的引导型政府职能

科学技术的发展是社会进步的杠杆，20 世纪后期以来，在科学技术的发展上出现了革命性的变革。觉识无界限，凡映入眼帘的皆认识，古希腊哲学包含其后所有科学的萌芽。近代科学进入一个模仿阶段，科学认识世界是为模仿世界、改造世界，尊重规律也是为了模仿，发明创造不过是更准确地模仿。全球化、后工业化进程中是一种创造性思维，需要想象，相似性思维。20 世纪后期出现的克隆、纳米、网络三大技术证明了人类进入了创造的时代。网络技术使空间失去意义，也在慢慢使时间失去意义，一个小镇上发生的事很快被全世界知道。虚拟界的产生将意味着人将在自然界、社会界及虚拟界中穿行，三个世界并存。事实上，科学技术的发展不只此三项，需要社会治理模式、生活方式的重新设计去适应之。

认识到一个学科是一个视角正是要否定它，在社会高度复杂性、高度不确定性下，对任何研究对象都应多角度看待。全球化是在历史断面上看到的，后工业化是沿着历史的纵轴向未来延伸。全球化不同于资本主义世界化，20 世纪的全球化是无中心的、网络的，每个国家都是一个结点。

---

① ［美］杰·D. 怀特：《公共行政研究的叙事基础》，胡辉华译，北京：中央编译出版社，2011 年，第 140 页。

农业社会是区域性的，是熟人社会，关系简单，所有方面都呈现出确定性。简单的社会、确定的社会依靠权力就可治理，即权治。工业社会是陌生人的社会，陌生人的社会要复杂得多。政府对社会的治理主攻方向定位于管理的发展和职业化的能力，但这种维持现状或仅仅是渐进增量变革状态下的政策设计意图，在解决政治和社会困境问题上被证明越来越不合时宜、缺乏回应性，以及效率缺失。全球化、后工业化意味着从工业社会向后工业社会的转变，面临如何规划后工业社会的任务。如果不规划，则会面临风险社会，危机事件频发。社会在低速运行时，依据的是法律制度、民主制度、公民身份、遵守规则、官僚制度。生存与发展的需要的满足需与他人交往，在与陌生人的交往中实现自我。后工业社会又与工业社会不同，两高是基本面。

在后工业社会将会出现社会治理主体合作共治的局面，未来的社会管理自然需要构建政府与社会合作治理的格局。政府的角色更多的是一种引导者、服务者，旨在培育成熟的社会和引导社会走向自治①。服务型政府的引导型政府职能是指政府在多元治理主体的合作治理过程中，着重于战略方向的把握，通过“元战略”的确立而实现对治理过程的总体引导。如中国各级公共行政组织遵循国家整体部署，在创新型企业的成长过程中扮演着强有力的推动者、引导者及服务者，而不是严苛的管理者；治理方式是网络化和内嵌型的，而不是基于韦伯式的专业的、技术的、标准的精英官僚体系。服务型政府的引导型政府职能模式尚处于“初级实践形态”，最重要的特征在于将以灵活性和主动性应对后工业社会的高度复杂性和高度不确定性。

需要注意的一点是，政府能以前瞻性的战略眼光正确地引导社会合作发展，前提是政府在掌握了完备的信息的基础上做出了科学的判断，但现实是，由于稀缺的注意力和信息处理能力，政府依然是有限理性的、信息不充分的。因此，服务型政府的引导型政府职能需与公共行政的社会建构结合起来。如果公共行政管理者想要充分理解他们对产生于行政管理变革的回应，他们就必须学会了解问题，学会理解组织成员和公民的价值观。在变革组织过程中，将个体与变革过程联系起来是不可避免的，因为个体

---

① 郑家昊：《引导型政府职能模式的兴起》，北京：中国社会科学出版社，2013年，第197页。

成员必须学习变革的意义，并成为变革的参与者，没有组织成员积极的参与和贡献，有意义的组织变革是不可能发生的①。通过提升开放性交流、拓展社会关系和参与，民众能够开始更好地从政治和经济角度来理解问题，包括可能性和限制性。如果以社会性为基础的变革策略得以实施，行政管理者就必须扮演促进推动者的角色。放在中国语境的表达则是，政府要充分尊重公民的知情权，发挥民众的首创精神，倡导公民参与，实现社会中分散在不同个体的知识和理性得以多角度、多渠道地向政府自由流动，通过政府与民众的互动尽可能地解决政府信息不充分的问题。

（二）以问题为导向的知识追求与治理过程

今天，西方和非西方国家公共行政的状态可以用“危机和改革”而不是“稳定和秩序”来做出最好的描述。我们为持续的组织危机和混乱而困扰，这些困扰中的大多数根源于组织没有能力以政治的、财政的和人性化的方式去解决问题。在人类社会进程中，先是工业社会的资本取代了农业社会的土地和劳动力，成为最重要的生产要素，之后随着信息技术的发展，20世纪后期以来，人类正经历着“大脑超过物质”的信息革命。土地、劳动力和资本总的来说都遵循能量守恒定律，但信息不守恒，一个人获取某信息，传播分享给其他人，并不影响他依然掌握此信息。人类社会变得越来越错综复杂，如果说复杂可以被还原为简单化的话，错综复杂却不可以，之前的经验管理与科学管理也渐渐失效。公众需求的多样化呼呼多元化的治理方式，不仅仅是治理工具的创新，更需要治理模式的创新，即以问题为导向的、灵活的、主动的和前瞻性的治理模式。

传统学科解释力下降，受到社会现实的挑战。库恩认为，当出现异例时，原有的范式试图去包裹它。现在处在全球化、后工业化进程中，同样存在传统科学易把新的现象纳入旧的解释框架，在社会治理中压制新现象的状况。社会治理不是对原来知识的简单替换，而是面对新问题、新时代建构新的治理体系；不是用既有观念、既有理论去解决新问题，而是需要新的知识求取和新的政府知识的建构。实证科学一开始就是简化论、还原论（reductionism），社会科学不是向物理学学习（时间可逆），就是向生

① ［美］全钟燮：《公共行政的社会建构：解释和批判》，孙柏英、张钢、黎洁，等译，北京：北京大学出版社，2008年，第129页。

物学学习（时间不可逆），耗散论统一了物理学、生物学。人们对社会的认识也经历了从简化论到系统论再到复杂论的嬗变。从某一个视角看，只能得出一个视角的结论，理论与现实脱节，传统理论处理不了结构论和建构论的矛盾。动态适应网络，复杂适应系统，复杂适应性理论包括了韦伯的神入。社会计算用计算机模仿大量个体间的互动，关键的因素都能用图表表示出来。面向工业社会需局部知识，面向风险社会则需整体知识、多学科网络知识。当我们瞻望后工业社会的时候（或者说，后工业化进程也将意味着思维方式的变革），完全可以认为一场从分析性思维向相似性思维转型的运动即将发生。在某种意义上，互联网已经明显展示出了一种新的思维特征。大数据意味着对相关性的重视而不是追求还原，也包含着不同于分析性思维的一种新的思维方式；人工智能中所包含的模拟，是其学习功能的重要思维基础。

关键在于思维方式的转变。工业社会为“制度化思维”，“制度化思维”加策略，策略是为了不让制度僵化。工业社会中的政府形态主要要解决合法性的问题，人权受到尊重，政治家只关心合法性问题。但在两高社会条件下，为了合法性而忽视人的生存状态，将把人类推到风险境地。现在的社会为了人的共生共在，制度化思维退居其次，代之以关注行动。如果说工业社会关注的是制度、规则、秩序，即“制度中心”，那么在两高的情况下应突出“行动优位”的原则，思维问题着眼点应放在行动上，而且是合作行动。服务型政府是从属于行动主义原则的，不能静态地去看，需打破旧哲学的主体—客体论。

认识论在康德那里获得了基本构型后，所有的哲学都建立在主、客体二分上。马克思实践论认为主体在实践中改造客体，这一点把资产阶级思想精髓把握住了。被主—客体关系束缚时，不能形成人的解放和实现真正的平等。在两高下，无法确定谁是主体，谁是客体，特别是在社会的网络中，看到的是行动者及其语境。行动者与语境替代主体与客体的概念，行动者面对的语境也可能是行动者，其只是行动者无所谓被动的应答，多是回应性的行动。主体与客体的关系模糊了，认识论主—客体关系变为主—主体关系（自然也是一个主体），行动者可以多以组织的形式出现。

当代中国经历着巨变，为了应对工业化、后工业化双重任务，中国政府重新定位，从传统的统治角色、管理角色转换为引导者、服务者的角色，重视服务价值、合作价值，通过“元战略”的确立把握战略方向，对社会治理过程进行总体引导，以期实现社会多元治理主体的合作治理。近几十年来，中国在经济体量和发展上取得的成就很大限度上应归功于中国在以服务型政府为主导的新的治理模式上的探索与创新，这种自创的前所未有的治理模式不同于西方畏首畏尾的个别治理手段的更新。我们不能因为中国发展的复杂性和特殊性就否定了中国政府在某些方面的积极尝试是具有世界意义和全球推广价值的。

二、人类命运共同体理念下的服务型政府

“关于人类社会的解读，可以从共同体的视角出发。”① 从农业社会的“家园共同体”到工业社会的“族阈共同体”，再到全球化和后工业社会的“合作共同体”，人类社会采用了不同的治理方式。今天，“‘人类命运共同体’理念越来越被全球化、后工业化进程和风险社会的现实所证明，也使得构建人类命运共同体的任务显得更为迫切”②。各国政府是构建人类命运共同体和全球合作治理的主体。“服务型政府”是中国学者提出的一个具有中国特色的概念，服务型政府是对人类治理文明的贡献。“服务型政府职能模式是在人类社会进入后工业化时代（或信息化时代），在和平、发展、合作与共赢的时代主题下，适应经济全球化和市场化、政治多极化和民主化的趋势而正在形成、发展中的一种政府职能模式。”③ 而在西方话语体系里，中国政府总是被描述成威权型，即使中国进行了改革开放，即使中国政府正在从管制型政府向服务型政府转型，但这种刻板印象至今仍存在。服务型政府要在全球化维度中和人类命运共同体理念下进行知识扩散，就要淡化其意识形态及价值取向判断的意味，在内容和表述上进行再创新，在话语策略上找到一个为各国所普遍接受的概念，进行知识再生产。

（一）服务型政府对人类治理文明的贡献

“治理是人类文明的一个持久的、没有终结的问题。……治理从根本

---

① 张康之、张乾友：《共同体的进化》，北京：中国社会科学出版社，2012 年，第 1 页。

② 张康之：《论风险社会中的共同体形态》，《西华师范大学学报（哲学社会科学版）》2021 年第 3 期。

③ 高小平、王立平：《服务型政府导论》，北京：人民出版社，2009 年，第 100 页。

上看是一种分散化的秩序，在方式上颇像自然语言的排列。”① 治理与多样性密切相连，15 世纪，英国的大法官约翰·福蒂斯丘爵士撰写了最早的英语宪政论文《英格兰的治理》，首页引用了圣托马斯·阿奎那对多样性的描述，使用了颇具当代意味的“多样性”一词。福蒂斯丘提出了许多关于其祖国的良好治理的理念，多样性是那些理念的来源②。阿马蒂亚·森深刻地指出：“当今世界，极其重要的是，承认在不同文化内部的多样性。”③ 物之不齐，物之情也。多样性意味着差异，尽管多样性是一种客观现实，但是，“纵观人类历史，在谋求统一性的历程中，走向了对形式统一性（同一性）不断强化的路径。……到了工业社会后期，形式统一性在法律、组织结构等一系列外在于人的规范作用下达到了无以复加的地步。与此同时，人类社会在实质上处于分崩离析的状态”④。全球化作为一个过程，包含政治和文化两个方面。不断发展的全球化带来许多益处，同时也形成新的压力和限制。在这个过程中，全球化将世界变成了单一的空间，但这并不意味着同质化。数字革命的兴起将全球化的相互依赖特征推到了一个全新的高度。“各个国家在保持文化多样性和差异化的同时，形成一种共同的目的，这包括走向政治和社会民主化，以及艺术和文化活动的交流。”⑤ 关于全球合作问题，吉登斯认为，“在重新发现人类共有文明价值的深层根源的过程中，我们可以形成一种可以作为复苏全球合作基础的全球伦理”⑥。

人类的社会生活包含了竞争和合作两种行为。“近代以来的全部社会治理也无非出于有效和合理利用人的竞争行为的目的。”⑦ 一方面，竞争

---

① ［英］马丁·阿尔布劳：《中国在人类命运共同体中的角色：走向全球领导力理论》，严忠志译，北京：商务印书馆，2020 年，第 117 页。

② ［英］马丁·阿尔布劳：《中国在人类命运共同体中的角色：走向全球领导力理论》，严忠志译，北京：商务印书馆，2020 年，第 115 页。

③ ［印］阿马蒂亚·森：《以自由看待发展》，任赜、于真译，北京：中国人民大学出版社，2002 年，第 247 页。

④ 张康之、张乾友：《共同体的进化》，北京：中国社会科学出版社，2012 年，第 13 页。

⑤ ［美］全钟燮：《公共行政的社会建构：解释和批判》，孙柏英、张钢、黎洁，等译，北京：北京大学出版社，2008 年，第 52-53 页。

⑥ ［英］马丁·阿尔布劳：《中国在人类命运共同体中的角色：走向全球领导力理论》，严忠志译，北京：商务印书馆，2020 年，第 4 页。

⑦ 张康之：《合作的社会及其治理》，上海：上海人民出版社，2014 年，第 1 页。

的无处不在为社会发展提供动力；另一方面，资本主义的世界化造就的对立、争夺、征服、剥削，以及相应的中心—边缘世界秩序，给人类社会带来了混乱与动荡。今天，西方和非西方国家公共行政的状态可以用“危机和改革”而不是“稳定和秩序”来做出最好的描述。我们为持续的组织危机和混乱而困扰，这些困扰中的大多数根源于组织没有能力以政治的、财政的和人性化的方式去解决问题①。服务型政府对人类治理文明的贡献在于，它强调了在尊重多样性基础上，合作共同体之间达成理解与合作。

虽然像一些后现代学者，如德里达、福柯争辩的那样，解构强调“负面的批判能力”，但是，再解释暗含着积极而正面的含义重构②。迪尔西把诠释理论（Hermeneutical Theory）带入“一种有关历史知识和人文科学的哲学”，在这里，人们基本用心理和直觉的方法来解释人类活动（Gunnell，1987，p. 106）。虽然迪尔西强调理解的重要性，但汉斯-乔治·加达默尔（Hans-Georg Gadamer，1977）却依据源自历史背景并由历史背景塑造的价值、目的、假设、人类常识和客体，来诠释理解的意义。显然，理解的本质就是解释文本（1989，p. 252）。加达默尔也声称，由对文本认识分歧导致的误解而造成的影响，与理解人类生活共识的影响同样重要。他的诠释性探究强调我们与他人，以及世界联系中的语言本质，宣称“语言是一种我与世界相约交流的媒介（eine Mitte），更有甚者，语言也是揭示关系原初固有属性的媒介”（1989，p. 474）③。

建构主义认为，国际结构中存在一个意义与共享的知识组成的世界，这个世界包含了行为体对周围世界的理解和解释，国际行为体的互动最终都是由行为体共同具有的理解和期望决定的。“其具体体现就是政府之间、政治精英之间、学术界之间以及人民大众之间的各种观念交锋和思想交锋。”④ 后现代理论能通过重建成为变革传统制度实践的重要力量，通过重新评估个人在组织中的批判性角色、把握话语分析的包容方面、理解多

① ［美］全钟燮：《公共行政的社会建构：解释和批判》，孙柏英、张钢、黎洁，等译，北京：北京大学出版社，2008 年，第 75 页。

② ［美］全钟燮：《公共行政的社会建构：解释和批判》，孙柏英、张钢、黎洁，等译，北京：北京大学出版社，2008 年，第 34 页。

③ ［美］全钟燮：《公共行政的社会建构：解释和批判》，孙柏英、张钢、黎洁，等译，北京：北京大学出版社，2008 年，第 38 页。

④ 李少军：《国际关系大理论与综合解释模式》，《世界经济与政治》2005 年第 2 期。

元性和差异的重要性，理解公民参与对建立更加民主的公共制度的关键价值，以此形成注重实效、以文化为基础的可供选择的方案①。

过去，东方国家往往指望西方国家的经验，仿效西方现代化和工业化模式。然而自从20世纪80年代以来，尽管有激进的言辞批评富国操纵着主要的经济力量，但是，全球化不仅创造了逆向的交易，而且创造了互利交易。我们不可能阻止全球化进程。如果全球化能促进全世界的经济繁荣和民主，政策制定者和行政管理者就必须运用批判意识，根据人性的意义来审视政策及其隐含的思想②。大量迹象表明，全球各种层次的政治和行政都在发生着巨大的变化。社会、经济、政治结构和行政都面临着改革的任务。伴随着技术更新和政治发展，旧的方式和方法面临着革新的任务。“我们需要拥有新的观念，这种观念的基本精神就是世界是由多样性的民族国家所构成，他们之间的差异是合作的前提，他们的自主性是合作的基础。”③ 在过去，国际事务的管理基于国家为中心的结构，在这个结构中，民族国家支配着行动和互动。但是，这个结构正接受着新的结构和过程的挑战，借助于这种新的结构，各种跨国团体——从跨国公司到小城市再到全球网络，融合了大量各种新型行动者——追逐着那些不受国界限制的东西④。合作理念成为后工业社会进程中的主导性理念。

（二）服务型政府知识全球扩散的多重路径

“一种理论要具有更强的解释力和吸纳能力，就应该在能够解释自身的同时，也能通过对他者的解释乃至在被他者接受过程中产生扩散效应……理论从特殊到一般的惊人一跳，往往在于构成这个理论的关键概念，完成了从描述某一特定现象的专有名词，扩大到解释更广泛现象的普通名词。”⑤ 服务型政府作为一种研究范式，要得到西方学者的认同，“就

---

① ［美］全钟燮：《公共行政的社会建构：解释和批判》，孙柏英、张钢、黎洁，等译，北京：北京大学出版社，2008年，第44页。

② ［美］全钟燮：《公共行政的社会建构：解释和批判》，孙柏英、张钢、黎洁，等译，北京：北京大学出版社，2008年，第194页。

③ 张康之：《合作的社会及其治理》，上海：上海人民出版社，2014年，第13页。

④ ［美］全钟燮：《公共行政的社会建构：解释和批判》，孙柏英、张钢、黎洁，等译，北京：北京大学出版社，2008年，第52页。

⑤ 苏长和：《从关系到共生：中国大国外交理论的文化和制度阐释》，《世界经济与政治》2016年第1期。

要找到一个双方都能接受的认知‘原点’，然后都从这一原点出发，使双方的认知路径调整到基本一致的方向”①。就此而言，在多元治理主体合作治理的条件下，服务型政府以其坚定不移的服务取向在全球共同体中形成了服务型的社会治理模式，是中国针对人类治理文明的贡献，是关于政府类型知识的创新。服务型政府的知识扩散是由西方学者和各国民众对服务型政府知识的体验和传播构成多元主体互动的知识创新扩散体系。

1. 西方学者对中国服务型政府相关治理知识的扩散

服务型政府“把公共服务作为职能工作的重心，形成以社会公共服务为主导的政治、经济、文化和社会职能全面、协调发展的政府职能结构；把社会的需求作为政府职能定位和确立的基础和前提，强调政府职能的实现是政府与社会互动、合作，社会多元化主体治理是政府职能实现的基本形式”②。服务型政府强调的“公共服务导向、政府与社会互动合作、多元主体治理”在我国推进国家治理体系和治理能力现代化的进程中得到了实践与证明，也引起了西方学者的关注。如马丁·阿尔布劳指出，“国家治理能力”的理论概念包括问责、民主、人权、理想、道德、软实力、可持续发展和价值观，它们是联系的组成部分，涵盖了经济、政治、文化、社会和生态等各个方面，是一套紧密相连、相互协调的国家制度。这些是为了实际目的的理论阐述，是一种西方人长期以来认为过时了的政治指导和公共哲学形式。它们经过适当改造，可以应对将新的“可持续发展目标”与全球治理结合起来的巨大挑战③。根植于中国文化的“人类命运共同体”是中国领导人提出的全球治理模式，其理论基础归结为“普遍实用论”，是应用于拯救我们星球的一个范例，并不否认不同文化的独特方法④。

2. 各国民众对服务型政府知识的体验与传播

我们正处在一个开始体验民主治理的新时代，在这个过程中，我们面

---

① 杨守明：《新时代中国外交话语体系的知识结构要素与实践功能》，北京：人民出版社，2019年，“导论”第2页。

② 高小平、王立平：《服务型政府导论》，北京：人民出版社，2009年，第100页。

③ ［英］马丁·阿尔布劳：《中国在人类命运共同体中的角色：走向全球领导力理论》，严忠志译，北京：商务印书馆，2020年，第112页。

④ ［英］马丁·阿尔布劳：《中国在人类命运共同体中的角色：走向全球领导力理论》，严忠志译，北京：商务印书馆，2020年，第328页。

对新的社会力量和社会关系。我们对语言、沟通、话语权、文化和地方知识的关注，让我们在每一天的生活中能够获得探索各种发展可能性和社会关系的途径。很多时候，人们批判公共行政，认为它没有效率、官僚主义、对民众的需求不敏感、轻视公民参与的价值。然而，公共行政实际上正在缓慢变革，以谋求回应各种社会力量的成长。从具有公民观念的行政管理者那里，有效的行政管理能够赋予公民和公民组织以权能，使其进行自主管理①。

由于现实世界的很多方面往往以偶然随机的方式发生，故而很难解释清楚，因此，即便困难或者现象不明显，我们也需要投身于这样一项工作，即通过发现、描述、解释和理解其他人生活的现实世界及其背景，来分享他们的体验②。尽管在 20 世纪 80 年代和 90 年代以管理主义驱动的新公共管理运动和政府再造项目在相当多的国家行政官员和官僚中十分流行，但是我们也看到了来自上层管理者的对它们的大量批判和对改革项目局限性的分析。众多的研究展示了一个清晰可辨的转移，即以惯例性途径进行组织改革走向一条复兴的（或背道而驰的）途径——组织变革产生于自下而上的力量和平行的互动关系③。

三、全球合作治理中的服务型政府

"风险社会及其高度复杂性和高度不确定性改变了世界的格局，以无所不在的风险压力将人类变成了命运共同体。"④ 在风险社会背景下思考国际合作，要明确全球危机根源于后工业化运动，妨碍国际合作的主要因素仍然是意识形态的霸权，国际社会需要确立信任和合作的共同观念，要在承认作为国家的合作行为体独立性和自主性的基础上谋求相互适应。政府是全球合作治理的主体。作为一个负责任的大国，中国以合作的态度，在承认差异和多样化的基础上推进国家之间共享的多样化发展，创造了新

① ［美］全钟燮：《公共行政的社会建构：解释和批判》，孙柏英、张钢、黎洁，等译，北京：北京大学出版社，2008 年，第 33 页。

② ［美］全钟燮：《公共行政的社会建构：解释和批判》，孙柏英、张钢、黎洁，等译，北京：北京大学出版社，2008 年，第 14 页。

③ ［美］全钟燮：《公共行政的社会建构：解释和批判》，孙柏英、张钢、黎洁，等译，北京：北京大学出版社，2008 年，第 28 页。

④ 张康之：《论风险社会中人的共生共在》，《海南大学学报（人文社会科学版）》2021 年第 4 期。

型全球治理的可能性。根植于中国文化的“人类命运共同体”是中国政府提出的全球治理模式，该模式是在全球风险社会来临的情况下，中国建构起的一种服务型的社会治理模式。

（一）全球风险社会与合作治理

“人类社会自从开始的那一天起就有了对确定性的追求”①，20世纪后期以来，人类进入了风险社会。“正如19世纪的现代化消解了等级僵化的农业社会，开创了工业社会的结构图景，今天的现代化同样消解了工业社会的轮廓，而在现代性的连续性之中，另一种社会形态正在形成”②，也就是“风险社会”。其主要特征在于，人类面临着生存的风险，而这种风险正是由工业社会所造成的。我们身处其中的社会充斥着组织化的不负责任的态度，尤其令人不安的是，风险的制造者以风险的承受者为代价来保护自己的利益。西方社会中的主导性经济制度、法律制度和政治制度不仅卷入了风险制造，而且参与了对风险的掩盖。风险社会是现代性的新常态，现代风险具有三大特征：系统性、不确定性和全球性。全球化时代风险分配的逻辑为由富国向穷国转移，由富人向穷人转移，如具有风险的产业由发达国家向第三世界转移，财富向上层聚集而风险向下层聚集。“现代性的风险不分贫富贵贱，不分种族和国界，对地球上所有的人都构成威胁……只有全人类共同努力，寻求全球化的治理方案，才能实现共赢。”③

我们的地球机遇与风险并存，风险的全球化包括全球气候变化、核武器扩散风险、人口总量冲向百亿大关与人口的大量迁徙、流行病大肆蔓延、环境遭受破坏。以合作治理理念重构国际社会，应对这个时代全球性问题，需要做到以下几点：第一，要有一个真正的全球观念。这一全球观念要求每种文化做出必要的贡献，以确保生活在这个地球上的人类的未来。这就需要不同文明之间展开对话，超越各自的边界，根据对人类需要的共同看法协作行动。这种全球观念认为，普世原则是各个文化相互协调

① 张康之、张乾友：《共同体的进化》，北京：中国社会科学出版社，2012年，第310页。

② ［德］乌尔里希·贝克：《风险社会：新的现代性之路》，张文杰、何博闻译，南京：译林出版社，2018年，“前言”第3页。

③ 张庆熊：《反思现代风险社会中的危与机》，《哲学分析》2021年第2期。

的另外一个因素，它是一种为了实现物质目的而使用的普遍主义①。第二，理解与合作是应对全球风险的必需条件。文化之间的理解是至关重要的基础，即为了共同目标相互合作。不同人群、不同民族之间的理解和合作，是全球治理必须依赖的两大主轴。理解基于共鸣，在共同体中有它的社会表达。合作基于认知，在各种不同的组织或者群体中实现。在实践中，任何治理方式要发挥作用都必须实现人际关系的这两个方面，国内国外概莫能外。在20世纪，社会满足人的需要、让人的行动的这两个方面协调一致的最常见的方式是——诉诸共同价值②。如可持续发展战略和风险社会的提出。第三，摒弃同质化的追求。“在后工业化和全球化的进程中，我们需要摒弃同质化的追求，反对一切推荐所谓‘普世价值’的做法……普遍的国际合作，只有在充分尊重差异的前提下才能成为可能。”③

（二）政府是全球合作治理的主体

全球治理是指治理主体（各国政府、国际组织和非政府组织）为应对全球性问题（安全、经济、环境、犯罪等）而进行的制度性协商与合作④。长期以来，政府单独承担着社会治理的重任，承载着美好生活的期望，但当非政府组织等社会自治力量参与到社会治理时，政府成为多元社会治理主体中的一员，在这种情况下，政府需要反思自身性质与职能定位⑤。

在公民社会三角中，另一个有趣的现象是政府作用在日益减少。受企业和市场经济扩展的影响，政府的作用有削弱的趋向。面对凌驾于国家和地方法律之上的全球贸易协定，民族国家再也不能宣称可以自作主张。许多当代难题具有全球性，如环境、经济、贸易等方面的难题，需要同时采用全球和地方的方法来加以解决。各国政策制定者们发现，他们对这些难题的控制能力是有限的，问题解决更多地还是要受到国际政治与政策的影

---

① ［英］马丁·阿尔布劳：《中国在人类命运共同体中的角色：走向全球领导力理论》，严忠志译，北京：商务印书馆，2020年，第8页。

② ［英］马丁·阿尔布劳：《中国在人类命运共同体中的角色：走向全球领导力理论》，严忠志译，北京：商务印书馆，2020年，第38页。

③ 张康之：《合作的社会及其治理》，上海：上海人民出版社，2014年，第276页。

④ 田旭：《人类命运共同体与全球治理民主化的中国方案》，《党政研究》2019年第6期。

⑤ 田小龙：《领域分离与融合背景下社会治理的道德境况》，《公共管理与政策评论》2017年第1期。

响。比如受到世界贸易组织（WTO）实行的自由贸易规则和跨国公司的影响。一般来说，今天的中央政府还不能完全应付经济全球化带来的不可预料的后果。正如大卫·科登（David Korten）所描述的，“经济全球化正在使政府负担的公共物品供给权力向受单一目标驱使、追求短期经济利益的少数公司和金融机构发生转移。在这样的经济全球化过程背后，意识形态、政治、技术力量的聚集，交汇地产生了政府治理危机”①。

（三）政府在全球合作治理中的服务定位

全球化使得国家和人民更紧密地联系在一起，包括民众网络及共享的文化、经济、政治、科技利益等。西方的全球化话语以三种形式呈现：作为史话（story），作为策略，作为意识形态。西方的全球化话语的史话是统一世界，策略是走向全球，意识形态是自由民主，大体上以失败收场，无法帮助其他国家享有平等的尊重，分享应有的权益②。面对全球化，中国积极行动。“支撑中国治理的理念可能很快传播，帮助人们重新思考全球治理问题……世界不需要绝对的普世主义。每种文化、每个国家都有其独特的真理。当我们在普世原则方面发生冲突时，形成的结果常常招致大破坏。相比之下，人类社会的未来依赖各国之间相互合作，共同面对危及人类本身的全球问题。”③

（1）建立有意义的相互信任关系。

在一个文化多元化的社区中，与一些来自不同背景、种族，有着不同利益、语言或性别的人建立相互信任关系是非常困难的。这也将成为新世纪里行政管理者面临的最大挑战。行政管理者必须减少官僚主义的价值观，如权威意识、按部就班意识，以及其他一些出现在行政管理过程中的形式主义特征，同时，还要致力于发展相互关系、开放性等社会资本，获得公众的信任④。

---

① ［美］全钟燮：《公共行政的社会建构：解释和批判》，孙柏英、张钢、黎洁，等译，北京：北京大学出版社，2008年，第162页。

② ［英］马丁·阿尔布劳：《中国在人类命运共同体中的角色：走向全球领导力理论》，严忠志译，北京：商务印书馆，2020年，第28页。

③ ［英］马丁·阿尔布劳：《中国在人类命运共同体中的角色：走向全球领导力理论》，严忠志译，北京：商务印书馆，2020年，第7-8页。

④ ［美］全钟燮：《公共行政的社会建构：解释和批判》，孙柏英、张钢、黎洁，等译，北京：北京大学出版社，2008年，第157页。

（2）依靠多元组织和多元行动者的合作与网络。

仅凭政府是根本无法解决无家可归这样复杂的社会问题的。无论是理性的经济分析，还是渐进主义政治都无法解决无家可归问题。要解决这一问题，需要很多部门的合作。政府、商业团体、慈善和非营利部门必须共同合作，而不是各执一词①。

（3）开展社会建构途径的试验。

目前，很多公共机构效率低下、缺乏回应性、官僚主义当道并对创新抵制。社会建构途径的试验需要部分行政管理者主动而前瞻性地思考。这些行政管理者必须较少地关注其官职身份地位，将权威和权力授予那些较少享有权力的个人，他们必须变革集权体制而走向分权的、参与性的管理过程②。

（4）强化公民社会的作用。

促进自下而上的政策制定过程，吸纳公民参与如贸易谈判、经济发展项目、海外投资这样的影响公民生活的全球性决定。公民社会的治理方式还可以应用于经济可持续发展、环境保护、社区政策制定、人权和那些基于社区导向的涉及教育、卫生和社会福利的社会项目等许多领域。当公民、政治家、行政管理人员致力于推动实现公共利益并且愿意成为促进式领导者时，非等级的网络沟通是最有效果的。在此过程中，他们也学会了如何自治。

---

① ［美］全钟燮：《公共行政的社会建构：解释和批判》，孙柏英、张钢、黎洁，等译，北京：北京大学出版社，2008 年，第 86 页。

② ［美］全钟燮：《公共行政的社会建构：解释和批判》，孙柏英、张钢、黎洁，等译，北京：北京大学出版社，2008 年，第 95 页。

结　语

中国自改革开放以来，国家各个领域进行了不间断的改革和调整。政府如何保有合法性，是政府改革一直不曾偏离的中心。虽然通过人民民主对行政权力及其相关制度的正当性做出了证明，为当代中国政府建立了一个平等民主的基础，但是改革时代涌现的很多公共问题、中国公共行政发展遭遇的困境，深层的原因在于对自由民主维护得不充分。中国共产党早在还是革命性政党的时候，就提出了“为人民服务”的政治理念，但“为人民服务”如果只停留在理念层面的话，是无法回应不同阶层、不同个体提出的公共服务需求的。

知识的本质是动态的，它的形成是一个认知过程。“建设一个什么样的政府”一直是摆在中国政学两界面前的关键议题。新中国成立后，中国政府历经政治控制型到经济发展型，之后，随着政治实践的深入及中国国力的日渐强盛，对政府的知识求取发生转向，最终确立了建设服务型政府的目标。“为人民服务”也从政治理念转变为现实中的服务型政府的建构。中国服务型政府的理论建构和实践建设过程实际上也是服务型政府知识扩散的过程，既包括了“为人民服务”“以人民为中心”等政治理念的提炼即服务型政府哲学化过程，也涵盖了中国中央政府和地方政府在实践中通过一系列政治制度安排与改革创新推进服务型政府科学化的过程，更兼有服务型政府知识与技能传播的创新扩散的社会化过程。这些过程同时并进、相辅相成，以期把服务型政府建构成知识、转化为知识，使之成为“见而知之”“闻而知之”的寻常现象。

服务型政府作为一种理想的政府形态，以及中国现实发展中的行政管理模式，既不同于典型的西方管理型政府，也不同于中国之前的全能型政府或者管制型政府，它是政府自身的深刻革命的成果，具有创新性。从服务型政府是一种新的关于政府类型的知识角度看，服务型政府属于软创新。通过建立一个以话语和行动为主要分析元素，以及以学术界、中央政府和地方政府为主体的服务型政府知识合作创新与知识扩散的分析框架，本书从知识扩散的角度对服务型政府进行了历时性、全景式回顾。

服务型政府知识探索源自学术界开始探讨“服务行政”的概念，之后探讨“服务行政模式”，最后落脚于对服务型政府的知识求取。与此同时，地方政府为了更好地为地方经济和社会服务，纷纷建立了“外商投资服务中心”“政府办事大厅”等“一站式”服务机构，也在实践层面为服务型政府的建设积累了经验。学术界的呼吁，地方政府的实践，最后汇聚成一股巨大的政府改革力量，推动了中国政治高层最终对服务型政府的价值确认，将建设服务型政府上升为国家战略，并对其进行顶层设计。服务型政府也因此获得了较高的知识势能而得以迅速扩散，服务型政府建设得以多领域、全方位地开展。因应改革情境的变化，以及中国党政高层对“新时代”的认知，政府理论话语也进行了创新，提出了“建设人民满意的服务型政府”。在新的政府理论话语的引领下，“放管服”改革成为服务型政府建设的全新推进模式。

通过对服务型政府知识扩散的考察可以发现，中国在探索新的政府知识的过程中，一直是围绕着服务型政府这条主线进行探索的，其中有波动，但这条主线是清晰的，服务型政府理论无非是把这条主线推展出来。关于当代中国政府改革的故事、思考、叙述、行政制度和政治决策等一直都是围绕着建设服务型政府的目标而展开的。服务型政府的知识扩散过程也是一个服务价值创造的过程，建设服务型政府是中国政府改革质的终点。中国文化特别注重正名，名既是对事实的概括，也是一种价值导向。服务型政府遵循的价值有很多，但核心价值为“服务”。建设服务型政府承载中国政府、中国学者，以及中国人民对于政府高效、廉洁、法治、民主、创新等的美好希冀，最重要的是对真正建成一个“全心全意为人民服务”“让人民满意”“宜乎众矣”的政府的期盼。

参考文献

一、中文著作

［1］曹沛霖：《制度纵横谈》，北京：人民出版社，2005 年。

［2］高小平、王立平：《服务型政府导论》，北京：人民出版社，2009 年。

［3］胡叔宝：《西方政府论》，北京：中国社会科学出版社，2006 年。

［4］金观涛、刘青峰：《中国现代思想的起源：超稳定结构与中国政治文化的演变（第一卷）》，北京：法律出版社，2011 年。

［5］金观涛、刘青峰：《开放中的变迁：再论中国社会超稳定结构》，北京：法律出版社，2010 年。

［6］孔繁斌：《公共性的再生产：多中心治理的合作机制建构》，南京：江苏人民出版社，2012 年。

［7］李传军：《管理主义的终结：服务型政府兴起的历史与逻辑》，北京：中国人民大学出版社，2007 年。

［8］林闽钢：《走向社会服务国家：全球视野与中国改革》，北京：中国社会科学出版社，2020 年。

［9］毛泽东：《毛泽东选集》，北京：人民出版社，1991 年。

［10］唐德刚：《从晚清到民国》，北京：中国文史出版社，2015 年。

［11］吴玉宗：《服务型政府建设研究》，北京：经济日报出版社，2007 年。

［12］吴玉宗、古洪能、张鹏：《沿海经济发达地区县级服务型政府建设研究》，长春：吉林大学出版社，2014 年。

［13］习近平：《决胜全面建成小康社会　夺取新时代中国特色社会

主义伟大胜利——在中国共产党第十九次全国代表大会上的报告（2017年10月18日）》，北京：人民出版社，2017年。

［14］郁建兴，等：《“最多跑一次”改革：浙江经验，中国方案》，北京：中国人民大学出版社，2019年。

［15］杨雪冬，等：《风险社会与秩序重建》，北京：社会科学文献出版社，2006年。

［16］俞可平：《治理与善治》，北京：社会科学文献出版社，2000年。

［17］张康之：《公共行政中的哲学与伦理》，北京：中国人民大学出版社，2004年。

［18］张康之：《合作的社会及其治理》，上海：上海人民出版社，2014年。

［19］张康之：《论伦理精神》，南京：江苏人民出版社，2010年。

［20］张康之：《为了人的共生共在》，北京：人民出版社，2016年。

［21］郑家昊：《引导型政府职能模式的兴起》，北京：中国社会科学出版社，2013年。

［22］郑永年：《技术赋权：中国的互联网、国家和社会》，邱道隆译，北京：东方出版社，2013年。

［23］周志忍：《当代国外行政改革比较研究》，北京：国家行政学院出版社，1999年。

［24］中国社会科学院语言研究所词典编辑室：《现代汉语词典》，北京：商务印书馆，1992年。

［25］中共中央马克思恩格斯列宁斯大林著作编译局：《马克思恩格斯全集》，北京：人民出版社，1960年。

［26］中共中央文献研究室：《毛泽东文集》，北京：人民出版社，1999年。

［27］中共中央文献研究室：《毛泽东书信选集》，北京：中国人民解放军出版社，1989年。

［28］中央档案馆：《中共中央文件选集》，北京：中共中央党校出版社，1989年。

二、翻译著作

［1］［奥］阿尔弗雷德·阿德勒：《自卑与超越》，吴杰、郭本禹译，北京：中国人民大学出版社，2013年。

［2］［美］E. M. 罗杰斯：《创新的扩散》，唐兴通、郑常青、张延臣译，北京：电子工业出版社，2016年。

［3］［波］弗洛里安·兹纳涅茨基：《知识人的社会角色》，郏斌祥译，南京：译林出版社，2012年。

［4］［德］韩博天：《红天鹅——中国独特的治理和制度创新》，石磊译，北京：中信出版社，2018年。

［5］［美］汉娜·阿伦特：《人的境况》，王寅丽译，上海：上海人民出版社，2017年。

［6］［德］黑格尔：《法哲学原理》，范扬、张企泰译，北京：商务印书馆，1961年。

［7］［德］黑格尔：《历史哲学》，王造时译，上海：上海书店出版社，2001年。

［8］［英］安东尼·吉登斯：《现代性的后果》，田禾译，南京：译林出版社，2011年。

［9］［美］杰·D. 怀特：《公共行政研究的叙事基础》，胡辉华译，北京：中央编译出版社，2011年。

［10］［美］卡蓝默：《破碎的民主》，高凌瀚译，北京：生活·读书·新知三联书店，2004年。

［11］［德］科斯洛夫斯基：《伦理经济学原理》，孙瑜译，北京：中国社会科学出版社，1997年。

［12］［英］莱恩：《新公共管理》，赵成根，等译，北京：中国青年出版社，2004年。

［13］［苏］列宁：《社会民主党在民主革命中的两种策略》，中共中央马克思恩格斯列宁斯大林著作编译局编译，北京：人民出版社，2019年。

［14］［英］卢克斯：《道德相对主义》，陈锐译，北京：中国法制出版社，2013年。

［15］［法］卢梭:《爱弥儿》，李平沤译，北京：商务印书馆，1996年。

［16］［法］卢梭:《论科学与艺术的复兴是否有助于使风俗日趋纯朴》，李平沤译，北京：商务印书馆，2011年。

［17］［法］卢梭:《论人与人之间不平等的起因和基础》，李平沤译，北京：商务印书馆，2007年。

［18］［法］卢梭:《社会契约论》，李平沤译，北京：商务印书馆，2011年。

［19］［美］罗伯特·D. 帕特南:《使民主运转起来：现代意大利的公民传统》，王列、赖海榕译，北京：中国人民大学出版社，2014年。

［20］［美］罗伯托·曼戈贝拉·昂格尔:《知识与政治》，支振峰译，北京：中国政法大学出版社，2009年。

［21］［美］约翰·罗尔斯:《作为公平的正义》，姚大志译，北京：中国社会科学出版社，2011年。

［22］［美］罗西瑙:《没有政府的治理》，张胜军、刘小林，等译，南昌：江西人民出版社，2001年。

［23］［英］洛克:《政府论（下篇）》，叶启芳、翟菊农译，北京：商务印书馆，1964年。

［24］［美］赫伯特·马尔库塞:《单向度的人》，刘继译，上海：上海译文出版社，2016年。

［25］［英］马克斯·H. 布瓦索:《信息空间——认知组织、制度和文化的一种框架》，王寅通译，上海：上海译文出版社，2000年。

［26］［美］迈克尔·斯洛特:《从道德到美德》，周亮译，南京：译林出版社，2017年。

［27］［英］麦金太尔:《伦理学简史》，龚群译，北京：商务印书馆，2003年。

［28］［英］麦金太尔:《谁之正义？何种合理性?》，万俊人，等译，北京：当代中国出版社，1996年。

［29］［法］米歇尔·福柯:《知识考古学》，谢强、马月译，北京：生活·读书·新知三联书店，1998年。

［30］［美］乔治·弗雷德里克森，凯文·B. 史密斯:《公共管理概

论》，于洪，等译，上海：上海财经大学出版社，2008 年。

［31］［美］乔治·帕克：《下沉年代》，刘冉译，上海：文汇出版社，2021 年。

［32］［法］让-弗朗索瓦·利奥塔：《后现代状况：关于知识的报告》，岛子译，长沙：湖南美术出版社，1996 年。

［33］［美］塞缪尔·亨廷顿：《变革社会中的政治秩序》，李盛平，等译，北京：华夏出版社，1988 年。

［34］［美］迈克尔·桑德尔：《金钱不能买什么》，邓正来译，北京：中信出版社，2012 年。

［35］［德］赫尔穆特·施密特：《全球化与道德重建》，柴方国译，北京：社会科学文献出版社，2001 年。

［36］［美］列奥·施特劳斯：《霍布斯的政治哲学》，申彤译，南京：译林出版社，2012 年。

［37］［美］理查德·J. 斯蒂尔曼二世：《公共行政学：概念与案例》，竺乾威、扶松茂，等译，北京：中国人民大学出版社，2004 年。

［38］［美］泰勒：《科学管理原理》，赵涛，等译，北京：电子工业出版社，2013 年。

［39］［英］伊格尔顿：《马克思为什么是对的》，李杨、任文科、郑义译，北京：新星出版社，2011 年。

［40］［美］阿尔文·托夫勒：《第三次浪潮》，黄明坚译，北京：中信出版社，2018 年。

［41］［英］休谟：《道德原则研究》，曾小平译，北京：商务印书馆，2001 年。

［42］［英］休谟：《人性论》，关文运译，北京：商务印书馆，1996 年。

［43］［美］约瑟夫·熊彼特：《经济分析史》，朱泱、易梦虹、李宏，等译，北京：商务印书馆，1996 年。

三、中文论文

［1］曹正汉、史晋川：《中国地方政府应对市场化改革的策略：抓住经济发展的主动权——理论假说与案例研究》，《社会学研究》，2009 年第

4 期。

［2］车洪莹：《我国地方服务型政府建设探析——以济南市为例》，《当代经济》，2017 年第 17 期。

［3］陈锦德：《广州市推进依法行政建设服务型政府》，《中国行政管理》，2004 年第 11 期。

［4］陈泉生：《论现代行政法的理论基础》，《法制与社会发展》，1995 年第 5 期。

［5］陈笑飞：《近十年我国政府职能转变研究的回顾与展望》，《党政论坛》，2021 年第 1 期。

［6］陈振明：《中国政府改革与治理的目标指向和实践进展》，《东南学术》，2020 年第 2 期。

［7］程倩：《从宗旨到行动：服务型政府叙事的话语分析》，《浙江学刊》，2020 年第 4 期。

［8］程倩：《公共行政行动主义的知识论考察》，《学海》，2019 年第 3 期。

［9］程倩：《转型期对合作型政府信任关系的诉求——从服务型政府建设到和谐社会的构建》，《探索》，2007 年第 1 期。

［10］迟福林、方栓喜：《加快建设公共服务型政府的若干建议》，《发展》，2004 年第 3 期。

［11］张康之：《把握服务型政府研究的理论方向》，《人民论坛》，2006 年第 5 期。

［12］迟福林：《全面理解“公共服务型政府”的基本涵义》，《人民论坛》，2006 年第 5 期。

［13］迟福林：《我国社会矛盾的变化与政府转型》，《人民论坛》，2006 年第 4 期。

［14］楚向红：《习近平以人民为中心的发展思想探微》，《学习论坛》，2019 年第 1 期。

［15］崔永和、黄晓燕：《集体主义的现代演进与马克思的原典回归》，《河南师范大学学报（哲学社会科学版）》，2007 年第 6 期。

［16］崔卓兰：《行政法观念更新试论》，《吉林大学社会科学学报》，1995 年第 5 期。

[17] 丁煌、张雅勤：《公共性：西方行政学发展的重要价值趋向》，《学海》，2007 年第 4 期。

[18] 丰存斌、刘素仙：《现代西方政府发展基本理路探析》，《河北师范大学学报（哲学社会科学版）》，2009 年第 5 期。

[19] 傅耕石：《服务型政府的构建：中国语境下的审视》，长春：吉林大学博士论文，2007 年。

[20] 高小平：《从服务型政府建设的历程看行政管理体制改革的深化》，《中国发展观察》，2008 年第 6 期。

[21] 高小平：《服务型政府建设下一步怎么走》，《人民论坛》，2006 年第 6 期。

[22] 韩兆柱、翟文康：《服务型政府、公共服务型政府、新公共服务的比较研究》，《天津行政学院学报》，2016 年第 6 期。

[23] 何水：《服务型政府建设的理论依据与现实背景》，《云南社会科学》，2005 年第 4 期。

[24] 胡叔宝：《现代西方政府理论研究及其反思》，《河南师范大学学报（哲学社会科学版）》，2008 年第 6 期。

[25] 黄爱宝：《三种服务型政府观比较》，《江苏行政学院学报》，2012 年第 2 期。

[26] 黄兴涛：《"话语"分析与中国近代思想文化史研究》，《历史研究》，2007 年第 2 期。

[27] 黄宗智：《认识中国——走向从实践出发的社会科学》，《中国社会科学》，2005 年第 1 期。

[28] 井敏：《试析服务型政府的内涵》，《兰州学刊》，2006 年第 7 期。

[29] 孔繁斌：《服务型政府在社会治理中的知识扩散》，《中国人民大学学报》，2014 年第 2 期。

[30] 孔繁斌：《中国公共行政学：叙事转换中的发展》，《公共行政评论》，2013 年第 3 期。

[31] 雷浩伟、廖秀健：《中国服务型政府建设研究综述与展望》，2019 年第 3 期。

[32] 李殿仁：《从"全心全意为人民服务"到"以人民为中心的发

展”——论中国共产党人民观的发展演进》，《中国井冈山干部学院学报》，2017年第3期。

［33］李军鹏：《关于建设公共服务型政府的思考》，《中共天津市委党校学报》，2004年第2期。

［34］李文钊、毛寿龙：《中国政府改革：基本逻辑与发展趋势》，《管理世界》，2010年第8期。

［35］刘熙瑞、井敏：《服务型政府三种观点的澄清》，《人民论坛》，2006年第5期。

［36］刘熙瑞：《服务型政府——经济全球化背景下中国政府改革的目标选择》，《中国行政管理》，2002年第7期。

［37］刘熙瑞：《加入WTO与服务型政府建设》，《国家行政学院学报》，2002年第1期。

［38］刘智洋、韩超：《山东劲吹“标准之风”——国家标准委主任陈钢山东“标准之行”侧记》，《中国标准化》，2012年第11期。

［39］刘祖云：《服务型政府：“主体间”互动的分析视角》，《南京农业大学学报（社会科学版）》，2009年第1期。

［40］吕孝礼、张海波、钟开斌：《公共管理视角下的中国危机管理研究——现状、趋势和未来方向》，《公共管理学报》，2012年第3期。

［41］罗伯特·B. 丹哈特、珍妮特·V. 丹哈特、刘俊生：《新公共服务：服务而非掌舵》，《中国行政管理》，2002年第10期。

［42］马敬仁：《转型期的中国政府、企业与社会管理——中国管理情结解析》，《中国行政管理》，1996年第1期。

［43］毛寿龙、景朝亮：《近三十年来我国政府职能转变的研究综述》，《天津行政学院学报》，2014年第4期。

［44］潘小娟：《中国政府改革七十年回顾与思考》，《中国行政管理》，2019年第10期。

［45］彭正波：《服务型政府建设的实践困境及其改进——基于政府范式转换的视角》，《黑河学刊》，2007年第3期。

［46］乔姗姗：《论践行群众路线与建设服务型政府的内在逻辑——基于中国的政治话语体系》，《理论月刊》，2015年第2期。

［47］桑兵：《解释一词即是作一部文化史——本期栏目解说》，《学

术研究》，2009 年第 12 期。

［48］沈荣华、吕承文：《从服务结构转身看体制改革逻辑——基于吴江行政服务局的考察》，《理论探讨》，2012 年第 3 期。

［49］沈荣华：《提高政府公共服务能力的思路选择》，《中国行政管理》，2004 年第 1 期。

［50］施雪华：《“服务型政府”的基本涵义、理论基础和建构条件》，《社会科学》，2010 年第 2 期。

［51］束锦、肖靓：《全面推进服务型政府建设——基于矫正政府失灵视角的探讨》，《甘肃社会科学》，2005 年第 3 期。

［52］陶林、车軼珏：《社会治理创新视野下的服务型政府建设：基本理念、新定位和新要求》，《山东农业工程学院学报》，2018 年第 1 期。

［53］田小龙：《在中国行政改革价值演变中认识服务型政府建设》，《安徽大学学报（哲学社会科学版）》，2017 年第 2 期。

［54］王栋：《社会组织承接政府购买服务中参与式预算的实践困境与机制突破》，《现代经济探讨》，2019 年第 9 期。

［55］王浦劬：《论新时期深化行政体制改革的基本特点》，《中国行政管理》，2014 年第 2 期。

［56］王兴起、于永旭：《转轨变型 服务企业——试谈政府工业主管部门的改革》，《理论学刊》，1985 年第 3 期。

［57］肖陆军、杨丹：《服务型政府的特点及其理论依据》，《理论学刊》，2005 年第 6 期。

［58］谢菲、林嵩：《构建“服务型政府”研究述评》，《福建省社会主义学院学报》，2016 年第 2 期。

［59］谢新水：《从服务型政府到人民满意的服务型政府—— 一个话语路径的分析》，《探索》，2018 年第 2 期。

［60］新加坡南洋理工大学南洋公共管理研究生院课题组：《完善服务型政府体系，实现全面均衡发展——2012 年连氏中国服务型政府调查报告》，《经济学参考》，2013 年第 10 期。

［61］徐邦友：《社会变迁与政府行政模式转型》，《浙江学刊》，1999 年第 5 期。

［62］徐勇：《基于中国场景的“积极政府”》，《党政研究》，2019

年第 1 期。

［63］燕继荣：《对服务型政府改革的思考》，《国家行政学院学报》，2006 年第 2 期。

［64］杨述明：《现代社会治理：地方政府职能转变的历史使命》，《江汉论坛》，2014 年第 2 期。

［65］杨雪冬：《后市场化改革与公共管理创新——过去十多年来中国的经验》，《管理世界》，2008 年第 12 期。

［66］余世喜：《公共服务型政府的内涵及其基础分析》，《暨南学报（哲学社会科学版）》，2007 年第 3 期。

［67］郁建兴、高翔：《中国服务型政府建设的基本经验与未来》，《中国行政管理》，2012 年第 8 期。

［68］郁建兴、石德金：《超越发展型国家与中国的国家转型》，《学术月刊》，2008 年第 4 期。

［69］岳世平：《我国服务型政府建设的制度障碍分析》，《党政干部学刊》，2008 年第 9 期。

［70］臧雷振：《国家治理实践的政治学解释——中国治理经验和分析范式》，《江苏行政学院学报》，2018 年第 5 期。

［71］张成福、党秀云：《中国公共行政的现代化——发展与变革》，《行政论坛》，1995 年第 4 期。

［72］张成福：《面向 21 世纪的中国政府再造：基本战略的选择》，《教学与研究》，1999 年第 7 期。

［73］张成福：《政府治理创新与政府治理的新典范：中国政府改革 40 年》，《国家行政学院学报》，2018 年第 2 期。

［74］张峰、孔繁斌：《信息空间视角下的社会治理模式创新》，《学海》，2016 年第 6 期。

［75］张海柱：《知识治理：公共事务治理的第四种叙事》，《上海行政学院学报》，2015 年第 4 期。

［76］张康之、姜宁宁：《公共管理研究的热点与重心——基于人大复印报刊资料〈公共行政〉2014 年收录文章的预测》，《中国行政管理》，2015 年第 7 期。

［77］张康之：《把握服务型政府研究的理论方向》，《人民论坛》，

2006 年第 5 期。

［78］张康之：《行政道德的制度保障》，《浙江社会科学》，1998 年第 4 期。

［79］张康之：《论行政发展的历史脉络》，《四川大学学报（哲学社会科学版）》，2006 年第 2 期。

［80］张康之：《论政府的非管理化——关于“新公共管理”的趋势预测》，《教学与研究》，2000 年第 7 期。

［81］张康之：《我们为什么要建设服务型政府》，《行政论坛》，2012 年第 1 期。

［82］张康之：《限制政府规模的理念》，《行政论坛》，2000 年第 4 期。

［83］张康之：《在社会转型中思考社会治理的话语重建》，《学海》，2018 年第 1 期。

［84］张利萍：《深入推进“放管服”改革　加快基层服务型政府建设进程》，《领导科学论坛》，2019 年第 5 期。

［85］张太原：《“坚持以人民为中心”的思想精髓》，《红旗文稿》，2018 年第 7 期。

［86］赵宇峰：《政府改革与国家治理：周期性政府机构改革的中国逻辑——基于对八次国务院机构改革方案的考察分析》，《复旦学报（社会科学版）》，2020 年第 2 期。

［87］郑巧、肖文涛：《协同治理：服务型政府的治道逻辑》，《中国行政管理》，2008 年第 7 期。

［88］朱光磊、孙涛：《“规制——服务型”地方政府：定位、内涵与建设》，《中国人民大学学报》，2005 年第 1 期。

［89］朱光磊、于丹：《建设服务型政府是转变政府职能的新阶段——对中国政府转变职能过程的回顾与展望》，《政治学研究》，2008 年第 6 期。

［90］朱光磊、李利平：《回顾与建议：政府机构改革三十年》，《北京行政学院学报》，2009 年第 1 期。

四、报刊资料

［1］ 迟福林：《公共需求变化与政府转型》，《光明日报》，2005 年 7 月 19 日。

［2］ 顾平安：《走新型工业化道路需要整合工业行业管理体制和部门》，《人民日报》，2008 年 3 月 10 日。

［3］ 肖云儒：《大众传媒与文艺新变》，《人民日报》，2006 年 9 月 14 日。

五、重要文件和讲话

［1］ 南京市人民政府：《南京市政府关于积极推进服务型政府建设的实施意见》，2003 年 2 月。

［2］《中华人民共和国国民经济和社会发展第十一个五年规划纲要》，2006 年 3 月。

［3］ 中华人民共和国财政部：《2011 年公共财政收支情况》，2012 年 1 月。

［4］ 国务院：《国务院关于积极推进“互联网+”行动的指导意见》，2015 年 7 月。

［5］ 国务院：《国务院办公厅关于简化优化公共服务流程方便基层群众办事创业的通知》，2015 年 11 月。

［6］ 浙江省人民政府：《浙江省人民政府关于印发加快推进“最多跑一次”改革实施方案的通知》，2017 年 2 月。

［7］ 广东省人民政府：《广东省人民政府办公厅关于印发广东省贯彻落实全国深化简政放权放管结合优化服务改革电视电话会议重点任务有关措施及分工方案的通知》，2017 年 9 月。

［8］《中共中央关于深化党和国家机构改革的决定》，2018 年 2 月。

［9］ 中共中央：《深化党和国家机构改革方案》，2018 年 2 月。

［10］ 上海市人民政府：《上海市公共数据和一网通办管理办法（草案）》，2018 年 9 月。

［11］ 浙江省第十三届人民代表大会常务委员会：《浙江省保障“最多跑一次”改革规定》，2018 年 11 月。

［12］ 邓小平：《解放思想，实事求是，团结一致向前看》，在中共中

央工作会议闭幕会上的讲话，1978 年 12 月 13 日。

［13］李克强：《深化简政放权放管结合优化服务 推进行政体制改革转职能提效能——在全国推进简政放权放管结合优化服务改革电视电话会议上的讲话》，2016 年 5 月 9 日。

［14］李克强：《在全国深化简政放权放管结合优化服务改革电视电话会议上的讲话》，2017 年 6 月 13 日。

［15］习近平：《决胜全面建成小康社会　夺取新时代中国特色社会主义伟大胜利——在中国共产党第十九次全国代表大会上的报告》，2017 年 10 月 18 日。

［16］李克强：《在全国深化“放管服”改革转变政府职能电视电话会议上的讲话》，2018 年 6 月 28 日。

致　谢

多年来，一直盼望着写这篇致谢，因为致谢是不需要学术化，可以抒发感情的部分。然而真正动笔时，却“回首向来萧瑟处，归去，也无风雨也无晴”，心中异常平静，唯剩感激！

感谢张康之、张乾友两位导师在我的研究处于晦暗不明时所给予的指导和支持，没有他们，我的学术之路不会走到现在。书名中的“服务型政府的知识扩散”是张康之教授定的，初入学门，还看不清自己的学术因缘在哪里，导师们指了方向，我就朝它一路走下去，于是有了这本书。

感谢孔繁斌教授，听他的课时总能感觉到他学问上的精进。感谢张海波教授，给予了我亦师亦友的指导与帮助。感谢给我上过课并对我的书稿提出宝贵意见的刘祖云教授、周建国教授、谢新水教授、魏姝教授、李咏纲教授、陈致广教授等，他们专业而又不失温情的教导让人感佩。感谢程倩师姐、周军师兄，以及龚鹏斐、田小龙、刘然等，同门间的学术共鸣至今萦绕。

感谢我的大学老师，中国政法大学的郎佩娟教授，时空没有阻隔她对我的关爱，她总在我最困难时给予我最无私的帮助，在她跟前，我可以一任双泪长流。感谢中国传媒大学的李有兵教授，他通达的智慧给我颇多启发。感谢印杉、印广梅兄妹，多年来不仅守护我和我女儿的健康，还在我分身乏术时帮我接娃、带娃。因为他们，我没有太狼狈。孩子长大后一定会记得诊所的草药香。

最后，我要感谢我的母亲和我的女儿。在南京大学上课的日子，每天要坐四个小时地铁横穿南京城，往返于南大仙林校区和江宁大学城的家。有一天，在南大听完课往家赶，夜色中，幽暗的路灯下，我看见母亲一手抱着我女儿，一手提着孩子的扭扭车，很是吃力，我的眼泪一下子就涌了出来。这么多年，无数次想放弃，可一想到路灯下那一老一小的身影，我就告诉自己，再坚持坚持。母亲年轻时由于顾念家庭，放弃了当医生的机会，所以，她不希望我有人生遗憾，总是支持我再往前走走。我的女儿有时懂事得让人心疼，一片赤子之心。看到她的笑，拥她入怀，尘劳顿忘。希望她能记住我读书写作的身影，也能记住我对她的爱。还要感谢我的先生，多年后，一如清风明月。

最后，感谢我自己！山一程，水一程，诗在山程水驿中……

杨　妍

2021 年 10 月

于南京　江宁